Die Bundesrepublik Deutschland
Staatshandbuch

Landesausgabe Land Schleswig-Holstein

D1722270

Die Bundesrepublik Deutschland
Staatshandbuch

Herausgeber

Hauptgeschäftsführer des Bundesverbandes der Deutschen Industrie Dr. Siegfried Mann, Staatssekretär a. D.

Hauptgeschäftsführer des Deutschen Städte- und Gemeindebundes Dr. Peter Michael Mombaur

Ministerialdirektor im Bundesministerium des Innern Dr. Eckart Schiffer

Präsident des Bundesverwaltungsgerichts Professor Dr. Horst Sendler

Geschäftsführendes Präsidialmitglied des Deutschen Landkreistages Dr. Hans Tiedeken

Geschäftsführendes Präsidialmitglied des Deutschen Städtetages Dr. Bruno Weinberger

Vizepräsident des Bundesverfassungsgerichts Professor Dr. Wolfgang Zeidler

Carl Heymanns Verlag KG · Köln · Berlin · Bonn · München

Die Bundesrepublik Deutschland
Staatshandbuch ᴴ

Landesausgabe

Land Schleswig-Holstein

Redaktionsschluß: Januar 1981

Herausgeber

Dr. Hans-Joachim Knack
Staatssekretär im Innenministerium Schleswig-Holstein

Schriftleitung

Wilfried Ganser
Willi Herberz
Bundesministerium des Innern

Carl Heymanns Verlag KG · Köln · Berlin · Bonn · München

Der Nachdruck und jede sonstige Vervielfältigung
sowie die Einspeicherung in Datenverarbeitungsanlagen, auch von Teilen dieser
Ausgabe, sind unzulässig.

1981   ISBN 3-452-18949-X

Satzherstellung im Satz-Rechen-Zentrum Hartmann+Heenemann KG, Berlin
Druck von grafik+druck, München

INHALTSÜBERSICHT

Land Schleswig-Holstein

Fläche 15 709 qkm
— ohne gemeindefreie Wasserfläche —
Einwohner 2 603 000
(Stand: 31. Dezember 1980)

a Die parlamentarischen Körperschaften

I Schleswig-Holsteinischer Landtag

— 9. Wahlperiode —

2300 Kiel, Landeshaus, Düsternbrooker
Weg 70-90;
F (04 31) 59 61; Telex 292 633

Beginn der Legislaturperiode: 29. Mai 1979
Dauer der Legislaturperiode: 4 Jahre

Aufgabenkreis:
Die Aufgaben des Landtages beruhen auf Abschnitt II Artikel 9 bis 20 der Landessatzung für Schleswig-Holstein — LS — in der Fassung vom 15. März 1962 (Gesetz- und Verordnungsblatt für Schleswig-Holstein — GVOBl Schl-H S 123), zuletzt geändert durch Gesetz vom 29. Juni 1979 (GVOBl Schl-H S 420).
Der am 29. April 1979 gewählte Schleswig-Holsteinische Landtag (9. Wahlperiode) ist das gesetzgebende Organ (Art 9 LS); er wird auf vier Jahre gewählt (Art 10 LS). Die näheren Vorschriften über seine Zusammensetzung und die Wahl seiner Mitglieder enthält das Wahlgesetz für den Landtag von Schleswig-Holstein vom 17. Juli 1959 (GVOBl Schl H S 133) in der Neufassung vom 18. März 1966 (GVOBl Schl-H S 41), zuletzt geändert durch Gesetz vom 20. November 1979 (GVOBl Schl-H S 494). Der Landtag setzt sich aus 73 (ab 1983 aus 74) Abgeordneten zusammen. Davon werden 44 Abgeordnete in ebenso vielen Wahlkreisen durch relative Mehrheitswahl — es entscheiden die meisten Stimmen — gewählt. Zu ihnen treten im Verhältnisausgleich mindestens 29 Abgeordnete aus den Landeslisten der Parteien. Am Verhältnisausgleich nehmen nur politische Parteien teil, für die mindestens in einem Wahl-

kreis ein unmittelbarer Abgeordneter gewählt worden ist oder sofern sie insgesamt 5 v H der im Lande abgegebenen gültigen Stimmen erzielt haben. Diese Einschränkung gilt nicht für den Südschleswigschen Wählerverband, die Partei der dänischen Minderheit. Für die am Verhältnisausgleich teilnehmenden Parteien werden die im Lande für ihre Bewerber abgegebenen Stimmen zusammengezählt auf ihre Landesliste gutgeschrieben. Auf der Basis der so summierten Zahlen wird nach dem Höchstzahlverfahren (System d'Hondt) auf Grund von insgesamt 73 (ab 1983 aus 74) Sitzen errechnet, wieviele Sitze jede Partei zu erhalten hätte, wenn reine Verhältniswahl gelten würde. Von den so errechneten Sitzen werden den Parteien die in direkter Wahl in den Wahlkreisen errungenen Sitze abgezogen. Danach wird ihnen der Unterschied zwischen den direkten Sitzen und dem verhältnismäßigen Anteil an Sitzen aus den Landeslisten zugewiesen. Ergibt sich bei der Berechnung, daß eine Partei in den Wahlkreisen mehr Sitze errungen hat, als ihr nach dem verhältnismäßigen Sitzanteil zustehen, so verbleiben ihr die darüber hinausgehenden Sitze als Mehrsitze. Die Gesamtzahl der Abgeordneten des Landtages von 73 (ab 1983 von 74) erhöht sich in diesem Fall um die Mehrsitze.

Scheidet der Abgeordnete einer Partei aus, so rückt der nächste Bewerber auf der Liste derjenigen Partei nach, die der Ausgeschiedene bei der Wahl aufgetreten ist. Ist ein Nachrücken nicht möglich, weil eine Liste hierfür nicht vorhanden ist oder eine vorhandene Liste erschöpft ist, so bleibt der Sitz leer. War der ausgeschiedene Abgeordnete als Parteiloser gewählt worden, so findet in dem betreffenden Wahlkreis eine Nachwahl statt. Sie unterbleibt, wenn feststeht, daß innerhalb eines Jahres ein neuer Landtag gewählt wird.

Die praktische Arbeit des Landtages vollzieht sich in seinen Ausschüssen (Art 14 LS), von denen verfassungsmäßig die Untersuchungsausschüsse (Art 15 LS) hervorgehoben sind. Einzelheiten über die Stellung des Landtagspräsidiums, des Landtagspräsidenten (Art 13 LS), die Verhandlung und Beschlußfassung des Landtages (Art 11 u 12 LS), und die Immunität seiner Abgeordneten (Art 17 LS) enthält die Geschäftsordnung des Schleswig-Holsteinischen Landtages vom 17. Dezember 1956 (GVOBl Schl H 1957 S 1) in der Fassung vom 29. Mai 1979 (GVOBl Schl-H S 384).

Die Gesetzgebung des Landtages regeln die Art 32 bis 35 LS. Der Verwirklichung des rechtsstaatlichen Ordnung dienen besonders Art 33, der die Delegationsmöglichkeit der gesetzgebenden Gewalt auf die Exekutive wesentlich einschränkt. Artikel 34 regelt die Ausfertigung, die Verkün-

1

dung und das Inkrafttreten der Gesetze. Artikel 35 legt die besonderen Anforderungen einer 2/3-Mehrheit an verfassungsändernde Gesetze fest. Die Kontrolltätigkeit des Landtages gegenüber Regierung und Verwaltung durch das Recht der Haushaltsbewilligung und -überwachung regeln die Art 43 bis 49.

1 Ergebnis der Wahl zum 9. Schleswig-Holsteinischen Landtag am 29. April 1979

Bekanntmachung des Landeswahlleiters vom 22. Mai 1979 (Amtsbl Nr 23 Seite 359)

Bezeichnung der Parteien

CDU = Christlich Demokratische Union Deutschlands
SPD = Sozialdemokratische Partei Deutschlands
F.D.P. = Freie Demokratische Partei
SSW = Südschleswigscher Wählerverband
NPD = Nationaldemokratische Partei Deutschlands
DKP = Deutsche Kommunistische Partei
Grüne Liste = Grüne Liste Schleswig-Holstein
KBW = Kommunistischer Bund Westdeutschland

Wahlberechtigt: 1 893 242
Wahlbeteiligung: 83,3 v H

Gesamtzahl der abgegebenen gültigen Stimmen	davon entfallen auf			Nimmt die Partei an der Sitzverteilung teil
	Partei	Anzahl der Stimmen	in %	
1 568 833	CDU	757 664	48,3	ja
	SPD	653 982	41,7	ja
	F.D.P.	90 131	5,7	ja
	SSW	22 293	1,4	ja
	NPD	2 825	0,2	nein
	DKP	3 123	0,2	nein
	Grüne Liste	38 009	2,4	nein
	KBW	806	0,1	nein

2 Mitglieder

des 9. Schleswig-Holsteinischen Landtages

A n i o l Peter Oberstleutnant a D (Wkr 4 CDU)
2262 Leck, Alter Kirchenweg 15; F (0 46 62)
25 25

A r e n s Heinz-Werner SonderSchulDir a D
(LL SPD)
2240 Heide, Holstenweg 10; F (04 81) 8 78 79 privat u (04 81) 8 69 36 u (04 31) 5 96/20 47 dienstlich

B a c h l Dr Kunigunde Allgemeinärztin
(LL- CDU)
2300 Kiel 1, Saarbrückenstr 155; F (04 31)
68 14 56

A s m u s s e n Roger Dipl-Volksw VerbandsGschfr
(Wkr 11 CDU)
2240 Heide, Hochfeld 3; F (04 81) 7 28 27 privat u
(04 81) 6 20 42 u 6 20 43 dienstlich

B a r s c h e l Dr Dr Uwe Innenminister
(Wkr 42 CDU)
2410 Mölln, Am Schmalsee; *Postanschrift:*
2300 Kiel, Landeshaus; F (0 45 42) 66 94 privat u
(04 31) 5 96/30 00 dienstlich

B e n d i x e n Dr Peter Kultusminister
(Wkr 26 CDU)
2300 Kiel 17, Jakobsleiter 8; *Postanschrift:* 2300
Kiel, Landeshaus; F (04 31) 5 96/46 00

B e r n h a r d t Otto Dipl-Handelslehrer (LL CDU)
2370 Rendsburg, Ernst-Barlach-Str 79; *Postanschrift:* 2300 Kiel, Neumannsweg 89; F (0 43 31)
2 86 88 privat u (04 31) 5 96/48 00 dienstlich

B ö g e Kurt Landwirt (Wkr 23 CDU)
2359 Hasenmoor; F (0 41 95) 2 12 u 4 12

B ö h r k Gisela Lehrerin (LL SPD)
2400 Lübeck, Morier Str 45; F (04 51) 49 59 61
privat u (04 31) 5 96/20 45 dienstlich

B ö r n s e n Gert Dipl-Politologe (LL SPD)
2300 Kiel 1, Esmarchstr 61; F (04 31) 8 53 77

B r a u n Prof Dr Walter Sozialminister
(Wkr 15 CDU)
2302 Flintbek, Schlotfeldtsberg 6 c; *Postanschrift:*
2300 Kiel, Brunswiker Str 16-22; F (0 43 47) 27 49
privat u (04 31) 5 96/50 00 dienstlich

B u h m a n n Hans VerbandsDir (Wkr 17 CDU)
2216 Schenefeld, Moorlandsweg 17; F (0 48 92)
2 52

B u s a c k Jürgen Oberlehrer (Wkr 38 SPD) .
2400 Lübeck, Elswigstr 50; F (04 51) 59 59 85 privat u (04 31) 5 96/20 57 dienstlich

C l a u s s e n Karl Eduard Justizminister
(Wkr 39 CDU)
2072 Bargteheide, Buchenweg 19; *Postanschrift:*
2300 Kiel, Lorentzdamm 35; F (0 45 32) 82 23 privat u (04 31) 5 13 71 dienstlich

D a l l ' A s t a Prof Dr Eberhard Hochschullehrer
(LL CDU)
2300 Kronshagen, Lärchengrund 8; F (04 31)
58 15 89

F l e s s n e r Günter Minister für Ernährung, Landwirtschaft und Forsten (Wkr 31 CDU)
2323 Himbeersahl, Post Kalübbe; *Postanschrift:*
2300 Kiel, Landeshaus; F (0 45 26) 3 43 privat u
(04 31) 5 96/42 00 dienstlich

F ö l s t e r Heinz-Wilhelm Landwirt
(Wkr 12 CDU)
2356 Bergfeld, Post Aukrug, Dorfstr 31;
F (0 48 73) 3 13

F r a n k Manfred Gastwirt (LL SPD)
2361 Seedorf, Am Burggraben 1; F (0 45 55) 4 78
oder 4 49

F r i e d r i c h Günter OStudR (Wkr 18 CDU)
2200 Elmshorn, Breslauer Str 5, Postfach 344;
F (0 41 21) 8 37 98

G u n n e s s o n Uwe OStudR (LL SPD)
2390 Flensburg, Leuschnerstr 3; F (04 61) 5 17 76
privat u (04 31) 5 96/20 61 dienstlich

H a d e w i g Bernd Wissenschaftlicher Assistent
(LL FDP)
2330 Eckernförde-Sophienruh, Flensburger
Str 95; F (0 43 51) 8 24 10

H a g e m a n n Heinrich Ingenieur für Luftfahrttechnik (Wkr 41 CDU)
2411 Hollenbek; *Postanschrift:* 2418 Ratzeburg,
Kreishaus; F (0 45 45) 4 02 privat u (0 45 41)
12/2 01 dienstlich

H a g e r Horst Sozialarbeiter (LL SPD)
2080 Pinneberg, Aschhooptwiete 23; F (0 41 01)
2 95 72 privat u (0 41 01) 6 10 77 u (04 31)
5 96/20 57 dienstlich

H a h n Werner Kaufmann (Wkr 14 CDU)
2370 Rendsburg, Mühlenstr 7/8; *Postanschrift:*
2370 Rendsburg, Postfach 616; F (0 43 31) 2 23 83

H a m e r Kurt Realschulkonrektor, 1. Landtagsvizepräsident (LL SPD)
2353 Nortorf, Am Stadtpark 44; F (0 43 92) 6 49
privat u (04 31) 5 96/20 43 dienstlich

H a r m s (Bilsen) Rainer Ute Dipl-Volksw, Mineralölkaufmann (Wkr 21 CDU)
2081 Bilsen, Hemdinger Str 3; F (0 41 06) 26 22

3

Harms (Elmshorn) Joachim DGB-Rechtsstellenleiter (LL SPD)
2200 Elmshorn, Max-Beckmann-Platz 4;
F (0 41 21) 9 33 14 privat u (0 41 21) 31 27 dienstlich

Harms (Heede) Berend Lehrer (LL SPD)
2202 Heede, Post Barmstedt, Sandhafer;
F (0 41 23) 31 60 privat u (04 31) 5 96/20 45 dienstlich

Heiser Irmlind Kreisgeschäftsführerin (LL CDU)
2390 Flensburg, Husumer Str 89 b; F (04 61) 9 73 33

Hoffmann Heiko ORR a D (Wkr 34 CDU)
2300 Klausdorf, Südring 14; Postanschrift: 2300 Kiel, Landeshaus; F (04 51) 2 15 72 privat u (04 31) 7 92 59 u 5 96/20 10 dienstlich

Hollmann Wilhelm Landwirt (Wkr 10 CDU)
2242 Oesterdeichstrich, Post Büsum; F (0 48 34) 14 74

Jensen Uwe Rchtr a D (LL SPD)
2381 Stexwig, Post Borgwedel, Strandweg;
F (0 46 21) 3 21 29 privat u (04 31) 5 96/20 55 dienstlich

Johna Rudolf AR a D (Wkr 24 SPD)
2350 Neumünster, Sachsenring 77; F (0 43 21) 2 46 22 privat u (04 31) 5 96/20 47 dienstlich

Kalinka Werner Student (LL CDU)
2320 Plön, Lange Str 53; F (0 45 22) 6 91

Ketels Hans Alwin Landw (Wkr 6 CDU)
2256 Garding, Theodor-Mommsen-Str 18;
F (0 48 62) 2 32

Klingner Dr Klaus Rchtr a D (LL SPD)
2060 Bad Oldesloe, Am Hohenkamp 22;
F (0 43 31) 51 35 privat u (04 31) 5 96/20 55 dienstlich

Kribben Klaus Geschfr (Wkr 43 CDU)
2057 Wentorf, Eulenkamp 24; Postanschrift: 2057 Reinbek, Bahnhofstr 9; F (0 40) 7 20 14 23 privat u (0 40) 7 22 24 44/7 22 66 91 dienstlich

Langmann Leonhard Angestellter (Wkr 28 SPD)
2300 Kiel 14, Ostring 8; F (04 31) 7 52 73 privat u (04 31) 8 82/2 59 u 5 96/20 45 dienstlich

Latendorf Fritz Landw (Wkr 33 CDU)
2422 Majenfelde, Post Bosau; F (0 45 27) 2 52 privat u (04 31) 5 96/21 75 dienstlich

Lemke Dr Helmut MinPräs a D, LandtagsPräs, RA u Not (Wkr 22 CDU)
2361 Nehms, Seehaus; 2400 Lübeck, Calvinweg 6; Postanschrift: 2300 Kiel, Landeshaus;
F (0 45 55) 2 57 u (04 51) 3 49 29 privat sowie (04 31) 5 96/20 00 dienstlich

Liebrecht Werner BauIng (LL SPD)
2250 Husum, Norderstr 8; Postanschrift: 2250 Husum, Neustadt 57; F (0 48 41) 6 48 47

Lindenmeier Maria Hausfrau (LL SPD)
2301 Schönkirchen, Ortsteil Flüggendorf, Gerstenhof 9; F (0 43 48) 83 07

Lohmann Dr Joachim StaSchulR a D (Wkr 27 SPD)
2300 Kiel 17, Jakobsleiter 1; F (04 31) 39 62 61 privat u (04 31) 5 96/20 47 dienstlich

Lorenzen Thomas LandwMstr (Wkr 3 CDU)
2391 Meyn, Post Schafflund, Dorfstr 44;
F (0 46 39) 5 38

Marschner Wilhelm Rektor a D (Wkr 29 SPD)
2300 Kiel 1, Preußerstr 8; F (04 31) 56 69 22

Matthiesen Klaus StudLtr a D, Führer der Opposition im Landtag (Wkr 1 SPD)
2390 Flensburg, Rabenslücke 18; Postanschrift: 2300 Kiel, Landeshaus; F (04 61) 3 48 10 privat u (04 31) 5 96/20 40 dienstlich

Meyer Karl-Otto Redakteur (LL SSW)
2391 Schafflund, Buchauweg 2; F (0 46 39) 5 17 privat u (04 61) 1 78 56 u 1 78 55 dienstlich

Möbusz Rüdiger Werbegrafiker (Wkr 37 SPD)
2400 Lübeck, Vermehrenring 4 A; F (04 51) 6 66 11

Möller Paul Bgm (LL SPD)
2444 Heringsdorf, An der Bäderstr 34; F (0 43 65) 3 78 privat u (0 43 61) 6 41 u (04 31) 5 96/20 47 dienstlich

Neitzel Neithart RR (LL F.D.P.)
2300 Kiel 14, Zeppelinring 68; F (04 31) 78 26 75 privat u (04 31) 5 96/20 72 u (04 51) 5 04/4 36 dienstlich

Neugebauer Günter Steuerbeamter (Wkr 13 SPD)
2370 Rendsburg, Friedrich-von-Flotow-Str 3;
F (0 43 31) 2 42 26 privat u (04 31) 5 96/20 45 dienstlich

Prezewowsky Alfred GewerkschaftsAng (LL SPD)
2300 Kiel 1, Flensburger Str 22; F (04 31) 32 22 08 privat u (04 31) 5 13 16/17 oder 5 96/20 47 dienstlich

Ramler Hans Gerhard LRef für berufliche Bildung (LL SPD)
2409 Sierksdorf, Am Fahrenkrog 64/326; *Postanschrift:* 2300 Kiel, Landeshaus; F (0 43 63) 61 83 privat u (04 31) 6 40 40 oder 5 96/20 47 dienstlich

Rösler Georg OStudR a D (Wkr 16 CDU)
2210 Itzehoe, Ahornweg 13; F (0 48 21) 55 77 privat u (0 48 21) 21 53 dienstlich

Roggenbock Jochen RA (LL SPD)
2210 Itzehoe, Oelixdorfer Str 49 b; *Postanschrift:* Itzehoe, Kirchenstr 11, Postfach 1563; F (0 48 21) 34 63 privat u (0 48 21) 33 73 oder (04 31) 5 96/20 55 dienstlich

Ruge Jens ORR a D (LL F.D.P.)
2370 Büdelsdorf, Am Bredschlag 41; F (0 43 31) 3 11 55 privat u (04 31) 5 96/21 85 dienstlich

Schübeler Dr Egon Dipl-Landw, 2. LandtagsVizePräs (Wkr 7 CDU)
2341 Rüggesnorgaard, Post Mohrkirch; F (0 46 46) 3 70 privat u (04 31) 5 96/21 85 dienstlich

Schulz Alfred Lehrer a D (LL SPD)
2057 Reinbek, Großer Scharnhorst 5; F (0 40) 7 22 62 45 privat u (04 31) 5 96/20 57 dienstlich

Schumacher Martin Dipl-Politologe, Parlamentarischer Gschfr der F.D.P.-Landtagsfraktion (LL F.D.P.)
2000 Wedel, Hafenstr 21; *Postanschrift:* 2300 Kiel, Landeshaus; F (0 41 03) 43 21 privat u (04 31) 5 96/20 72 dienstlich

Schuster Annemarie Hausfrau u staatl geprüfte Hauswirtschaftsmeisterin (Wkr 36 CDU)
2400 Lübeck 1, Im Trentsaal 8; F (0 45 1) 50 15 13 privat u (04 31) 5 96/50 90 dienstlich

Schwarz Dr Henning Minister für Bundesangelegenheiten (Wkr 44 CDU)
2071 Hoisdorf, Kastanienallee 19; *Postanschrift:* Kiel, Landeshaus; F (0 41 07) 45 83 privat u (04 31) 5 96/23 01 oder (02 28) 21 30 51/55 dienstlich

Spaeth Leopold Gärtner (Wkr 5 CDU)
2251 Ostenfeld, Langenhöft; F (0 48 45) 3 64 privat u (0 48 41) 23 28 dienstlich

Stäcker Hans Detlef RA u Not (Wkr 19 CDU)
2082 Uetersen, Marktstr 15; F (0 41 22) 26 32

Stich Max Lehrer a D (Wkr 2 CDU)
2390 Flensburg, Treeneweg 8; F (04 61) 3 74 98 privat u (04 61) 2 27 07 dienstlich

Stojan Ernst-Wilhelm Rektor a D (LL SPD)
2280 Westerland/Sylt, Kampstr 39; F (0 46 51) 2 45 44 privat u (04 31) 5 96/20 47 dienstlich

Stoltenberg Dr Gerhard MinPräs (Wkr 9 CDU)
2300 Kiel, Landeshaus; F (04 31) 5 96/23 00

Stühlmeyer Reinhold Bezirksvorsitzender der Deutschen Postgewerkschaft (LL SPD)
2308 Preetz, Sonderburger Str 14 b; F (0 43 42) 22 12 privat u (04 31) 55 11 82 oder 5 96/20 55 dienstlich

Titzck Rudolf FinMin (Wkr 30 CDU)
2300 Kiel 1, Rehbenitzwinkel 16; *Postanschrift:* 2300 Kiel, Landeshaus; F (04 31) 5 96/34 00

Wendel Brunhild Bgm (LL SPD)
2373 Schacht-Audorf, Am Urnenfriedhof 2; F (0 43 31) 9 12 55 privat u (0 43 31) 90 17 oder (04 31) 5 96/20 47 dienstlich

Westphal Dr Jürgen Min für Wirtschaft u Verkehr (Wkr 20 CDU)
2080 Pinneberg, Lindenstr 29; *Postanschrift:* 2300 Kiel, Landeshaus; F (04 31) 5 96/38 00

Wiesen Hans Agrar-Ing (LL SPD)
2352 Bordesholm, Haidbergstr 12; F (0 43 22) 93 13 privat u (04 31) 5 96/20 47 dienstlich

Wolter Hans-Jürgen RA, Volksw (grad) (Wkr 35 SPD)
2400 Lübeck 1, Schillstr 8 b; Postfach 1284; F (04 51) 6 44 06 privat u (04 51) 6 60 44 dienstlich

Zimmermann Hans-Joachim JustAmtm a D (Wkr 40 CDU)
2000 Norderstedt, Birkhahnkamp 61; F (0 40) 5 22 66 35

3 Präsidium

des 9. Schleswig-Holsteinischen Landtages

Zusammensetzung u Aufgabenkreis:
Das Präsidium besteht aus dem Präsidenten, einem ersten und einem zweiten Vizepräsidenten sowie einem ersten und einem zweiten Schriftführer und einem Stellvertreter für jeden von beiden.
In den Sitzungen des Landtages bilden der amtierende Präsident und die beiden amtierenden Schriftführer das Sitzungspräsidium.
Der Präsident führt die Geschäfte des Landtages und vertritt das Land in allen Rechtsgeschäften und Rechtsstreitigkeiten des Landtages. Er wahrt die Würde und die Rechte des Landtages, fördert seine Arbeiten und leitet die Verhandlungen gerecht und unparteiisch.
Der Präsident übt das Hausrecht und die Ordnungsgewalt im Landtag aus. Ohne seine Zustimmung darf in den Räumen des Landtages eine Untersuchung oder Beschlagnahme nicht vorgenommen werden. Seine Ordnungsgewalt gilt auch ge-

genüber den Mitgliedern der Landesregierung und deren Beauftragten.

Der Präsident ist die oberste Dienstbehörde aller Beamten, Angestellten und Arbeiter des Landtages. Ihm steht die Einstellung und Entlassung der Angestellten und Arbeiter sowie im Benehmen mit dem Präsidium die Ernennung, Entlassung und Zurruhesetzung der Beamten des Landtages nach den bestehenden Rechts- und Verwaltungsvorschriften zu.

Die Landtagsverwaltung untersteht dem Präsidenten.

Die Schriftführer unterstützen den Präsidenten. Im besonderen führen sie die Rednerliste, nehmen den Namensaufruf vor, sammeln und zählen die Stimmen und beurkunden die Verhandlungen. Der Präsident verteilt die Geschäfte unter sie.

Präsident des Landtags: Dr Helmut Lemke CDU

1. Vizepräsident: Kurt Hamer SPD

2. Vizepräsident: Dr Egon Schübeler CDU

1. Schriftführer: Peter Aniol CDU

2. Schriftführerin: Brunhild Wendel SPD

4 Ältestenrat

des 9. Schleswig-Holsteinischen Landtages

Zusammensetzung u Aufgabenkreis:
Der Ältestenrat besteht aus dem Präsidenten, den Vizepräsidenten sowie je einem Vertreter der im Landtag vorhandenen Fraktionen.
Der Ältestenrat hat den Präsidenten bei der Führung der Geschäfte zu unterstützen, im besonderen eine Verständigung zwischen den Fraktionen über den Arbeitsplan des Landtages und über die Besetzung der Stellen der Ausschußvorsitzenden sowie ihrer Stellvertreter herbeizuführen.

Präsident: Dr Helmut Lemke CDU

1. Vizepräsident: Kurt Hamer SPD

2. Vizepräsident: Dr Egon Schübeler CDU

Heiko Hoffmann CDU; Klaus Matthiesen SPD; Neithart Neitzel F.D.P.; Karl Otto Meyer SSW

5 Fraktionen

im 9. Schleswig-Holsteinischen Landtag

Abgeordnete derselben Partei können sich zu einer Fraktion zusammenschließen. Die zur Bildung einer Fraktion notwendige Mitgliederzahl wird durch Beschluß des Landtages festgestellt.
Die Bildung einer Fraktion, die Namen ihrer Vorsitzenden und der Mitglieder sind dem Präsidenten schriftlich mitzuteilen.

Jeder Abgeordnete kann nur einer Fraktion angehören.

Abgeordnete, die keiner Fraktion angehören, können sich als ständige Gäste einer Fraktion anschließen. Sie stehen dann deren Mitgliedern gleich.

CDU-Fraktion

Geschäftsstelle: **2300 Kiel,** Landeshaus; F (04 31) 20 10 bis 20 18, 20 20 bis 20 26

Fraktionsvorsitzender: Heiko Hoffmann

Stellvertreter: Fritz Latendorf, Dr Rolf Olderog, Annemarie Schuster

Beisitzer: Roger Asmussen, Günter Friedrich, Otto Bernhardt, Leopold Spaeth

Mitglieder des Fraktionsvorstandes kraft Amtes: Dr Gerhard Stoltenberg MinPräs; Dr Helmut Lemke LandtagsPräs

Geschäftsführer: Volker Steffens

SPD-Fraktion

Geschäftsstelle: **2300 Kiel,** Landeshaus; F (04 31) 20 40 — 20 46, 20 50 — 20 61

Fraktionsvorsitzender und Oppositionsführer: Klaus Matthiesen

stellvertretender Fraktionsvorsitzender: Kurt Hamer

Beisitzer: Gisela Böhrk, Gert Börnsen, Hans Gerhard Ramler, Hans Wiesen

Parlamentarischer Geschäftsführer: Berend Harms

Geschäftsführer: Reinhold Manz

F.D.P.-Fraktion

Geschäftsstelle: **2300 Kiel,** Landeshaus; F (04 31) 20 70 — 20 75

Fraktionsvorsitzender: Neithart Neitzel

Parlamentarischer Geschäftsführer: Martin Schumacher

SSW (Südschleswigscher Wählerverband)

Dem einzigen Vertreter des SSW im Schleswig-Holsteinischen Landtag der 9. Wahlperiode, dem Abgeordneten Karl Otto Meyer, sind die Rechte einer Fraktion verliehen worden.
Geschäftsstelle: **2390 Flensburg,** Norderstr 74; F (04 61) 74 21

Abgeordneter: Karl Otto Meyer

Geschäftsführung und wissenschaftliche Assistenz: Paul Hertrampf, Rolf Lehfeldt

6 Ständige Ausschüsse

des 9. Schleswig-Holsteinischen Landtages

Zusammensetzung u Aufgabenkreis:
Die ständigen Ausschüsse haben 13 Mitglieder.
Die Zusammensetzung der ständigen Ausschüsse ist im Verhältnis der Stärke der einzelnen Fraktionen vorzunehmen. Die Fraktionen, die bei der Sitzverteilung unberücksichtigt bleiben, erhalten einen Sitz in jedem Ausschuß, wenn ihre Partei bei der Landtagswahl 5 vom Hundert der gültigen Stimmen erreicht hat.
Über die Zuteilung nicht verteilbarer Sitze entscheidet das vom Präsidenten zu ziehende Los.
Die Regelung des Vorsitzes in den ständigen Ausschüssen erfolgt im Wege des Zugriffsverfahrens nach Maßgabe des Stärkeverhältnisses der Fraktionen.
Die Fraktionen benennen durch Erklärung gegenüber dem Präsidenten die von ihnen zu stellenden Ausschußmitglieder und eine gleiche Anzahl Stellvertreter.
Für jedes Mitglied eines Untersuchungsausschusses ist ein bestimmter Stellvertreter zu benennen. Ist ein Mitglied eines Untersuchungsausschusses verhindert, so ist seine Vertretung nur durch den benannten Vertreter zulässig.
Der Präsident gibt dem Landtag die Mitglieder, die Vorsitzenden und die stellvertretenden Vorsitzenden der Ausschüsse bekannt.
Die Ausschüsse arbeiten im Rahmen der ihnen vom Landtag erteilten Aufträge. Sie können sich auch mit den Angelegenheiten befassen mit denen die Landesregierung an sie herantritt. Über wichtige Angelegenheiten, die in ihr Aufgabengebiet fallen, können sie von den zuständigen Ministern jederzeit Auskünfte verlangen und diese erörtern.
Wird eine Vorlage oder ein Antrag zugleich mehreren Ausschüssen überwiesen, so ist ein Ausschuß als federführend zu bestimmen. Die beteiligten Ausschüsse beraten getrennt und teilen das Ergebnis ihrer Beratungen dem federführenden Ausschuß mit. Der federführende Ausschuß kann gemeinsame Beratungen anberaumen. Bei einer gemeinsamen Beratung sind nur die Mitglieder des federführenden Ausschusses stimmberechtigt.
Die Ausschüsse sind zu baldiger Erledigung der ihnen erteilten Aufträge verpflichtet. Sie haben im Rahmen der ihnen erteilten Aufträge das Recht und die Pflicht, dem Landtag bestimmte Beschlüsse zu empfehlen.

1. Ausschuß für Innere Verwaltung, Justiz, Verfassung, Geschäftsordnung und Wahlprüfung (Innen- und Rechtsausschuß)
Vorsitzender: Dr Klaus Klingner (SPD)

Stellvertretender Vorsitzender: Hans Detlef Stocker (CDU)
Weitere Mitglieder: CDU = 6, SPD = 4, F.D.P. = 1

2. Ausschuß für Finanzen (Finanzausschuß)
Vorsitzender: Roger Asmussen (CDU)
Stellvertretender Vorsitzender: Kurt Hamer (SPD)
Weitere Mitglieder: CDU = 6, SPD = 4, F.D.P. = 1

3. Ausschuß für Kultur, Jugend und Sport
Vorsitzender: Alfred Schulz (SPD)
Stellvertretender Vorsitzender: Dr Egon Schübeler (CDU)
Weitere Mitglieder: CDU = 6, SPD = 4, F.D.P. = 1

4. Ausschuß für Ernährung, Forsten und Umweltschutz (Agrar- und Umweltschutzausschuß)
Vorsitzender: Fritz Latendorf (CDU)
Stellvertretender Vorsitzender: Hans Wiesen (SPD)
Weitere Mitglieder: CDU = 6, SPD = 4, F.D.P. = 1

5. Ausschuß für Wirtschaft, Arbeit, Verkehr, Wohnungsbau, Landesplanung und Raumordnung (Wirtschaftsausschuß)
Vorsitzender: Klaus Kribben (CDU)
Stellvertretender Vorsitzender: Hans Gerhard Ramler (SPD)
Weitere Mitglieder: CDU = 6, SPD = 4, F.D.P. = 1

6. Ausschuß für Soziales, Vertriebene, Gesundheit und Familie (Sozialausschuß)
Vorsitzender: Wilhelm Marschner (SPD)
Stellvertretender Vorsitzender: Georg Rösler (CDU)
Weitere Mitglieder: CDU = 6, SPD = 4, F.D.P. = 1

7. Ausschuß für Bürgerinitiativen und andere Eingaben (Eingabenausschuß)
Vorsitzender: Günter Friedrich (CDU)
Stellvertretender Vorsitzender: Hans-Jürgen Wolter (SPD)
Weitere Mitglieder: CDU = 6, SPD = 4, F.D.P. = 1

Kontrollorgan für Maßnahmen nach dem Bundesgesetz zur Beschränkung des Brief-, Post- und Fernmeldegeheimnisses vom 13. August 1968 (BGBl I S 949)
Mitglieder: Hans Detlef Stäcker (CDU); Werner Liebrecht (SPD); NN (F.D.P.)

Kommission gemäß § 3 des Bundesgesetzes zur Beschränkung des Brief-, Post- und Fernmeldegeheimnisses vom 13. August 1968
Vorsitzender: Peter Jensen RA, 2390 Flensburg, Wrangelstr 25
Beisitzer: Manfred Hansen EStAnw, 2300 Kiel,

Virchowstr 23; Martin Schumacher MdL, 2000
Wedel, Stettinstr 36

*Der Dienst- u Fachaufsicht des Präsidenten des
Schleswig-Holsteinischen Landtages untersteht:*

7 Verwaltung
des Schleswig-Holsteinischen Landtages

2300 Kiel, Landeshaus, Düsternbrooker
Weg 70-90; F (04 31) 59 61; Telex 02 92 633
Direktor des Landtages: Claudius Hartmann

Abt 1 — L1 — Parlamentsdienst und Verwaltung
Leiter: Harry Karl MinR

Ref L 11: **Plenartagungen, Landtagsdrucksa-
chen, Geschäftsführung für Ältestenrat, Organisation, Geschäftsverteilung, Personalangelegenheiten, Redaktion der Landtagshandbücher,
Hausverwaltung, Baumaßnahmen, Beschaf-
fungswesen, Inventarverwaltung, Technische
Einrichtungen, Abgeordnetenversorgungswerk,
Hilfskasse der Abgeordneten, Veranstaltungen
des Landtages, Protokoll** Alter OAR

Ref L 12: **Koordination der Aufgaben der Proto-
kollführer, Redaktion der Plenarprotokolle** Bur-
dinski RDir

L 12/1-L 12/6: **Protokollführung für Plenum,
Ältestenrat, Präsidium u Landtagsausschüsse,
Geschäftsführung für die Landtagsausschüsse
(außer Eingabenausschuß)** Breitkopf RDir, Dr
Haaß ORRätin, Neil RR z A, Wettengel LtdSte-
nograph

Ref L 13: **Geschäftsordnungsmäßige Behandlung der Eingaben, Geschäfts- u Protokollführung für den Eingabenausschuß** Grimm ORR

Ref L 14: **Beauftragter für den Haushalt, Dienst-
kraftwagen, Sonderaufträge** Rathje OAR

**Abt 2 — L2 — Wissenschaftlicher Dienst und Ju-
stitiariat**
Leiter: Claudius Hartmann Dir des Landtages

Ref L 21: **Rechtsangelegenheiten des Landtages
u seiner Verwaltung (Justitiariat), Rechtsberatung der Fraktionen, der Abgeordneten u der
Ausschüsse** Behrend LtdMinR

Ref L 22: **Rechtsangelegenheiten des Landtages
u seiner Verwaltung (Justitiariat), Rechtsberatung der Fraktionen, der Abgeordneten u der
Ausschüsse** Fensch MinR

Ref L 23: **Rechtsangelegenheiten des Landtages
u seiner Verwaltung (Justitiariat), Rechtsberatung der Fraktionen, der Abgeordneten u der
Ausschüsse** Dr Wuttke MinR

Ref L 24: **Politologische Beratung des Landtages, der Fraktionen u der Abgeordneten, Beratung von Ausschüssen, Dokumentationssystem**
Dipl-Politologe Hübner

Abt 3 — L3 — Öffentlichkeitsarbeit
Leiter: Hans Hansen Pressechef des Landtages

**Unterrichtung von Presse, Rundfunk und Fern-
sehen über die Landtagsarbeit in Wort und Bild,
Landtagspressekonferenzen** Hansen Pressechef
des Landtages

Ref L 31: **Politische Bildungsarbeit durch Ein-
führung von Besuchergruppen in die Arbeits-
weise des Landtages** Volquartz Referent

b Die Landesregierung Schleswig-Holstein

Ministerpräsident: Dr Gerhard Stoltenberg
Vertreter des Ministerpräsidenten: Dr Henning
Schwarz Minister für Bundesangelegenheiten

Staatskanzlei
Chef der Staatskanzlei: Georg Poetzsch-Heffter
Staatssekretär

Der Innenminister des Landes Schleswig-Holstein
Minister: Dr Dr Uwe Barschel

Der Justizminister des Landes Schleswig-Holstein
Minister: Karl Eduard Claussen

Der Finanzminister des Landes Schleswig-Holstein
Minister: Rudolf Titzck

Der Minister für Wirtschaft und Verkehr des Landes Schleswig-Holstein
Minister: Dr Jürgen Westphal

Der Minister für Ernährung, Landwirtschaft und Forsten des Landes Schleswig-Holstein
Minister: Günter Flessner

Der Sozialminister des Landes Schleswig-Holstein
Minister: Prof Dr Walter Braun

Der Kultusminister des Landes Schleswig-Holstein
Minister: Dr Peter Bendixen

Der Minister für Bundesangelegenheiten des Landes Schleswig-Holstein
Minister: Dr Henning Schwarz

c Die Landesbehörden

Die Reihenfolge der obersten Landesbehörden stimmt mit der Gemeinsamen Geschäftsordnung der Ministerien des Landes Schleswig-Holstein überein; sie richtet sich beim Landesrechnungshof nach § 5 des „Allgemeinen Verwaltungsgesetzes für das Land Schleswig-Holstein (Landesverwaltungsgesetz — LVwG —) in der Fassung vom 19. März 1979 (GVOBl Schl-H S 182).

Nach dem Landesverwaltungsgesetz werden die Landesbehörden nach obersten Landesbehörden, Landesoberbehörden und unteren Landesbehörden unterschieden.
Oberste Landesbehörden sind
die Landesregierung,
der Ministerpräsident,
die Minister und
der Landesrechnungshof.
Soweit der Landtagspräsident öffentlich-rechtliche Verwaltungtätigkeit ausübt, ist auch er oberste Landesbehörde.
Zur Entlastung der obersten Landesbehörden von Verwaltungsarbeit können Ämter gebildet werden, die mit einer gewissen Selbständigkeit ausgestattet sind, aber Bestandteile der obersten Landesbehörden bleiben. Diese Ämter müssen aus ihrer Behördenbezeichnung die oberste Landesbehörde erkennen lassen, der sie zugeordnet sind.
Landesoberbehörden sind Landesbehörden, die einer obersten Landesbehörde unterstehen und deren Zuständigkeit sich auf das ganze Land erstreckt, soweit sie nicht nach einer Rechtsvorschrift untere Landesbehörden sind.
Landesoberbehörden sollen als Landesamt bezeichnet werden.
Untere Landesbehörden sind Landesbehörden, die
1. einer Landesoberbehörde unterstehen,
2. unmittelbar einer obersten Landesbehörde unterstehen und deren Zuständigkeit sich auf einen Teil des Landes beschränkt oder
3. nach einer Rechtsvorschrift ausdrücklich untere Landesbehörden sind.

Nach § 18 der Gemeinsamen Geschäftsordnung der Ministerien des Landes Schleswig-Holstein vom 13. März 1956 in der Fassung vom 25. Mai 1971 (GVOBl Schl-H S 321) werden für die einzelnen Ministerien Abkürzungen benutzt, die auch den jeweiligen Abteilungs- und Referatszahlen vorgesetzt werden.
Hierbei handelt es sich um folgende Abkürzungen:

L oder I = Landtag

LRH oder II = Landesrechnungshof

StK oder III = Der Ministerpräsident des Landes Schleswig-Holstein und Chef der Staatskanzlei

IV = Der Innenminister des Landes Schleswig-Holstein

V = Der Justizminister des Landes Schleswig-Holstein

VI = Der Finanzminister des Landes Schleswig-Holstein

VII = Der Minister für Wirtschaft und Verkehr des Landes Schleswig-Holstein

VIII = Der Minister für Ernährung, Landwirtschaft und Forsten des Landes Schleswig-Holstein

IX = Der Sozialminister des Landes Schleswig-Holstein

X = Der Kultusminister des Landes Schleswig-Holstein

XI = Der Minister für Bundesangelegenheiten des Landes Schleswig-Holstein

II Landesrechnungshof Schleswig-Holstein

2300 Kiel, Mercatorstr 3; F (04 31) 30 14-1

Staatsrechtliche Grundlage und Aufgabenkreis:
Der Landesrechnungshof ist eine selbständige, nur dem Gesetz unterworfene oberste Landesbehörde nach Art 49 der Landessatzung für Schleswig-Holstein — LS — und § 1 des Gesetzes über den Landesrechnungshof Schleswig-Holstein — LRH-Gesetz —. Er überwacht die gesamte Haushalts- und Wirtschaftsführung des Landes, der Gemeinden und Gemeindeverbände und untersucht hierbei die zweckmäßigste, wirtschaftlichste und einfachste Gestaltung der öffentlichen Verwaltung (Art 48 I.S, § 2 LRH-Gesetz u §§ 88 ff LHO).

Präsident: Dr Wolfgang Böning
Vizepräsident: Friedrich Cordes

Allgemeine Abteilung, Angelegenheiten des Landesrechnungshofs als oberster Landesbehörde.
Leiter: Wagner MinR

Prüfungsabteilungen

Abt 1 Landtag, Ministerpräsident und Staatskanzlei, Minister für Bundesangelegenheiten, Minister für Ernährung, Landwirtschaft und Forsten, Querschnittsprüfungen
Leiter: Friedrich Cordes VPräs

Abt 2 Kultusminister, Hochschulen, Sozialminister, Justizminister
Leiter: Hinrichsen LtdMinR

Abt 3 Finanzminister, Minister für Wirtschaft und Verkehr, Unternehmen und Beteiligungen
Leiter: Wilfried Corleißen MinDirig

Abt 4 Innenminister, Kommunale Angelegenheiten
Leiter: Walter Klappstein MinDirig

Abt 5 Hochbau, Tiefbau, Versorgungs- und Betriebstechnik
Leiter: Klaus Fiehn LtdMinR

III Der Ministerpräsident
des Landes Schleswig-Holstein

2300 Kiel, Landeshaus, Düsterbrooker Weg 70;
F (04 31) 59 61; Telex 02-99 871

Aufgabenkreis:
Der Ministerpräsident bestimmt gemäß Art 24 (1)
der Landessatzung für Schleswig-Holstein vom
13. Dezember 1949 in der Fassung vom 15. März
1962 und der Änderungsgesetze vom 12. Dezember 1969 und 29. Juni 1979 die Richtlinien der Regierungspolitik und trägt dafür die Verantwortung. Er führt den Vorsitz in der Landesregierung
und leitet ihre Geschäfte.

Ministerpräsident: Dr Gerhard Stoltenberg

Persönlicher Referent: Alwes RDir

Dem Ministerpräsidenten unmittelbar unterstellt:

1 Staatskanzlei

2300 Kiel, Landeshaus, Düsternbrooker Weg 70;
F (04 31) 59 61; Telex 02-99 871

Aufgabenkreis:
Die Staatskanzlei ist die dem Ministerpräsidenten
zur Erledigung seiner Dienstgeschäfte unmittelbar
zur Verfügung stehende Dienststelle. Ihr obliegen
im besonderen

1. die Erarbeitung der Grundlagen für die
   Richtlinien der Regierungspolitik,
2. die Koordinierung der Tätigkeit der Ministerien in der Landes- und Bundesgesetzgebung
   und in der mittel- und langfristig Planung,
3. die Vorbereitung der Entscheidungen des Ministerpräsidenten nach Art 26 der Landessatzung,
4. die Wahrnehmung der Aufgaben der Landesplanungsbehörde und der überregionalen
   Landesplanung,
5. die Behandlung der Minderheiten- und
   Grenzlandfragen.

Chef der Staatskanzlei: Georg Poetzsch-Heffter
Staatssekretär
Stellvertretender Chef der Staatskanzlei: Dr Karl
Treml MinDirig

Stk 1 Abt 1 Landesangelegenheiten u Koordinierung 1
Leiter: Dr Karl Treml MinDirig

Ref Stk 100: **Büroleitender Beamter; Geschäftsverteilung, Personalangelegenheiten aus dem
Bereich des Ministerpräsidenten; Auslandsdienstreisen, Beauftragter für den Haushalt, Organisation, Staatliche Ehrungen und Anerken-**nungen, Prüfungsmitteilungen des Landesrechnungshofes Hansen MinR

Ref Stk 110: **Personalplanung, Personalangelegenheiten nach Art 26 LS; Vorsitzender der
Konferenz der Personalreferenten; Grundsatzfragen der Organisation der Landesverwaltung;
Beauftragter für Angelegenheiten der schwerbeschädigten Verwaltungsangehörigen; Angelegenheiten der Körperschaften, Gesellschaften usw, an denen das Land beteiligt ist** Dr Jessen MinR

Ref StK 120: **Protokoll** Dr Ahrens RDir

Ref Stk 121: **Konsularwesen, Einzelne Protokollangelegenheiten** Dr Fromm RDir

Ref StK 13: **Kabinettsangelegenheiten und Planungskoordinierung — für die Abstimmung
von Planungen unmittelbar StK zugeordnet —** Dr Mann LtdMinR

Ref Stk 130: **Koordinierung der Fachplanungen
der Ressorts; Kabinettsangelegenheiten;
Staatssekretärkonferenzen; IROK; Vorsitzender der Konferenz der Planungsbeauftragten** Dr
Mann LtdMinR

Ref Stk 140: **Grundsatzfragen und bedeutsame
Einzelprobleme der Landesplanung und
Raumordnung, Koordinierung der grenzüberschreitenden Zusammenarbeit mit Hamburg
und den anderen norddeutschen Ländern sowie
Koordinierung der Angelegenheiten des Hamburger Nachbarraums; Angelegenheiten des
Ministerpräsidenten als Landesplanungsbehörde aus den Planungsräumen I und IV; insoweit Abstimmung der Landesplanung mit den
Fachplanungen** Dr Ahrens RDir

Ref StK 150: **Grundsatzfragen und bedeutsame
Einzelprobleme der Landesplanung und
Raumordnung aus den Bereichen Infrastruktur,
Landschaftspflege und Umweltschutz sowie den
Wirtschaftsbereichen, Landesplanungsrat;
grenzüberschreitende landesplanerische Zusammenarbeit mit Dänemark; Angelegenheiten
des Ministerpräsidenten als Landesplanungsbehörde aus den Planungsräumen II, III und IV;
insoweit Abstimmung der Landesplanung mit
den Fachplanungen** Dr Fromm RDir

Ref StK 160: **Angelegenheiten aus dem Geschäftsbereich des Innenministers; Verteidigungspolitik; Verbindungsreferent zum
Landtag** Voigt MinR

Ref StK 170: **Angelegenheiten aus den Geschäftsbereichen des Ministers für Ernährung,
Landwirtschaft u Forsten u des Sozialministers**
Dr Denker ORFischereiR

Dem Chef der Staatskanzlei in Angelegenheiten der Landesplanungsbehörde zugeordnet: Dr Claus-Jochen Kühl MinDirig, Leiter der Abt IV/9 Raumordnung

StK 2 Abt 2 Bundesangelegenheiten u Koordinierung 2
Leiter: Uwe Lützen MinDirig

Ref StK 200: **Bundesrats- und Bundestagsangelegenheiten; Ministerpräsidenten-Konferenz; Beobachtung der Gesetzgebung u sonstiger politischer Maßnahmen in anderen Bundesländern; Staatsverträge u Abkommen; Rechtliche Rundfunk- u Fernsehangelegenheiten, Angelegenheiten aus dem Geschäftsbereich des Justizministers, Gnadensachen** Dr Witt MinR

Ref StK 210: **Sonderbeauftragter für Minderheiten-, Grenzland- und Skandinavienfragen; Außenpolitik; Schleswig-Holstein-Tag; Förderung besonderer Aufgaben auf kulturellem, sozialem und wirtschaftlichem Gebiet; Gesamtdeutsche Fragen; Grundsatzfragen der Förderung des gesamtdeutschen Bewußtseins; Patenschaften für Mecklenburg und Pommern; Stiftung Pommern** von Leesen RAng

Ref StK 220: **Strukturpolitik; Angelegenheiten aus dem Geschäftsbereich des Ministers für Wirtschaft und Verkehr — außer Abteilung Verkehr — ; Angelegenheiten der beruflichen Bildung** Flas ORVwR

Ref StK 230: **Allgemeine Fragen der Wirtschaftspolitik; Verbindung zu Parteien und Verbänden; Angelegenheiten aus dem Geschäftsbereich des Ministers für Wirtschaft und Verkehr — Abteilungen Verkehrspolitik und Verkehrsordnung — NN**

Ref StK 240: **Finanzpolitik; Angelegenheiten aus dem Geschäftsbereich des Finanzministers; Finanzbedarf der Rundfunkanstalten** Storf ORVwR

Ref StK 250: **Angelegenheiten aus dem Geschäftsbereich des Kultusministers — außer Abteilung Berufliche Bildung** Dr Rocke RDir

Ref StK 260: **Grundsatzfragen der neuen elektronischen Medien (neue Kommunikationssysteme); Auswertung von medienpolitischen Äußerungen und Stellungnahmen anderer Stellen zur Neuordnung des NDR; Eingaben in Rundfunkangelegenheiten; Sonderaufträge im Rundfunkbereich NN**

2 Presse- und Informationsstelle

der Landesregierung

2300 Kiel, Landeshaus, Düsternbrooker Weg 70-90; F (04 31) 59 61; Telex 02 92 626

Aufgabenkreis:
Der Leiter der Presse- und Informationsstelle der Landesregierung ist dem Ministerpräsidenten unmittelbar unterstellt. Die Dienststelle steht ihm zur Erledigung seiner Dienstgeschäfte unmittelbar zur Verfügung. Sie erfüllt die Presse- und Öffentlichkeitsarbeit der Landesregierung.

Leiter: Dr Arthur Rathke Staatssekretär

Ref P 100: **Publizistische Darstellung der Politik der Landesregierung in Presse und Rundfunk; Verbindung zur Regionalpresse; Pressemitteilungen; Vorbereitung von Pressekonferenzen; Bildarchiv für Presse und Fernsehen; Verbindung zur Regionalpresse** Dr Ebel RAng

Ref P 110: **Pressemitteilungen; Bericht über eigene und fremde Pressekonferenzen; Auswertung der regionalen und überregionalen Zeitungen, Zeitschriften und Nachrichtendienste; Bild- und Wortdokumentation** Dr Fuglsang-Petersen RDir

Ref P 120: **Konzeption der Öffentlichkeitsarbeit; Redaktion und Herausgabe der Zeitung „SH"; Vorbereitung von Interviews und Pressebeiträgen des Ministerpräsidenten für die Regionalpresse, in diesem Zusammenhang Verbindung zu den Redaktionen; redaktionelle Betreuung, Druck und Gestaltung der Schriftenreihe der Landesregierung; Öffentlichkeitsarbeit durch besondere Veranstaltungen sowie im Rahmen von Messen und Ausstellungen; Mittelbewirtschaftung; Versand von Informationsmaterial** Matthes RAng

Ref P 130: **Verbindung zu Rundfunk und Fernsehen; Kontakte zu politischen Parteien, Verbänden und Institutionen im staatsbürgerlichen Raum; Medienpolitische Analysen; Auswertung von Rundfunk und Fernsehen** Dr Gruber RVwR

Ref P 140: **Vorbereitung von Reden des Ministerpräsidenten im In- und Ausland; Anfertigung von Entwürfen für den Ministerpräsidenten; Grundsatzbeiträge für wissenschaftliche Publikationen; Verbindung zur überregionalen Presse** Freiherr von Tiesehausen RAng

13

3 Dienststelle des Bevollmächtigten des Landes Schleswig-Holstein beim Bund

Nähere Angaben hierzu siehe Seite 84

Gemeinsame Rechtsaufsicht mit dem Land Niedersachsen und der Freien und Hansestadt Hamburg:

4 Norddeutscher Rundfunk – AdöR

2000 Hamburg 13, Rothenbaumchaussee 132-134; F (0 40) 41 31; Telex 02 19 891

Aufgabenkreis:
Aufgabe des NDR ist die für die Allgemeinheit bestimmte Verbreitung von Nachrichten und Darbietungen in Wort, Ton und Bild. Dem NDR sind das ausschließliche Recht und die Pflicht vorbehalten, in den Ländern Niedersachsen, Schleswig-Holstein und Freie und Hansestadt Hamburg (Sendegebiet) die hierfür erforderlichen Anlagen des Hörrundfunks und des Fernsehfunks zu errichten und zu betreiben sowie die Anlagen des Drahtfunks zu versorgen (§ 3 (1) des Staatsvertrags über den Norddeutschen Rundfunk).
Intendant: Heinrich Wilhelm Raeuker
Stellvertreter: NN
Programmdirektor Hörfunk: Wolfgang Jäger
Programmdirektor Fernsehen: NN

Funkhäuser bzw Studios:
3000 Hannover, Rudolf von Bennigsen-Ufer 22; **2300 Kiel,** Wall 74; **2390 Flensburg,** Friedrich-Ebert-Str 1; **2900 Oldenburg (Old),** Adolf-Grimme-Str 30; **1000 Berlin 33,** Hubertusallee 26; **5300 Bonn,** Dahlmannstr 14; **3300 Braunschweig,** Steinweg-Passage 42A; **4500 Osnabrück,** Am Markt 8

IV Der Innenminister

des Landes Schleswig-Holstein

2300 Kiel, Landeshaus, Düsternbrooker Weg 70; F (04 31) 59 61 oder Durchwahl 5 96 . . . .; Telex 02-99 871

Aufgabenkreis:
Der Geschäftsbereich des Innenministers umfaßt neben zentralen Aufgaben der Organisation, der Personalbewirtschaftung und der allgemeinen Verwaltung vor allem das Personalrecht, die Verfassung, die Gesetzgebung, grundsätzliche Angelegenheiten des Besoldungs-, Versorgungs- und Tarifrechts und die Aufgaben aus dem Art 131 GG, die Kommunalaufsicht, die öffentliche Sicherheit sowie die Aufgaben des Zivilschutzes und der zivilen Verteidigung, den Verfassungsschutz, dem Datenschutz, die Wohnungsbauförderung, das Bauwesen, die Angelegenheiten des Wohnungswesens, die Bauleitplanung und die Raumordnung.

Publikationsorgane:
Gesetz- und Verordnungsblatt für Schleswig-Holstein, erscheint nach Bedarf, Bezugspreis halbjährlich für Ausgabe A 12,00 DM, halbjährlich für Ausgabe B 17,00 DM
Amtsblatt für Schleswig-Holstein, erscheint an jedem Montag, Bezugspreis halbjährlich für Ausgabe A 27,00 DM, halbjährlich für Ausgabe B 32,00 DM

Innenminister: Dr Dr Uwe Barschel

Persönlicher Referent: Wolfgang Delfs RR

Amtschef: Dr Hans-Joachim Knack Staatssekretär (zugleich Landeswahlleiter)

Vertreter des Amtschefs: Dr Claus-Jochen Kühl MinDirig

Abt IV 1 Allgemeine Verwaltung
Leiter: Uwe Tode MinDirig
Vertreter: Dr Hans-Joachim Baus MinR

Ref IV 100: **Büroleitung, technische Versorgung im Raum Düsternbrook, Beschaffungsstelle, Fahrbereitschaft,** Lindow RDir

Ref IV 110: **Beauftragter für den Haushalt, Prüfungsmitteilungen des Landesrechnungshofes, Vorprüfung Bundeshaushalt, Koordinierung der Unterbringung im Geschäftsbereich des Innenministers** Köhntopp ORR

Ref IV 120: **Organisation u Automation** Beilecke MinR

Arbeitsgebiet IV 121: **Automation im Einwohnerwesen u bei der Polizei** Rathleff ORR

Arbeitsgebiet IV 122: **Volks- u betriebswirtschaftliche Analysen** Balduhn Ang

Ref IV 130: **Personal einschließlich der nachgeordneten Dienststellen** Dr Baus MinR

Arbeitsgebiet IV 131: **Personalhaushalt** Haase OAR

Ref IV 140: **Ausbildung u Fortbildung, Prüfungswesen, Ausbildungsleiter** Dr Loeber ORR

Ref IV 150: **Justitiar, Wohnungsfürsorge, Zivilverteidigung** Dr Voß MinR

Ref IV 160: **Öffentlichkeitsarbeit im Sicherheitsbereich** Jensen RDir

Ref IV 170: **Presseangelegenheiten des Ministeriums** Dr Puls ORR

Ref IV 180: **Planungsbeauftragter, Analyse abteilungsübergreifender Aufgaben u Maßnahmen, Verbindung zum Landtag u Kabinett** Möllgaard MinR

Ref IV 181: **Mitwirkung bei Planungsvorhaben, Stellungnahmen und Vorträge für die Leitung des Hauses** Gahrau RR z A

Abt IV 2 Verfassung, Gesetzgebung u öffentliches Dienstrecht
Leiter: Karl-Robert Schwarze MinDirig
Vertreter: Hans-Gerhard Fuhrmann MinR

Ref IV 200: **Organisation der Landesverwaltung Arbeitskreis I der Arbeitsgemeinschaft der Innenminister der Bundesländer, Fachaufsicht über das Statistische Landesamt, Wahlrecht, Recht der Parteien, Ehrenzeichen** Sanner RDir

Ref IV 210: **Bundesverfassungsrecht, Bundesratsangelegenheiten, Innenministerkonferenz, Presserecht, Ministerpräsidentenkonferenz, internationale Verträge, Verwaltungsabkommen, Presserecht, Europarecht** Dr Gebel ORR

Ref IV 220: **Vertreter der öffentlichen Interessen beim Oberverwaltungsgericht u beim Verwaltungsgericht, Landesverfassungsrecht, Landesgesetzgebung, Landesverwaltungsgesetz, Sammlung des Landesrechts, Verkündungsblätter, Fachaufsicht über das Statistische Landesamt** Dr Busch MinR

Arbeitsgebiet IV 221: **Aufgaben des Vertreters der öffentlichen Interessen beim Oberverwaltungsgericht u beim Verwaltungsgericht** Friedersen RR z A

Ref IV 230: **Grundsatzfragen: Laufbahnrecht, Disziplinrecht, Personalvertretungsrecht u Ge-**

setz 131, Unterhaltssicherung, Landesbeamten-ausschuß, Fachaufsicht über das Landesbesol-dungsamt Fuhrmann MinR

Arbeitsgebiet IV 231: Allgemeines Beamtenrecht NN

Ref IV 240: Allgemeine und grundsätzliche An-gelegenheiten des Besoldungsrechts u des Ver-sorgungsrechts einschließlich des Landesmini-stergesetzes u der Stellenbewertungsverord-nung für Kommunalbeamte Biastoch ORRätin

Ref IV 250: Grundsatzfragen Arbeitsrecht, Ta-rifrecht, Sozialversicherungsrecht, Reiseko-stenrecht, Umzugskostenrecht u Beihilferecht, Koordinierung der Fachaufsicht über das Lan-desbesoldungsamt Schleswig-Holstein Wenzel RDir

Ref IV 260: Ordnungsrecht, Versammlungsrecht, Vereinsrecht, Waffenrecht, Sonn- u Feiertags-recht, Badewesen, Stiftungsrecht u Stiftungs-aufsicht Binner RDir

Ref IV 270: Melderecht, Sammlungsrecht, Glücksspielrecht, Spielbankenaufsicht, Staats-angehörigkeitsrecht, Ausländerrecht, Perso-nenstandsrecht, Namensrecht, Kriegsgräber-recht, Wehrerfassungsrecht, Paßwesen u Aus-weiswesen Harbeck MinR

Ref IV 280: Grundsatzfragen Entscheidungs-recht u Bundesleistungsrecht, Verfahren nach den §§ 4-6 Landbeschaffungsgesetz Riedel MinR

Arbeitsgebiet IV 281: Enteignungsverfahren, Entschädigungsfeststellungsverfahren, Ma-növerschäden − Beschwerdeverfahren Bald RDir

Abt IV 3 Kommunalabteilung
Leiter: Bracker MinDirig
Vertreter: Hermann Schmidt-Tychsen MinR

Ref IV 310: Kommunale Finanzaufsicht, Haus-halt, Kassenwesen u Rechnungswesen, Finan-zierung kommunaler Maßnahmen Dr Krastel MinR

Ref IV 320: Kommunaler Finanzausgleich, Sparkassenaufsicht Stöfen ORVwR

Arbeitsgebiet IV 321: Kommunale Eigenbetriebe u wirtschaftliche Unternehmen Stöfen ORVwR

Ref IV 330: Kommunales Verfassungsrecht, Ge-bietsänderungen Meisner RDir

Ref IV 340: Kommunale Personalwirtschaft, Verwaltungsorganisation der Kreise, Ämter u Gemeinden, Aufsicht über die Datenzentrale, kommunales Abgabenrecht Bitterberg RDir

Ref IV 350: Brandschutz Dipl-Ing Müller MinR

Ref IV 360: Kommunale Entwicklungsfragen im Zusammenhang mit der Raumordnung, Investi-tionsfonds gemäß § 23 Finanzausgleichsgesetz, Förderungsfonds für das Hamburg-Randgebiet u für Naherholung Schmidt-Tychsen MinR

Abt IV 4 Abteilung für öffentliche Sicherheit
Leiter: Baltzer MinDirig
Vertreter: Petersen MinR

Ref IV 400: Nachwuchswerbung, Innere Infor-mation, Öffentlichkeitsarbeit, Polizeiliche Grundsatzfragen: Straßenverkehr, Wasserver-kehr u Luftverkehr Schneider ORR

Ref IV 410: Polizeiliche Grundsatzfragen, Auf-gaben u Aufbau der Polizei, Zusammenarbeit der Gliederungen der Polizei Petersen MinR

Ref IV 420: Grundsatzfragen Wirtschaftsver-waltungsdienst, Haushaltsplanung, Unterbrin-gung der Polizei Wolf RDir

Ref IV 430: Recht der Polizei, Beamtenrechts-fragen der Polizeivollzugsbeamten, Grundsatz-fragen der Ausbildung u Fortbildung, Diszipli-narangelegenheiten Dr Koch RDir

Ref IV 440: Personalangelegenheiten der Poli-zei, Personalhaushalt Zimmer PolDir

Ref IV 450: Koordinierung der Zivilverteidi-gung, Recht der Zivilverteidigung u der Kata-strophenabwehr, Grundsatzfragen: Zivilschutz u Katastrophenschutz Rommel RDir

Abt IV 5 Abt für Städtebauförderung und Woh-nungswesen
Leiter: Dr Ottobert Brintzinger MinDirig
Vertreter: Marheineke MinR

Ref IV 510: Wohnrecht, Mietrecht, Mietpreis-recht u Reichsheimstättenrecht, Wohnungsbin-dungsgesetz u Gemeinnützigkeitsgesetz, Wohngeld, Aufsicht über Wohnungsbaukredit-anstalt u WoBau Asmussen RR

Ref IV 520: Grundsatzfragen der Wohnungsbau-förderung, Wohnungsbauprogramme u Moder-nisierungsprogramme, Kleinsiedlungswesen u Realkredit, Bürgschaften Marheineke MinR

Ref IV 521: Aufstellung und Durchführung der Wohnungsbauprogramme, volkswirtschaftliche Stellungnahmen Siebenbaum RVwRätin

Ref IV 530: Finanzierung der Wohnungsbau- u Modernisierungsprogramme, Schutzraumbau, Zulassung von Betreuern gem § 37 II Woh-nungsbaugesetz Rösser RDir

Ref IV 540: Recht der Städtebauförderung, Sa-nierungssatzungen, Entwicklungsverordnun-gen, Steuer-, Gebühren- u Abgabenbefreiungen,

Bestätigung von Sanierungs- u Entwicklungsträgern Köhler RDir

Ref IV 550: **Planung u Durchführung städtebaulicher Sanierungs- u Entwicklungsmaßnahmen, Modellvorhaben, Festlegung von Modernisierungszonen, EDV-Fragen, Baulandbevorratung** Dr-Ing Wächter MinR

Abt IV 7 Verfassungsschutzabteilung
Leiter: Alfred Kuhn MinDirig
Vertreter: Neubert MinR
Sicherheitsbeauftragter der Landesregierung Schian ORR

Abt IV 8 Abt für Bauleitplanung, Bauwesen und Vermessungswesen
Leiter: Dr Horst Schlisske MinDirig
Vertreter: Steinkopf Dir d Landesvermessungsamtes

Ref IV 810: **Baurecht u Bodenrecht (Bund), Stadtentwicklungsrecht, Geschäftsstelle des Rates für Stadtentwicklung, Zustimmungen im Verfahren nach § 19 Bundesbaugesetz, Genehmigung von Bauleitplänen** Dr Roesch MinR

Ref IV 820: **Landesbaurecht, Genehmigung von Sanierungssatzungen, Gebührenrecht, Kostenrecht, Architektenrecht, Aufsicht über die Architektenkammer, Widerspruchsentscheidungen im Bodenverkehr** Fuß RR

Ref IV 830: **Bauaufsicht, Grundsätzliche Bauangelegenheiten, Landesbauordnung, Zustimmung zu öffentlichen Bauten, Bauaufsichtliche Fragen** Domning MinR

Ref IV 840: **Einzelentscheidungen in Bauangelegenheiten, Widersprüche u Fachaufsichtsbeschwerden, Eingaben u Petitionen** Möller RBauR

Ref IV 850: **Bautechnik u Bauwirtschaft, Bauforschung, Anerkennung u Aufsicht über Prüfämter u Prüfingenieure, Verdingungswesen** Rosemann MinR

Ref IV 860: **Städtebau u Ortsplanung, Koordinierung der Bauleitplanung, Stadtentwicklungsplanung u Bauleitplanung in den Kreisen Pinneberg u Herzogtum Lauenburg, der kreisfreien Stadt Flensburg, der Hansestadt Lübeck u den Kreisen Stormarn u Segeberg** Dr-Ing Goebel MinR

Ref IV 870: **Städtebauliche Fragen des Verkehrs u der Erschließung, Stadtentwicklungs- u Bauleitplanung in den kreisfreien Städten Kiel u Neumünster sowie in den Kreisen Steinburg, Rendsburg-Eckernförde u Plön** Uhl RBauDir

Ref IV 880: **Städtebauliche Fragen des Fremdenverkehrs, Planzeichenverordnung, Stadtentwicklungs- u Bauleitplanung in den Kreisen Nordfriesland, Schleswig-Flensburg, Dithmarschen u Ostholstein** Schönke MinR

Ref IV 890: **Vermessungsverwaltung u Katasterverwaltung, Arbeitsgruppe Grenzmarkierung, Fachaufsicht über das Landesvermessungsamt u die Katasterämter** Steinkopf Dir des Landesvermessungsamtes

Arbeitsgebiet IV 891: **Katasterwesen** Grouls RVmR

Abt IV 9 Abteilung für Raumordnung
Leiter: Dr Claus-Jochen Kühl MinDirig
Vertreter: Till Peter Koch MinR

Ref IV 910: **Raumordnung u Landesplanung, Landesraumordnungsplan, Raumordnungsberichte, zentrale Orte, Strukturpolitik, Verkehrswesen, karthographische Arbeiten** Koch MinR

Ref IV 920: **Raumordnungsrecht u Planungsrecht, Verfahrensfragen, Raumordnungsverfahren** Dr Sturm MinR

Arbeitsgebiet IV 921: **Standortfragen der Landesverteidigung** Boigs OAR

Ref IV 930: **Bevölkerungsentwicklung u Arbeitsplatzentwicklung, Wirtschaftsstruktur u Sozialstruktur, statistische Planungsunterlagen, Angelegenheiten der gewerblichen Wirtschaft einschließlich Förderungsprogramme** Kornetzky RVolkswDir

Ref IV 940: **Planungsfragen u Entwicklungsfragen: Fremdenverkehr u Naherholung, Umweltschutz, Landschaftspflege u Landschaftsplanung, Energieanlagen** Dr Menke RBauDir

Ref IV 950: **Planungs- u Entwicklungsfragen im ländlichen Raum, Agrarstruktur, Landwirtschaft u Forstwirtschaft, Küstenschutz, Wasserversorgung, Abwasserbeseitigung u Abfallbeseitigung** Thormählen MinR

Ref IV 960: **Regionale Planungsangelegenheiten in dem Planungsraum I** Knaak RBauDir

Ref IV 970: **Regionale Planungsangelegenheiten in den Planungsräumen II u III** Schulz MinR

Ref IV 980: **Regionale Planungsangelegenheiten in den Planungsräumen IV u V** Dr-Ing Boesten RBauDir

Ref IV 990: **Kreisentwicklungsplanung, Bildungseinrichtungen u Sozialeinrichtungen** Dr von Brevern RDir

Beim Innenminister des Landes Schleswig-Holstein eingerichtet:

1 Der Landesbeauftragte für den Datenschutz

beim Innenminister des Landes Schleswig-Holstein

2300 Kiel, Karolinenweg 1; F (04 31) 5 96/28 81

Staatsrechtliche Grundlage u Aufgabenkreis:
Gesetz zum Schutz vor Mißbrauch personenbezogener Daten bei der Datenverarbeitung (Landesdatenschutzgesetz — LDSG) vom 1. Juni 1978 (GS Schl-H II, Gl Nr 204-1) u Bekanntmachung des Innenministers vom 20. Juli 1978 — IV 130 — 0121.1 — (Abl Sch-H S 474)

Der Landesbeauftragte für den *Datenschutz* überwacht die Einhaltung der Vorschriften dieses Gesetzes sowie anderer Vorschriften über den Datenschutz bei den in § 3 genannten Behörden und sonstigen öffentlichen Stellen sowie den Auftragnehmern nach § 4. Dies gilt nicht für die Gerichte, soweit sie nicht in Verwaltungsangelegenheiten tätig werden, und den Landesrechnungshof bezüglich seiner Prüfungstätigkeit. Er hat die Landesregierung und einzelne Minister sowie die übrigen in den §§ 3 und 4 genannten Behörden, öffentlichen Stellen und Auftragnehmer in Fragen des Datenschutzes zu beraten. Zu diesem Zweck kann er Empfehlungen zur Verbesserung des Datenschutzes geben.

Auf Anforderung des Landtages, des Eingabenausschusses des Landtages, der Landesregierung, einzelner Minister oder des Landesrechnungshofs soll der Landesbeauftragte für den Datenschutz ferner Hinweisen auf Angelegenheiten und Vorgänge, die seinen Aufgabenbereich unmittelbar betreffen, nachgehen. Der Landesbeauftragte für den Datenschutz kann sich jederzeit an den Landtag wenden.

Auf Anforderung des Landtages oder der Landesregierung hat der Landesbeauftragte für den Datenschutz Gutachten zu erstellen und Berichte zu erstatten. Außerdem legt er dem Landtag jährlich einen Bericht über seine Tätigkeit vor.

Der Landesbeauftragte ist in Ausübung seiner Aufgaben nach dem Landesdatenschutzgesetz unabhängig und nur diesem Gesetz unterworfen.

Dem Landesbeauftragten sind unter Anwendung von § 18 Abs 3 weitere Aufgaben übertragen worden:

Die Aufgaben der Aufsichtsbehörde nach § 30 (Datenverarbeitung nichtöffentlicher Stellen für eigene Zwecke) und nach § 40 (geschäftsmäßige Datenverarbeitung nichtöffentlicher Stellen für fremde Zwecke) des Bundesdatenschutzgesetzes vom 27. Januar 1977 (BGBl I S 201);

die Aufgaben der Gesetz- und Verordnungsgebung im Datenschutzbereich.

In beiden Angelegenheiten unterliegt die Landesbeauftragte der Dienst- und Fachaufsicht des Innenministers.

Landesbeauftragter: Ernst-Eugen Becker MinDirig

Dem Innenministerium im Sinne von § 5 Abs 2 Landesverwaltungsgesetz zugeordnet:

2 Der Innenminister des Landes Schleswig-Holstein

— Schutzpolizeiamt —

2300 Kiel, Düsternbrooker Weg 82; F (04 31) 59 61

Staatsrechtliche Grundlage u Aufgabenkreis:
Bekanntmachung des Innenministers vom 8. April 1968 (Amtsbl Schl-H Seite 211), geändert durch Bekanntmachung vom 31. Mai 1974 (Amtsbl Schl-H Seite 439). Dem Schutzpolizeiamt obliegt die Führung der Schutzpolizei des Landes Schleswig-Holstein sowie die Durchführung der ihm vom Innenminister übertragenen Verwaltungsaufgaben.

Dez 100: **Polizeifachliche Einzelfragen, Organisation und Ausrüstung der Schutzpolizei, Personal-, Einsatz- und Verkehrsangelegenheiten**

Dez 200: **Technischer Dienst (Fernmelde-, Kraftfahrzeug-, Waffen- und Gerätewesen)**

Dez 300: **Ausbildung u Fortbildung**

Dez 400: **Sanitätswesen**

Dez 500: **Wirtschaftsverwaltung**

3 Der Innenminister des Landes Schleswig-Holstein

— Kriminalpolizeiamt —

2300 Kiel, Mühlenweg 166; F (04 31) 59 81

Staatsrechtliche Grundlage u Aufgabenkreis:
Das Kriminalpolizeiamt ist für die Bekämpfung der Kriminalität im Lande verantwortlich; ihm obliegt die Führung der Kriminalpolizei sowie die Durchführung der vom Innenminister übertragenen Verwaltungsaufgaben.

Dez 1: **Amtsdezernat**

Dez 2: **Überregionale Verbrechensbekämpfung — Zentrale Ermittlungen —**

Dez 3: **Staatsschutz**

Dez 4: **Kriminaltechnik u Erkennungsdienst**

Dez 5: Datenverarbeitung, zentrale Auswertung, Vorbeugung

4 Der Innenminister des Landes Schleswig-Holstein
— Amt für Zivilverteidigung und Katastrophenabwehr —

2300 Kiel, Klopstockstr 17; F (04 31) 59 61; Telex 292 465 und 292 500 IMAZK D

Staatsrechtliche Grundlage u Aufgabenkreis:
Bekanntmachung des Innenministers vom 25. August 1969 (ABl Schl-H S 517)
Das Amt nimmt Aufgaben der Zivilverteidigung des Katastrophenschutzes und der Munitionsräumung wahr.

Leiter: Gerrit Metzner ORR
Vertreter: Dieter Bökel RR

Dez 100: **Personal, Haushalt, Recht** Bökel RR

Dez 200: **Organisation des Katastrophenschutzes, Lage- u Meldezentrum, Ausbildung** Gerrit Metzner ORR

Dez 300: **Beschaffung und Verwaltung der Katastrophenschutz-Ausstattung** Rudolf Probst OAR

Dez 400: **Munitionsräumdienst** Claus Kinder RDir

Zum Geschäftsbereich des Innenministers gehören:

5 Landesbesoldungsamt

Schleswig-Holstein
2300 Kiel, Mercatorstr 3; F (04 31) 3 01 41

Staatsrechtliche Grundlage u Aufgabenkreis:
Landesverordnung vom 13. März 1969 (GVOBl Schl-H Seite 38), geändert durch die Landesverordnung vom 27. August 1969 (GVOBl Schl-H Seite 210).
Das Landesbesoldungsamt, eine Landesoberbehörde, ist zuständig für die Festsetzung u Anweisung beamtenrechtlicher u entsprechender Leistungen sowie tarifrechtlicher u vertraglicher Leistungen an die Beamten, Richter u Versorgungsempfänger des Landes bzw an die im Dienst des Landes beschäftigten Angestellten u Arbeiter.

Leiter: Dr Ernst-Werner Weiß Dir des Landesbesoldungsamtes
Vertreter: Sölch RDir

Dez 1: **Rechtsfragen u Unterhaltssicherung** Sölch RDir

Dez 2: **Organisation u Verwaltung** Fischer RDir

Dez 3: **Besoldung, Versorgung G 131 und Landesbeamte** Hofmann ORR

Dez 4: **Angestelltenvergütungen, Arbeiterlöhne, Reisekosten, Umzugskosten, Trennungsgeld, Beihilfen** Hallmann ORR

Vorprüfungsstelle Köhntopp ORR

6 Vermessungs- und Katasterverwaltung

Staatsrechtliche Grundlage u Aufgabenkreis:
Gesetz über die Landesvermessung und das Liegenschaftskataster vom 6. Dezember 1974 (GVOBl Schl-H Seite 470).
Aufgabe der Landesvermessung ist es, die geodätischen Grundlagen für eine allgemeine Landesaufnahme u für das Liegenschaftskataster zu schaffen u zu erhalten, das gesamte Landesgebiet aufzunehmen u die Ergebnisse in Karten darzustellen.
Im Liegenschaftskataster sind die Grundstücke, grundstücksgleichen Rechte und Gebäude (Liegenschaften) nachzuweisen, wie es die Belange der Planung einschließlich der Bauleitplanung, des Rechtsverkehrs, der Verwaltung und der Wirtschaft erfordern.
Das Liegenschaftskataster muß geeignet sein, als amtliches Verzeichnis der Grundstücke im Sinne des § 2 Abs 2 der Grundbuchordnung zu dienen; es muß die Ergebnisse der amtlichen Bodenschätzung nachweisen. Für die Landesvermessung ist das Landesvermessungsamt, eine Landesoberbehörde, zuständig. Für die Einrichtung u Fortführung des Liegenschaftskatasters u die hierzu erforderlichen Vermessungen sind die Katasterämter, untere Landesbehörden, zuständig.

6.1 Landesvermessungsamt

Schleswig-Holstein
2300 Kiel 1, Mercatorstr 1; F (04 31) 3 01 41
Leiter: Hansfried Steinkopf Dir des Landesvermessungsamtes
Vertreter: Jürgen Gerigk LtdRDir

6.2 Katasterämter

Katasteramt
2420 Eutin, Lübecker Str 35; F (0 45 21) 42 91/2
Leiter: Wilfried Wolff RVmDir
Amtsbezirk: Städte Bad Schwartau u Eutin, Gemeinden Ahrensbök, Bosau, Malente, Ratekau, Scharbeutz, Stockelsdorf, Süsel u Timmendorfer Stand

Katasteramt
2390 Flensburg, Stuhrsallee 27; F (04 61) 5 10 26/27
Leiter: Herbert Schmidt RVmDir

19

Amtsbezirk: Kreisfreie Stadt Flensburg, Stadt Glücksburg (Ostsee) sowie Gemeinden des Kreises Schleswig-Flensburg

Katasteramt
2250 Husum, Poggenburgstr 9; F (0 48 41) 20 11
Leiter: Wilhelm Brigel LtdRVmDir
Amtsbezirk: Städte Bredstedt, Friedrichstadt, Garding, Husum u Tönning sowie weitere Gemeinden des Kreises Nordfriesland

Katasteramt
2210 Itzehoe, Kirchenstr 5; F (0 48 21) 30 35
Leiter: Friedrich Wilhelm Trottmann ORVmR
Amtsbezirk: Kreis Steinburg

Katasteramt
2300 Kiel 1, Mercatorstr 5; F (04 31) 3 01 41
Leiter: Eberhard Khuen LtdRDir
Amtsbezirk: Kreisfreie Stadt Kiel
Teile des Kreises Plön (u zwar die Gemeinden Barsbek, Bendfeld, Boksee, Brodersdorf, Fahren, Fargau-Pratjau, Fiefbergen, Heikendorf, Höhndorf, Klausdorf, Klein-Barkau, Krokau, Krummbek, Laboe, Lutterbek, Mönkeberg, Passade, Prasdorf, Probsteierhagen, Schlesen, Schönberg, Schönkirchen, Stakendorf, Stein, Stoltenberg, Wendtorf, Wisch); Teile des Kreises Rendsburg-Eckernförde (u zwar die Gemeinden Achterwehr, Blumenthal, Bredenbek, Felde, Kronshagen, Krummwisch, Melsdorf, Mielkendorf, Molfsee, Ottendorf, Quarnbek, Rodenbek, Rumohr, Schierensee u Westensee)

Katasteramt
2400 Lübeck, Königstr 42; F (04 51) 12-2 90 10
Leiter: Dipl-Ing Friedrich Speiermann LtdRDir
Amtsbezirk: Hansestadt Lübeck, aus dem Kreis Herzogtum Lauenburg die Gemeinde Krummesse

Katasteramt
2223 Meldorf, Bütjestr 6; F (0 48 32) 8 72 41
Leiter: Klaus Färber RVmDir
Amtsbezirk: Kreis Dithmarschen

Katasteramt
2350 Neumünster, Bahnhofstr 9; F (0 43 21) 4 55 51
Leiter: Fred Sonnemann RVmDir
Amtsbezirk: Kreisfreie Stadt Neumünster
Teile des Kreises Plön (u zwar die Gemeinden Bönebüttel, Großharrie, Rendswühren, Schillsdorf, Tasdorf); Teile des Kreises Rendsburg-Eckernförde (u zwar die Gemeinden Arpsdorf, Bissee, Aukrug, Böhnhusen, Bordesholm, Brügge, Dätgen, Ehndorf, Flintbek, Grevenkrug, Groß-Buchwald, Hoffeld, Loop, Mühbrook, Negenharrie, Padenstedt, Reesdorf, Schmalstede, Schönbek, Schönhorst, Sören, Techelsdorf, Wasbek, Watten-

bek); Teile des Kreises Segeberg (u zwar die Gemeinden Boostedt, Großenaspe, Groß-Kummerfeld, Latendorf)

Katasteramt
2260 Niebüll, Böhmestr 18; F (0 46 61) 30 81/30 82
Leiter: Wilhelm Brigel LtdRVmDir
Amtsbezirk: Kreis Nordfriesland mit Ausnahme der zum Katasteramtsbezirk Husum gehörenden Städte u Gemeinden

Katasteramt
2440 Oldenburg in Holstein, Hoheluftstr 10; F (0 43 61) 5 85/6
Leiter: Hans Weiland ORVmR
Amtsbezirk: Kreis Ostholstein mit Ausnahme der zum Katasteramtsbezirk Eutin gehörenden Städte u Gemeinden

Katasteramt
2060 Bad Oldesloe, Weg zum Bürgerpark 1; F (0 45 31) 41 46
Leiter: Werner Pinnau RVmDir
Amtsbezirk: Kreis Stormarn

Katasteramt
2080 Pinneberg, Dingstätte 23; F (0 41 01) 2 20 74
Leiter: Johann Rödder RVmDir
Amtsbezirk: Kreis Pinneberg

Katasteramt
2320 Plön, Gartenstr 1; F (0 45 22) 24 61
Leiter: Jörg Anders ORVmR
Amtsbezirk: Kreis Plön mit den Städen Preetz und Lütjenburg mit Ausnahme der zu den Katasteramtsbezirken Kiel u Neumünster gehörenden Gemeinden.

Katasteramt
2418 Ratzeburg, Herrenstr 9; F (0 45 41) 35 28/22 31
Leiter: Hans-Peter Boeck ORVmR
Amtsbezirk: Kreis Herzogtum Lauenburg mit Ausnahme der zum Katasteramtsbezirk Lübeck gehörenden Gemeinde Krummesse

Katasteramt
2370 Rendsburg, Paradeplatz 9; F (0 43 31) 2 70 61
Leiter: Dietrich Dolgner RVmDir
Amtsbezirk: Kreis Rendsburg-Eckernförde mit Ausnahme der zu den Katasteramtsbezirken Kiel u Neumünster gehörenden Gemeinden

Katasteramt
2380 Schleswig, Poststr 4; F (0 46 21) 2 40 76
Leiter: Horst Michels RVmDir
Amtsbezirk: Kreis Schleswig-Flensburg mit Ausnahme der zum Katasteramtsbezirk Flensburg gehörenden Gemeinden

Katasteramt
2360 Bad Segeberg, Hamburger Str 30;
F (0 45 51) 5 51
Leiter: Klaus Kuhtz RVmDir
Amtsbezirk: Kreis Segeberg mit Ausnahme der
zum Katasteramtsbezirk Neumünster gehörenden
Gemeinden

7 Statistisches Landesamt

Schleswig-Holstein
2300 Kiel 1, Mühlenweg 166; F (04 31) 5 11 41;
Telex 02 99 871 (Ldreg Kiel)

Staatsrechtliche Grundlage u Aufgabenkreis:
Dem Statistischen Landesamt, einer Landesoberbehörde, obliegt nach der Landesverordnung
vom 26. Januar 1968 (GVOBl Schl-H Seite 31) die
Erhebung u Aufbereitung von Bundes- und Lan-
desstatistiken für den Bereich des Landes Schleswig-Holstein.

Leiter: Dr Dieter Mohr Dir des Statistischen
Landesamts
Stellvertreter: Gerhard Muske LtdRDir

Dem Leiter unmittelbar unterstellt:

Dez 900: **Redaktion der Monatshefte** Heinemann
RDir
Dez 910: **ADV, Querschnittaufgaben mit
ADV-Bezug** Pawlitzki RVwDir

Abt 1 Allgemeine Abteilung
Leiter: Gerhard Muske LtdRDir

Dez 100: **Personalangelegenheiten, Innerer
Dienstwesen; Haushalts-, Kassen- und Rechnungswesen; Sachbedarf, Diensträume, Zen-
traler Schreibdienst** Pahlke AR
Dez 110: **Rechtsfragen der Statistik, Bußgeldverfahren, Aus-, Fort- u Weiterbildung; Allgemeine Querschnittaufgaben** Muske LtdRDir
Dez 120: **Volkswirtschaftliche Gesamtrechnun-
gen; Zentrale Auskunft; Veröffentlichung; Bü-
cherei** Möller RVwDir

**Abt 2 Finanzen, Steuern, Produzierendes Ge-
werbe, Umweltschutz, Bautätigkeit**
Leiter: Walter Dahms RVwDir

Dez 200: **Staats- und Kommunalfinanzen; Öffentlicher Dienst; Steuern; Geld und Kredit;
Wahlen** Dahms RVwDir
Dez 210: **Energie- und Wasserwirtschaft; Verar-
beitendes Gewerbe; Handwerk; Unterneh-
mens- und Betriebskartei** Scheithauer RVwDir
Dez 220: **Baugewerbe; Umweltschutz; Arbeits-
stättenzählung; Bautätigkeit** Struck RVwR z A

**Abt 3 Handel, Verkehr, Soziales, Bevölkerungs-
zensus**
Leiter: Arnold Heinemann RDir

Dez 300: **Handel, Verkehr** König ORVwR
Dez 310: **Gesundheit, Sozialleistungen, Rechtspflege** Heinemann RDir
Dez 320: **Mikrozensus, Volks- u Wohnungszäh-
lung** Rüdel RVwR

Abt 4 Agrarwirtschaft, Preise, Löhne
Leiter: Dr Matthias Sievers RLandwDir

Dez 400: **Tierische Produktion; Viehbestände;
Bodennutzung; Betriebsregister** Dr Grunwaldt
ORLandwR
Dez 410: **Agrarberichterstattung; Landwirt-
schaftszählung; Arbeitskräfte; Ernten; Garten-
bau** Dr Sievers RLandwDir
Dez 420: **Preise; Preisindizes; Wirtschaftsrech-
nungen; Löhne; Personalkosten** Scheel RVwR,
Dr Lück RVwR z A

Abt 5 Bevölkerungsstand u -bewegung, Bildung
Leiter: Lieselotte Korscheya LtdRVwDirektorin

Dez 500: **Bevölkerungsstand u -bewegung** This-
sen RVwDir
Dez 510: **Schulbildung; Berufsbildung; Weiterbildung** Korscheya LtdRVwDirektorin
Dez 520: **Hochschulen** Wormeck RVwR

8 Polizei

Staatsrechtliche Grundlage u Aufgabenkreis:
Allgemeines Verwaltungsgesetz für das Land
Schleswig-Holstein (Landesverwaltungsgesetz).
Gesetz über die Organisation der Polizei in
Schleswig-Holstein (Polizeiorganisationsgesetz).
Landesverordnung über die Errichtung von Poli-
zeibehörden vom 25. April 1969 (GVOBl Schl-H
Seite 78); zuletzt geändert durch Landesverordnung vom 22. März 1974 (GVOBl Schl-H Seite 88).
Verwaltungsvorschrift über nachgeordnete
Dienststellen der Schutzpolizei, Wasserschutzpolizei und Kriminalpolizei: Runderlaß des Innenministers vom 13. Mai 1969 (Amtsbl Schl-H Seite 236); zuletzt geändert durch Erlaß vom
30. März 1978 (Amtsbl Schl-H Seite 163).
Die **Polizei** ist eine **Landeseinrichtung** und untersteht unmittelbar dem Innenminister. Bestandteile sind das Schutzpolizeiamt — nähere Angaben hierzu siehe Seite 18 und das Kriminalpolizeiamt, nähere Angaben hierzu siehe Seite 18 —.
Die Polizei ist weiterhin gegliedert in die Schutzpolizei, die Wasserschutzpolizei und die Kriminalpolizei. Die Behörden der Polizei sind für die
Schutzpolizei die Polizeidirektionen, für die Wasserschutzpolizei die Wasserschutzpolizeidirektion und für die Kriminalpolizei die Kriminalpolizeidirektionen. Die Behörden der Polizei sind **untere Landesbehörden.**
Den Polizeidirektionen nachgeordnete Dienst-

stellen sind die **Polizeiinspektionen**, die **Polizeireviere** und die **Polizeistationen**.
Der Wasserschutzpolizeidirektion nachgeordnete Dienststellen sind die **Wasserschutzpolizeireviere** und **Wasserschutzpolizeistationen**.
Den Kriminalpolizeidirektionen nachgeordnete Dienststellen sind die **Kriminalpolizeistellen** und **Kriminalpolizeiaußenstellen**.
Die **Bereitschaftspolizeiabteilung** gliedert sich in Hundertschaften.
Der **Verkehrüberwachungsbereitschaft** nachgeordnete Dienststellen sind die **Verkehrsüberwachungsdienst** und die **Polizei-Autobahnstationen**.
Die **Landespolizeischule** gliedert sich in Lehrabteilungen.

8.1 Polizeidirektionen

Aufgabenkreis:
Die Polizeidirektionen nehmen alle der Polizei übertragenen Aufgaben wahr, soweit sie nicht anderen Polizeibehörden obliegen.

Polizeidirektion Schleswig-Holstein Mitte

2300 Kiel, Knooper Weg 45-47; F (04 31) 5 98-1
Amtsbezirk: Die kreisfreien Städte Kiel u Neumünster sowie die Kreise Rendsburg-Eckernförde, Segeberg u Plön

Der Polizeidirektion Schleswig-Holstein Mitte nachgeordnet:

Polizeiinspektion Kiel
2300 Kiel, Gartenstr 7; F (04 31) 5 98-1
Bezirk: Die kreisfreie Stadt Kiel

Nachgeordnet

Polizei-Bezirksrevier Kiel
2300 Kiel, Mühlenweg 166; F (04 31) 5 98-1

Polizei-Verkehrsdienst Kiel
2300 Kiel, Gartenstr 7; F (04 31) 5 98-1

1. Polizeirevier
2300 Kiel, Düppelstr 23; F (04 31) 8 48 89

2. Polizeirevier
2300 Kiel, Falckstr 4; F (04 31) 9 46 23

3. Polizeirevier
2300 Kiel, Ringstr 50; F (04 31) 6 28 10

4. Polizeirevier
2300 Kiel, Diesterwegstr 24; F (04 31) 68 20 77

5. Polizeirevier
2300 Kiel, Kieler Str 20; F (04 31) 73 18 73

6. Polizeirevier
2300 Kiel, Ivensring 27; F (04 31) 20 37 74

7. Polizeirevier
2300 Kiel, Fritz-Reuter-Str 96; F (04 31) 39 12 51

8. Polizeirevier
2300 Kiel, Wiker Str 53; F (04 31) 33 15 74

Polizeiinspektion Rendsburg
2370 Rendsburg, Moltkestr 9; F (0 43 31) 20 81
Nachgeordnet:

Polizei-Bezirksrevier Rendsburg
2370 Rendsburg, Moltkestr 9; F (0 43 31) 20 81

Polizeirevier Rendsburg-Stadt
2370 Rendsburg, Moltkestr 9; F (0 43 31) 20 81
Zuständigkeitsbereich: Bezirke der Stadt Rendsburg u der Gemeinde Büdelsdorf

Polizeirevier Rendsburg-Land
2370 Rendsburg, Moltkestr 9; F (0 43 31) 20 81
Zuständigkeitsbereich: Bezirke der Ämter Fockbek, Hanerau-Hademarschen, Hohenwestedt-Land, Hohn, Hütten, Jevenstedt, Osterrönfeld, Wittensee sowie der Gemeinden Hohenwestedt, Schacht-Audorf u Westerrönfeld;

Polizeirevier Nortorf
2353 Nortorf, Niederstr 6; F (0 43 92 52) 7 10, 34 40 u 28 59
Zuständigkeitsbereich: Bezirke der Stadt Nortorf, der Ämter Achterwehr, Aukrug, Bordesholm-Land, Flintbek, Molfsee u Nortorf-Land sowie der Gemeinden Bordesholm u Kronshagen;

Polizeirevier Eckernförde
2330 Eckernförde, Gerichtsstr 4; F (0 43 51) 50 86
Zuständigkeitsbereich: Bezirke der Stadt Eckernförde, der Ämter Dänischenhagen, Dänischer Wohld, Schlei, Schwansen u Windeby sowie der Gemeinden Altenholz und Gettorf.

Polizeiinspektion Neumünster
2350 Neumünster, Holsatenring 41; F (0 43 21) 40 01
Bezirk: Die kreisfreie Stadt Neumünster

Nachgeordnet:

Polizei-Verkehrsdienst Neumünster
2350 Neumünster, Parkstr 31; F (0 43 21) 4 72 27

Polizeirevier Neumünster
2350 Neumünster, Parkstr 27; F (0 43 21) 4 72 27

Polizeiinspektion Bad Segeberg
2360 Bad Segeberg, Riihimaekistr 11; F (0 45 51) 20 41
Bezirk: Der Kreis Segeberg

Nachgeordnet:

Polizei-Bezirksrevier Bad Segeberg
2360 Bad Segeberg, An der Trave 23; F (0 45 51) 20 41

Polizeirevier Bad Segeberg
2360 **Bad Segeberg,** Hamburger Str 27;
F (0 45 51) 20 41
Zuständigkeitsbereich: Bezirke der Städte Bad Segeberg u Wahlstedt, der Ämter Bornhöved, Itzstedt, Leezen, Rickling, Segeberg-Land u Wensin sowie der Gemeinde Trappenkamp;

Polizeirevier Bad Bramstedt
2357 **Bad Bramstedt,** Sommerland 5; F (0 41 92) 39 11
Zuständigkeitsbereich: Bezirke der Städte Bad Bramstedt u Kaltenkirchen, der Ämter Bad Bramstedt-Land, Kaltenkirchen-Land u Kisdorf sowie der Gemeinden Boostedt u Henstedt-Ulzburg;

Polizeirevier Norderstedt
2000 **Norderstedt,** Europaallee 24; F (0 40) 5 23 10 21
Zuständigkeitsbereich: Bezirk der Stadt Norderstedt.

Polizeiinspektion Plön
2320 **Plön,** Hamburger Str 30; F (0 45 22) 6 37
Bezirk: Der Kreis Plön

Nachgeordnet:

Polizei-Bezirksrevier Plön
2320 **Plön,** Hamburger Str 30; F (0 45 22) 6 37

Polizeirevier Plön
2320 **Plön,** Hamburger Str 30; F (0 45 22) 6 37
Zuständigkeitsbereich: Bezirke der Städte Plön u Lütjenburg sowie der Ämter Bokhorst, Lütjenburg-Land, Plön-Land, Selent/Schlesen u Wankendorf;

Polizeirevier Preetz
2308 **Preetz,** Gasstr 25; F (0 43 42) 17 47
Zuständigkeitsbereich: Bezirke der Stadt Preetz, der Ämter Preetz-Land u Probstei sowie der Gemeinden Heikendorf, Klausdorf, Laboe, Mönkeberg, Raisdorf, Schönberg (Holstein) u Schönkirchen.

Polizeidirektion Schleswig-Holstein Nord

2390 **Flensburg,** Neustadt 30; F (04 61) 8 41
Amtsbezirk: die kreisfreie Stadt Flensburg sowie die Kreise Nordfriesland u Schleswig-Flensburg
Der Polizeidirektion Schleswig-Holstein Nord nachgeordnet:

Polizeiinspektion Flensburg
2390 **Flensburg,** Norderhofenden 1; F (04 61) 8 41
Bezirk: Die kreisfreie Stadt Flensburg

Nachgeordnet:

Polizei-Verkehrsdienst Flensburg

2390 **Flensburg,** Neustadt 30; F (04 61) 8 41

1. Polizeirevier
2390 **Flensburg,** Norderhofenden 1; F (04 61) 8 41

2. Polizeirevier
2390 **Flensburg,** Neustadt 30; F (04 61) 8 41

3. Polizeirevier
2390 **Flensburg,** Fichtestr 2; F (04 61) 8 41

Polizeiinspektion Husum
2250 **Husum,** Poggenburgstr 9; F (0 48 41) 60 11
Bezirk: Der Kreis Nordfriesland

Nachgeordnet:

Polizei-Bezirksrevier Husum
2250 **Husum,** Siemensstr 7-15; F (0 48 41) 16 78

Polizeirevier Husum
2250 **Husum,** Poggenburgstr 9; F (0 48 41) 60 11
Zuständigkeitsbereich: Bezirke der Städte Garding, Husum u Tönning, der Ämter Eiderstedt, Friedrichstadt, Hattstedt, Nordstrand, Treene u Viöl sowie der Gemeinden Pellworm u St Peter-Ording;

Polizeirevier Niebüll
2260 **Niebüll,** Lornsenstr 20; F (0 46 61) 40 11
Zuständigkeitsbereich: Bezirke der Städte Bredstedt, Niebüll u Wyk auf Föhr, der Ämter Amrum, Bökingharde, Bredstedt-Land, Föhr-Land, Karrharde, Pellworm mit Ausnahme der Gemeinde Pellworm, Stollberg, Süderlügum u Wiedingharde sowie der Gemeinden Leck u Reußenköge;

Polizeirevier Westerland
2280 **Westerland,** Kirchenweg 21; F (0 46 51) 70 47
Zuständigkeitsbereich: Bezirke der Stadt Westerland, des Amtes Landschaft Sylt u der Gemeinde List.

Polizeiinspektion Schleswig
2380 **Schleswig,** Friedrich-Ebert-Str 8; F (0 46 21) 8 41
Bezirk: Der Kreis Schleswig-Flensburg

Nachgeordnet:

Polizei-Bezirksrevier Schleswig
2380 **Schleswig,** Friedrich-Ebert-Str 8; F (0 46 21) 8 41

Polizeirevier Schleswig-Stadt
2380 **Schleswig,** Friedrich-Ebert-Str 8; F (0 46 21) 8 41
Zuständigkeitsbereich: die Bezirke der Stadt Schleswig sowie der Ämter Haddeby, Kropp, Schuby, Silberstedt u Stapelholm;

Polizeirevier Schlewig-Land
2380 **Schleswig,** Friedrich-Ebert-Str 8; F (0 46 21) 8 41
Zuständigkeitsbereich: die Bezirke der Stadt

Kappeln, der Ämter Böklund, Gelting, Kappeln-Land, Satrup, Steinbergkirche, Süderbrarup u Tolk sowie der Gemeinde Sörup;

Polizeirevier Flensburg-Land
2390 Flensburg-Mürwik, Blücherstr 3; F (04 61) 8 41
Zuständigkeitsbereich: die Bezirke der Stadt Glücksburg (Ostsee), der Ämter Eggebek, Hande-witt, Hürup, Langballig, Oeversee u Schafflund sowie der Gemeinde Harrislee.

Polizeidirektion Schleswig-Holstein West

2210 Itzehoe, Große Paaschburg 66; F (0 48 21) 60 21
Amtsbezirk: die Kreise Steinburg, Dithmarschen u Pinneberg

Der Polizeidirektion Schleswig-Holstein West nachgeordnet:

Polizeiinspektion Itzehoe
2210 Itzehoe, Große Paaschburg 66; F (0 48 21) 60 21
Bezirk: Der Kreis Steinburg

Nachgeordnet:

Polizei-Bezirksrevier Itzehoe
2210 Itzehoe, Große Paaschburg 66; F (0 48 21) 60 21

Polizeirevier Itzehoe
2210 Itzehoe, Große Paaschburg 66; F (0 48 21) 60 21
Zuständigkeitsbereich: Bezirke der Stadt Itzehoe, des Amtes Breitenburg u der Gemeinde Lägerdorf;

Polizeirevier Kellinghusen
2217 Kellinghusen, Schulstr 8; F (0 48 22) 20 98
Zuständigkeitsbereich: Bezirke der Stadt Kelling-husen sowie der Ämter Hohenlockstedt, Itzehoe-Land, Kellinghusen-Land u Schenefeld;

Polizeirevier Glückstadt
2208 Glückstadt, Königstr 8; F (0 41 24) 30 11
Zuständigkeitsbereich: Bezirke der Städte Glückstadt u Wilster sowie der Ämter Herzhorn, Horst, Krempermarsch u Wilstermarsch.

Polizeiinspektion Heide
2240 Heide, Husumer Str 6; F (04 81) 8 70 71-74
Bezirk: Der Kreis Dithmarschen

Nachgeordnet:

Polizei-Bezirksrevier Heide
2240 Heide, Rosenstr 32; F (04 81) 8 70 71-74

Polizeirevier Heide
2240 Heide, Markt 59; F (04 81) 8 70 71-74
Zuständigkeitsbereich: Bezirk der Stadt Heide u

Bezirke der Kirchspielslandgemeinden Heide-Land — mit Ausnahme der Gemeinden Nordha-stedt und Wöhrden — , Hennstedt, Lunden, Tel-lingstedt, Weddingstedt — mit Ausnahme der Gemeinde Neuenkirchen — ;

Polizeirevier Meldorf
2223 Meldorf, Nordermarkt 3 a; F (0 48 32) 20 35
Zuständigkeitsbereich: Bezirke der Städte Mel-dorf u Wesselburen, die Bezirke der Kirchspiels-landgemeinden Albersdorf, Büsum, Burg-Süder-hastedt, Meldorf-Land, Wesselburen und die Be-zirke der Gemeinden Neuenkirchen, Nordhastedt, Wöhrden;

Polizeirevier Brunsbüttel
2212 Brunsbüttel, Scholerstr 7; F (0 48 52) 30 41
Zuständigkeitsbereich: Bezirk der Städte Bruns-büttel, Marne, die Bezirke der Kirchspielslandge-meinden Eddelak-Sankt Michaelisdonn, Marne-Land und der Bezirk der Gemeinde Friedrichs-koog.

Polizeiinspektion Pinneberg
2080 Pinneberg, Bismarckstr 15; F (0 41 01) 2 80 88
Bezirk: Der Kreis Pinneberg

Nachgeordnet:

Polizei-Bezirksrevier Pinneberg
2080 Pinneberg, Friedrich-Ebert-Str 30; F (0 41 01) 2 80 88

Polizeirevier Pinneberg
2080 Pinneberg, Friedrich-Ebert-Str 30; F (0 41 01) 2 80 88
Zuständigkeitsbereich: Bezirke der Stadt Pinne-berg, des Amtes Pinneberg-Land u der Gemeinde Appen;

Polizeirevier Elmshorn
2200 Elmshorn, Moltkestr 26; F (0 41 21) 86 01
Zuständigkeitsbereich: Bezirke der Stadt Elms-horn u des Amtes Elmshorn-Land

Polizeirevier Wedel (Holstein
2000 Wedel (Holstein), Gorch-Fock-Str 9-11; F (0 41 03) 50 18
Zuständigkeitsbereich: Bezirk der Stadt Wedel (Holstein)

Polizeirevier Halstenbek
2083 Halstenbek, Gustavstr 5; F (0 41 01) 4 50 44
Zuständigkeitsbereich: Bezirke der Stadt Schene-feld und der Gemeinden Halstenbek, Rellingen und Ellerbek

Polizeirevier Uetersen
2082 Uetersen, Großer Wulfhagen 29; F (0 41 22) 26 53
Zuständigkeitsbereich: Bezirke der Stadt Ueter-sen, der Ämter Haseldorf u Moorrege sowie der Gemeinde Tornesch

Polizeirevier Barmstedt
2202 Barmstedt, Chemnitzstr 10; F (0 41 23) 20 29
Zuständigkeitsbereich: Bezirke der Stadt Barmstedt u Quickborn sowie der Ämter Hörnerkirchen, Rantzau und Bönningstedt (mit Ausnahme der Gemeinde Ellerbek)

Polizeistation Helgoland
2192 Helgoland; F (0 47 25) 1 10
Zuständigkeitsbereich: Bezirk der Gemeinde Helgoland

Polizeidirektion Schleswig-Holstein Süd

2400 Lübeck, Possehlstr 4; F (04 51) 1 31-1
Zuständigkeitsbereich: die kreisfreie Stadt Lübeck sowie die Kreise Ostholstein, Stormarn u Herzogtum Lauenburg

Der Polizeidirektion Schleswig-Holstein Süd nachgeordnet:

Polizeiinspektion Lübeck
2400 Lübeck, Possehlstr 4; F (04 51) 1 31-1
Bezirk: Kreisfreie Stadt Lübeck

Nachgeordnet:

Polizei-Bezirksrevier Lübeck
2400 Lübeck, Possehlstr 4; F (04 51) 1 31-25 45

Polizei-Verkehrsdienst Lübeck
2400 Lübeck, Possehlstr 4; F (04 51) 1 31-22 55

1. Polizeirevier Lübeck
2400 Lübeck, Mengstr 20; F (04 51) 1 31-61 25

2. Polizeirevier Lübeck
2400 Lübeck, Hansestr 22; F (04 51) 1 31-62 25

3. Polizeirevier Lübeck
2400 Lübeck, Meesenring 1; F (04 51) 1 31-63 25

4. Polizeirevier Lübeck
2400 Lübeck, Hohelandstr 75/77; F (04 51) 1 31-64 25

5. Polizeirevier Lübeck
2400 Lübeck, Niendorfer Str 15; F (04 51) 80 33 33

6. Polizeirevier Lübeck
2400 Lübeck 14, Kücknitzer Hauptstr 1; F (04 51) 30 13 11

7. Polizeirevier Lübeck
2400 Lübeck-Travemünde, Vorderreihe 7; F (0 45 02) 21 10

Polizeireiterstaffel
2400 Lübeck, Walderseestraße; F (04 51) 1 31-63 41

Polizeiinspektion Eutin
2420 Eutin, Albert-Mahlstedt-Str 39; F (0 45 21) 40 64 und 42 80
Bezirk: der Kreis Ostholstein

Nachgeordnet:

Polizei-Bezirksrevier Eutin
2420 Eutin, Lübecker Str 35; F (0 45 21) 40 64

Polizeirevier Eutin
2420 Eutin, Lübecker Str 35; F (0 45 21) 40 64
Zuständigkeitsbereich: Bezirke der Stadt Eutin sowie der Gemeinden Ahrensbök, Bosau, Scharbeutz, Malente u Süsel;

Polizeirevier Bad Schwartau
2407 Bad Schwartau, Bahnhofstr 2; F (04 51) 2 12 55
Zuständigkeitsbereich: die Bezirke der Stadt Bad Schwartau sowie der Gemeinden Ratekau, Stokkelsdorf u Timmendorfer Strand;

Polizeirevier Oldenburg in Holstein
2440 Oldenburg in Holstein, Hoheluftstr 20; F (0 43 61) 5 55
Zuständigkeitsbereich: Bezirke der Städte Burg auf Fehmarn, Heiligenhafen u Oldenburg in Holstein, der Ämter Fehmarn, Land Oldenburg u Lensahn sowie der Gemeinde Großenbrode und amtsfreie Gemeinde Wangels;

Polizeirevier Neustadt in Holstein
2430 Neustadt in Holstein, Markt 7; F (0 45 61) 44 06
Zuständigkeitsbereich: Bezirke der Stadt Neustadt in Holstein, der Ämter Grube, Neustadt-Land u Schönwalde sowie der Gemeinde Grömitz.

Polizeiinspektion Bad Oldesloe
2060 Bad Oldesloe, Wolkenweher Weg 19; F (0 45 31) 41 11
Bezirk: der Kreis Stormarn

Nachgeordnet:

Polizei-Bezirksrevier Bad Oldesloe
2060 Bad Oldesloe, Königstr 27; F (0 45 31) 41 11

Polizeirevier Bad Oldesloe
2060 Bad Oldesloe, Hamburger Str 36; F (0 45 31) 41 11
Zuständigkeitsbereich: Bezirke der Städte Bad Oldesloe u Reinfeld (Holstein) sowie die Bezirke der Ämter Bad Oldesloe-Land mit Ausnahme der Gemeinden Lasbek u Steinburg, Nordstormarn;

Polizeirevier Ahrensburg
2070 Ahjensburg, Große Str 18-22; F (0 41 02) 5 13 71
Zuständigkeitsbereich: Bezirke der Städte Ahrensburg u Bargteheide, der Ämter Bargteheide-Land, Siek mit Ausnahme der Gemeinde Brunsbek sowie die Bezirke der Gemeinden Ammersbek, Großhansdorf, Lasbek, Steinburg u Tangstedt;

25

Polizeirevier Reinbek
2057 Reinbek, Sophienstr 5; F (0 40) 7 22 30 01
Zuständigkeitsbereich: Bezirke der Städte Reinbek und Glinde, des Amtes Trittau sowie der Gemeinden Barsbüttel, Brunsbek und Oststeinbek.

Polizeiinspektion Ratzeburg
2418 Ratzeburg, Seestr 12; F (0 45 41) 20 11
Bezirk: Der Kreis Herzogtum Lauenburg

Nachgeordnet:

Polizei-Bezirksrevier Ratzeburg
2418 Ratzeburg, Seestr 12; F (0 45 41) 20 11

Polizeirevier Ratzeburg
2418 Ratzeburg, Seestr 12; F (0 45 41) 20 11
Zuständigkeitsbereich: Bezirke der Stadt Ratzeburg sowie der Ämter Berkenthin, Nusse, Ratzeburg-Land u Sandesneben;

Polizeirevier Mölln
2410 Mölln, Wasserkrüger Weg 55; F (0 45 42) 70 21
Zuständigkeitsbereich: Bezirke der Städte Mölln u Schwarzenbek sowie der Ämter Breitenfelde, Büchen, Gudow-Sterley u Schwarzenbek-Land;

Polizeirevier Geesthacht
2057 Geesthacht, Am Markt 28; F (0 41 52) 40 81
Zuständigkeitsbereich: Bezirke der Städte Geesthacht u Lauenburg/Elbe, der Ämter Aumühle-Wohltorf, Geesthacht-Land u Lütau sowie der Gemeinde Wentorf bei Hamburg.

8.2 Wasserschutzpolizei-direktion Schleswig-Holstein

2300 Kiel 1, Mühlenweg 166, Haus 10; F (04 31) 5 98-1

Aufgabenkreis:
Die Wasserschutzpolizeidirektion hat die polizeilichen Aufgaben in den Küstengewässern und Häfen sowie auf den Wasserstraßen und den der Schiffahrt dienenden Binnengewässern, Wasserbauten, Schleusen, Kai-, Ufer- und sonstigen Anlagen durchzuführen.
Amtsbezirk: Land Schleswig-Holstein

Der Wasserschutzpolizeidirektion Schleswig-Holstein nachgeordnet:

Wasserschutzpolizeirevier Kiel
2300 Kiel, Düsternbrooker Weg 82; F (04 31) 59 61, Durchwahl 5 96 ,33 96
Zuständigkeitsbereich: Bezirke der Polizeiinspektionen Kiel, Rendsburg, Neumünster, Bad Segeberg, Plön einschließlich der vorgelagerten Küstengewässer mit Ausnahme der Bezirke des Polizeireviers Rendsburg-Stadt u der Polizeistationen Schacht-Audorf und Osterrönfeld sowie der Schlei, des Nord-Ostsee-Kanals, des Gieselau-Ka-

nals, des Achterwehrer Schiffahrtskanals, des Flemhuder Sees, der Obereider u der Untereider.

Wasserschutzpolizeistation Eckernförde
233 Eckernförde, Schiffbrücke; F (0 43 51) 50 86

Wasserschutzpolizeirevier Kiel-Holtenau
2300 Kiel-Holtenau, Schleuse; F (04 31) 3 68 14
Zuständigkeitsbereich: Bezirke des Polizeireviers Rendsburg-Stadt u der Polizeistationen Schacht-Audorf und Osterrönfeld sowie für den Nord-Ostsee-Kanal von der östlichen Grenze bis km 40,7, den Gieselau-Kanal, den Achterwehrer Schiffahrtskanal, den Flemhuder See, die Obereider u die Untereider von Rendsburg bis zur Schleuse Lexfähr ausschließlich.

Wasserschutzpolizeistation Rendsburg
2370 Rendsburg, Am Kreishafen 8;
F (0 43 31) 51 06

Wasserschutzpolizeirevier Flensburg
2390 Flensburg, Norderstr 72; F (04 61) 8 45 42 24
Zuständigkeitsbereich: Bezirke der Polizeiinspektionen Flensburg u Schleswig einschließlich der vorgelagerten Küstengewässer u der Schlei mit Ausnahme der Untereider, der Treene ab Hollingstedt u der Sorge ab Meggerdorf.

Wasserschutzpolizeistation Kappeln
2340 Kappeln, Am Hafen 20 e; F (0 46 42) 10 84

Wasserschutzpolizeirevier Husum
2250 Husum, Kleikuhle 1; F (0 48 41) 60 11
Zuständigkeitsbereich: Bezirk der Polizeiinspektion Husum einschließlich der vorgelagerten Küstengewässer, der Untereider von der Schleuse Lexfähr einschließlich bis zur Eisenbahnbrücke Friedrichstadt, der Treene von Hollingstedt bis Friedrichstadt u der Sorge von Meggerdorf bis zur Mündung mit Ausnahme der Untereider von der Eisenbahnbrücke Friedrichstadt bis zur Mündung.

Wasserschutzpolizeistation List
2282 List/Sylt, Landwehrdeich 47;
F (0 46 52) 4 60

Wasserschutzpolizeistation Wyk auf Föhr
2270 Wyk auf Föhr, Am Hafen; F (0 46 81) 7 56

Wasserschutzpolizeirevier Büsum
2242 Büsum, Am Hafenbecken II; F (0 48 34) 24 48
Zuständigkeitsbereich: Bezirke der Polizeiinspektion Heide u der Polizeistation Helgoland einschließlich der vorgelagerten Küstengewässer u der Untereider von der Eisenbahnbrücke Friedrichstadt bis zur Mündung mit Ausnahme des Be-

zirks der Polizeistation Brunsbüttel, des Hafens Neufeld mit der Hafenzufahrt u dem Wattengebiet westlich der Hafenzufahrt bis zum Längengrad 9 Ost sowie des Nord-Ostsee-Kanals u der Untereider von der Einmündung des Gieselau-Kanals bis zur Eisenbahnbrücke Friedrichstadt.

Wasserschutzpolizeistation Helgoland
2192 Helgoland, Hafenstr; F (0 47 25) 1 10

Wasserschutzpolizeirevier Brunsbüttel
2212 Brunsbüttel, Schleuse; F (0 48 52) 10 12
Zuständigkeitsbereich: Bezirke der Polizeiinspektionen Itzehoe u Pinneberg, der Polizeistation Brunsbüttel, für den Hafen Neufeld mit der Hafenzufahrt u dem Wattengebiet westlich der Hafenzufahrt bis zum Längengrad 9 Ost, den Nord-Ostsee-Kanal, von km 40,7 bis Brunsbüttel einschließlich der Zufahrt zum Nord-Ostsee-Kanal u der Nordostreede mit Ausnahme des Bezirks der Polizeistation Helgoland.

Wasserschutzpolizeistation Itzehoe
2210 Itzehoe, Dorfstr 37; F (0 48 21) 6 02-1

mit Zweigstellen
Wedel (Holstein
Hamburger Yachthafen; F (0 41 03) 50 18

Wasserschutzpolizeirevier Lübeck
2400 Lübeck, Hafenstr 2; F (04 51) 3 34 40
Zuständigkeitsbereich: Bezirke der Polizeiinspektionen Lübeck, Bad Oldesloe u Ratzeburg mit Ausnahme des Bezirks des 7. Polizeireviers Lübeck sowie die Trave von der Stülper Huk bis zur Mündung.

Wasserschutzpolizeistation Lübeck-Schlutup
2403 Lübeck-Schlutup, Am Fischereihafen 1; F (04 51) 69 07 21

Wasserschutzpolizeistation Ratzeburg
2400 Ratzeburg, Große Wallstr 8; F (0 45 41) 20 11

Wasserschutzpolizeistation Mölln
241 Mölln, Ohlendörp 7; F (0 45 42) 70 21

Wasserschutzpolizeirevier Lübeck-Travemünde
2407 Lübeck-Tavemünde, Am Leuchtenfeld; F (0 45 02) 50 25
Zuständigkeitsbereich: Bezirke der Polizeiinspektion Eutin u des 7. Polizeireviers Lübeck einschließlich der vorgelagerten Küstengewässer u der Trave von der Stülper Huk bis zur Mündung mit Pötenitzer Wiek u Dassower See mit Ausnahme der Bezirke des Polizeireviers Oldenburg in Holstein u der Polizeistationen Grömitz, Grube u Logeberg.

Wasserschutzpolizeistation Neustadt
2430 Neustadt/Holstein, Fischerstr 25; F (0 45 61) 46 11

Wasserschutzpolizeirevier Heiligenhafen
2447 Heiligenhafen, Graswardersteg; F (0 43 62) 14 14
Zuständigkeitsbereich: Bezirke des Polizeireviers Oldenburg in Holstein u der Polizeistationen Grömitz, Grube u Logeberg einschließlich der vorgelagerten Küstengewässer.

Wasserschutzpolizeistation Puttgarden
2449 Puttgarden/Fehmarn, Fährbahnhof; F (0 43 71) 38 90

8.3 Kriminalpolizeidirektionen

Aufgabenkreis:
Den Kriminalpolizeidirektionen obliegt insbesondere die Aufklärung u Verfolgung von Verbrechen u Vergehen sowie deren vorbeugende Bekämpfung. Die Zuständigkeit anderer Stellen, insbesondere der Behörden der Schutzpolizei u der Wasserschutzpolizei, zur Aufklärung u Verfolgung von Straftaten u zu deren vorbeugender Bekämpfung bleibt unberührt.

Kriminalpolizeidirektion Schleswig-Holstein Mitte

2300 Kiel, Blumenstr 2; F (04 31) 5 98-1
Amtsbezirk: Die kreisfreien Städte Kiel u Neumünster sowie die Kreise Rendsburg-Eckernförde, Segeberg u Plön.

Der Kriminaldirektion Schleswig-Holstein Mitte nachgeordnet:

Kriminalpolizeistelle Rendsburg
2370 Rendsburg Moltkestr 9; F (0 43 31) 20 81
Bezirk: Der Kreis Rendsburg-Eckernförde

Kriminalpolizeiaußenstelle Eckernförde
2330 Eckernförde, Gerichtsstr 4; F (0 43 51) 50 86

Kriminalpolizeistelle Neumünster
2350 Neumünster, Parkstr 27;
F (0 43 21) 4 72 27
Bezirk: Die kreisfreie Stadt Neumünster sowie die Polizei-Stationen Boostedt, Wasbek und Bönebüttel

Kriminalpolizeistelle Bad Segeberg
2360 Bad Segeberg, Hamburger Str 27;
F (0 45 51) 20 41
Bezirk: der Kreis Segeberg

Kriminalpolizeiaußenstelle Norderstedt
2000 Norderstedt, Europaallee 24;
F (0 40) 5 23 10 21

Kriminalpolizeistelle Plön
2320 Plön, Hamburger Str 30; F (0 45 22) 6 37
Bezirk: der Kreis Plön

Kriminalpolizeidirektion Schleswig-Holstein Nord

2390 Flensburg, Norderhofenden 1; F (04 61) 8 41
Amtsbezirk: die kreisfreie Stadt Flensburg sowie die Kreise Nordfriesland u Schleswig-Flensburg

Der Kriminalpolizeidirektion Schleswig-Holstein Nord nachgeordnet:

Kriminalpolizeistelle Husum
2250 Husum, Poggenburgstr 9; F (0 48 41) 60 11
Bezirk: Der Kreis Nordfriesland

Kriminalpolizeiaußenstelle Niebüll
2260 Niebüll, Lornsenstr 22; F (0 46 61) 40 11

Kriminalpolizeiaußenstelle Westerland
2280 Westerland, Kirchenweg 21;
F (0 46 51) 70 47

Kriminalpolizeistelle Schleswig
2380 Schleswig, Friedrich-Ebert-Str 8; F (0 46 21) 8 41
Bezirk: der Kreis Schleswig-Flensburg mit Ausnahme der Amtsbereiche Schafflund, Handewitt, Harrislee, Glücksburg, Langballig, Hürup, Oeversee, Eggebek, die von der Kriminalpolizeidirektion Nord in Flensburg betreut werden

Kriminalpolizeidirektion Schleswig-Holstein West

2210 Itzehoe, Große Paaschburg 66; F (0 48 21) 60 21; Telex Kiel 292 975
Amtsbezirk: die Kreise Steinburg, Dithmarschen u Pinneberg

Der Kriminalpolizeidirektion Schleswig-Holstein West nachgeordnet:

Kriminalpolizeistelle Heide
2240 Heide, Husumer Str 6; F (04 81) 8 70 71-74
Bezirk: der Kreis Dithmarschen

Kriminalpolizeiaußenstelle Brunsbüttel
2212 Brunsbüttel, Elbstr 12; F (0 48 52) 30 41

Kriminalpolizeistelle Pinneberg
2080 Pinneberg, Bismarckstr 8; F (0 41 01) 2 80 88
Bezirk: der Kreis Pinneberg

Kriminalpolizeiaußenstelle Elmshorn
2200 Elmshorn, Moltkestr 26; F (0 41 21) 86 01

Kriminalpolizeidirektion Schleswig-Holstein Süd

2400 Lübeck, Possehlstr 4; F (04 51) 1 31-1
Amtsbezirk: die kreisfreie Stadt Lübeck sowie die Kreise Ostholstein, Stormarn u Herzogtum Lauenburg

Der Kriminalpolizeidirektion Schleswig-Holstein Süd nachgeordnet:

Kriminalpolizeistelle Eutin
2420 Eutin, Lübecker Str 35; F (0 45 21) 40 64
Bezirk: der Kreis Ostholstein

Kriminalpolizeiaußenstelle Bad Schwartau
2407 Bad Schwartau, Bahnhofstr 2;
F (04 51) 2 12 55

Kriminalpolizeiaußenstelle Oldenburg in Holstein
2440 Oldenburg i H, Hoheluftstr 20; F (0 43 61) 5 55

Kriminalpolizeiaußenstelle Neustadt in Holstein
2430 Neustadt i H, Fischerstr 25; F (0 45 61) 44 06

Kriminalpolizeistelle Bad Oldesloe
2060 Bad Oldesloe, Königstr 27; F (0 45 31) 41 11
Bezirk: der Kreis Stormarn

Kriminalpolizeiaußenstelle Ahrensburg
2070 Ahrensburg, Große Straße 16-20;
F (0 41 02) 5 13 71

Kriminalpolizeiaußenstelle Reinbek
2057 Reinbek, Rathaus; F (0 40) 7 22 30 01

Kriminalpolizeistelle Ratzeburg
2418 Ratzeburg, Langenbrücker Str 8; F (0 45 41) 20 11
Bezirk: der Kreis Herzogtum Lauenburg

Kriminalpolizeiaußenstelle Geesthacht
2057 Geesthacht, Am Markt 28; F (0 41 52) 40 81

Dienststellen mit besonderen Aufgaben nach § 7 des Polizeiorganisationsgesetzes:

8.4 Bereitschaftspolizeiabteilung

2420 Eutin, Hubertushöhe; F (0 45 21) 8 11

Aufgabenkreis:
Aufgabe der Bereitschaftspolizeiabteilung ist die Ausbildung des Nachwuchses der Polizei des Landes Schleswig-Holstein, soweit hierfür nicht die Landespolizeischule oder andere Einrichtungen vorgesehen sind. Die Bereitschaftspolizeiabteilung hat ferner nach Weisung des Innenministers die Behörden u Dienststellen der Polizei zu unter-

stützen, wenn die Erfüllung der diesen obliegenden Aufgaben es erforderlich macht.

Führungsstab
Stabshundertschaft
1. Hundertschaft
2. Hundertschaft
3. Hundertschaft
5. Hundertschaft
6. Hundertschaft

8.5 Verkehrsüberwachungsbereitschaft

2350 Neumünster, Holsatenring 41; F (0 43 21) 40 01

Aufgabenkreis:
Der Verkehrsüberwachungsbereitschaft obliegt die überörtliche Verkehrsüberwachung insbesondere die Betreuung des Autobahnnetzes.
Amtsbezirk: Land Schleswig-Holstein

Nachgeordnet:

Polizei-Verkehrsüberwachungsdienst I
2350 Neumünster, Holsatenring 41; F (0 43 21) 40 01

Polizei-Verkehrsüberwachungsdienst II (T)
2350 Neumünster, Holsatenring 41; F (0 43 21) 40 01

Polizei-Autobahnstation Bad Oldesloe
2060 Bad Oldesloe/Rethwischfeld; F (0 45 31) 8 10 51-53

Polizei-Autobahnstation Neumünster
2351 Krogaspe, Post Timmaspe; F (0 43 21) 5 13 21

Polizei-Autobahnstation Scharbeutz
2409 Scharbeutz 2, Breitenkamp 127; F (0 45 24) 6 72-74

Polizei-Autobahnstation Schleswig
2381 Schuby; F (0 46 21) 40 81/83

8.6 Landespolizeischule

Schleswig-Holstein

2427 Malente, Kiebitzhörn; F (0 45 23) 19 56, 19 66

Aufgabenkreis:
Durch Aus- und Fortbildung wird den Polizeibeamten das für den Polizeidienst notwendige Fachwissen vermittelt und ihre Allgemeinbildung gefördert. In der Berufsfachschule Polizei erhalten die Polizeivollzugsbeamten ohne Realschul- oder gleichwertigen Abschluß einen entsprechenden Bildungsabschluß. Beamte in der Ausbildung für den gehobenen Polizeivollzugsdienst erwerben

die Qualifikation für das Studium an der Verwaltungsfachhochschule

9 Landesfeuerwehrschule

2391 Harrislee, Süderstr 46; F (04 61) 76 74-75

Staatsrechtliche Grundlage u Aufgabenkreis:
Die Landesfeuerwehrschule, eine nichtrechtsfähige Einrichtung des öffentlichen Rechts, ist gemäß den §§ 14 u 18 des Brandschutzgesetzes vom 4. November 1964 (GVOBl Schl-H Seite 222) für die Ausbildung der Freiwilligen Feuerwehren im Lande Schleswig-Holstein zuständig.
Leiter: Jonny Matthiesen AR

10 Katastrophenschutzschule

Schleswig-Holstein

2355 Wankendorf, Hauptstr 1, Schönböken; F (0 43 23) 65 70
Leiter: Karl Lau Ang

11 Katastrophenschutz-Zentralwerkstätten

Staatsrechtliche Grundlage u Aufgabenkreis:
Gesetz über die Erweiterung des Katastrophenschutzes vom 9. Juli 1968
Materialhaltung bei der bundeseigenen Katastrophenschutzausstattung

Katastrophenschutz-Zentralwerkstatt
2370 Rendsburg, Kaiserstr 18, Wrangelkaserne; F (0 43 31) 2 29 99 u 2 33 22
Leiter: Horst Becker Ang

Katastrophenschutz-Zentralwerkstatt
2400 Lübeck, Vorwerker Str 20; F (04 51) 40 18 56
Leiter: Jonni Richter Ang

12 Munitions- und Sprengstoffbetrieb Groß Nordsee

2301 Felde/Holstein; F (0 43 40) 5 58
Staatsrechtliche Grundlage u Aufgabenkreis:
Der Betrieb ist eine Außenstelle des Amtes für Zivilverteidigung und Katastrophenabwehr. Seine Aufgabe ist die Delaborierung von Kriegsmunition und unkonventioneller Spreng- und Brandvorrichtungen.
Leiter: Gustav Hackel Ang

13 Allgemeine untere Landesbehörden

Staatsrechtliche Grundlage u Aufgabenkreis:
Nach dem Gesetz vom 25. Februar 1971 (GVOBl Schl-H S 64), geändert durch das Landeskatastro-

phenschutzgesetz vom 9. Dez 1974 (GVOBl Schl-H S 446) bestehen in den Kreisen allgemeine untere Landesbehörden.
Ihre Aufgaben nimmt der Landrat wahr.

Die Landesregierung kann durch Verordnung Aufgaben der allgemeinen unteren Landesbehörde den Bürgermeistern kreisangehöriger Gemeinden sowie den Amtsvorsteher zur Erfüllung nach Weisung übertragen.

Verantwortlichkeit, Aufsicht
In Angelegenheiten der allgemeinen unteren Landesbehörde ist der Landrat ausschließlich dem Land verantwortlich. Er untersteht in Angelegenheiten der allgemeinen unteren Landesbehörde der Dienstaufsicht des Innenministers und der Fachaufsicht der fachlich zuständigen übergeordneten Landesbehörde. Der Landrat soll den Kreisausschuß unterrichten. Er kann sich in wichtigen Angelegenheiten vom Kreisausschuß beraten lassen.

Zuständigkeit
Soweit der Landrat zuständig ist für die Aufgaben

1. der Kommunalaufsicht über die kreisangehörigen Gemeinden und Ämter,
2. der Fachaufsicht über die Behörden der kreisangehörigen Gemeinden und Ämter,
3. der Aufsicht über die Körperschaften des öffentlichen Rechts ohne Gebietshoheit sowie über die Anstalten und Stiftungen des öffentlichen Rechts,
4. der Bauaufsicht,
5. der Schulaufsicht,
6. der Heimaufsicht nach dem Gesetz für Jugendwohlfahrt

nimmt er sie als allgemeine untere Landesbehörde wahr.
Der Landrat als allgemeine untere Landesbehörde nimmt außerdem diejenigen Aufgaben wahr, die ihm durch Gesetz oder auf Grund eines Gesetzes zugewiesen werden.

Zusammenarbeit
Die im Kreisgebiet tätigen Behörden haben im Interesse des öffentlichen Wohles zusammenzuarbeiten. Sie haben sich, soweit nicht Rechtsvorschriften entgegenstehen, gegenseitig Auskunft zu erteilen und über Vorgänge und beabsichtigte Maßnahmen, die für den Kreis von allgemeiner Bedeutung sind, rechtzeitig zu unterrichten. Der Landrat als allgemeine untere Landesbehörde hat darauf hinzuwirken, daß diese Behörden zusammenarbeiten.

Personelle und sachliche Ausstattung
Die für die Durchführung der Aufgaben der allgemeinen unteren Landesbehörde erforderlichen Dienstkräfte und Einrichtungen stellt der Kreis.
Der Innenminister kann mit Zustimmung des Kreisausschusses der allgemeinen unteren Landesbehörde Landesbeamte zuweisen. Bedienstete des Kreises können mit Aufgaben der allgemeinen unteren Landesbehörde, Landesbeamte mit Zustimmung des Kreisausschusses mit Aufgaben des Kreises beschäftigt werden.

Im Lande Schleswig-Holstein bestehen die folgenden **elf Kreise: Dithmarschen, Herzogtum Lauenburg, Nordfriesland, Ostholstein, Pinneberg, Plön, Rendsburg-Eckernförde, Schleswig-Flensburg, Segeberg, Steinburg u Stormarn.**
Nähere Angaben über die Kreise stehen im Abschnitt e I „Die Kreise im Lande Schleswig-Holstein", Seite 107

Der Rechtsaufsicht des Innenministers unterstellt:

14 Ausbildungszentrum für Verwaltung

— Körperschaft des öffentlichen Rechts —

2300 Altenholz, Altenholzer Str; F (04 31) 32 10 15

Staatsrechtliche Grundlage:
Gesetz über die Errichtung des Ausbildungszentrums für Verwaltung vom 7. Oktober 1974 (GVOBl Schl-H Seite 384)
Mitglieder der Körperschaft: Land Schleswig-Holstein und der Verein zur Unterhaltung der Schleswig-Holsteinischen Gemeindeverwaltungs-u Sparkassenschule e V(Schulverein)

Aufgabenkreis:
Das Ausbildungszentrum hat die Aufgabe, Mitarbeiter der öffentlichen Verwaltung in Schleswig-Holstein auszubilden. Es fördert die Fortbildung dieser Mitarbeiter. Es nimmt Aufgaben der zuständigen Stelle nach dem Berufsbildungsgesetz wahr.
Das Ausbildungszentrum unterhält die nichtrechtsfähigen Anstalten „Fachhochschule für Verwaltung, Polizei und Steuerwesen" (Verwaltungsfachhochschule) und die „Verwaltungs- und Sparkassenschule" als verwaltungsinterne Bildungseinrichtungen und regelt deren Aufgabe und Organisation durch Satzung. Die Verwaltungsfachhochschule ist in die Fachbereiche Allgemeine Verwaltung, Polizei- und Steuerverwaltung, die Verwaltungs- und Sparkassenschule in die Abteilungen Verwaltung und Sparkasse gegliedert. Die Errichtung weiterer Fachbereiche oder Abteilungen kann das Ausbildungszentrum durch Satzung regeln.

14.1 Fachhochschule für Verwaltung, Polizei und Steuerwesen

2300 Altenholz, Altenholzer Str; F (04 31) 32 10 15

Staatsrechtliche Grundlage u Aufgabenkreis:
Satzung der Fachhochschule für Verwaltung, Polizei und Steuerwesen (Amtsbl Schl-H 1979 S 286)
Die Verwaltungsfachhochschule vermittelt durch anwendungsbezogene Lehre eine Bildung, die die Studenten zur Anwendung wissenschaftlicher Methoden und Erkenntnisse bei Erfüllung ihrer Dienstaufgaben in einem freiheitlichen demokratischen Rechtsstaat befähigt und sie auf ihre Verantwortung in der Gesellschaft vorbereitet.
Der Verwaltungsfachhochschule obliegt insbesondere die Ausbildung der Beamten für die Laufbahnen des gehobenen Dienstes der allgemeinen Verwaltung des Landes, der Gemeinden, Ämter, Kreise und Zweckverbände, der Polizei, der Steuerverwaltung, der Versorgungsverwaltung und der Datenzentrale nach Maßgabe der Rechts- und Verwaltungsvorschriften über die Ausbildung und Prüfung und der Satzung des Ausbildungszentrums.
Die Verwaltungsfachhochschule fördert die Fortbildung der Mitarbeiter der öffentlichen Verwaltung in Schleswig-Holstein.

Direktor: Heinz Schröter
Stellvertreter: Helmut Drusch
Büroleitender Beamter: Michel VwAngestellte

Fachbereiche

Allgemeine Verwaltung
Polizei
Steuerverwaltung

14.2 Verwaltungs- und Sparkassenschule

Ausbildungszentrum für Verwaltung — Körperschaft des öffentlichen Rechts —
2300 Kiel, Reventlouallee 6; F (04 31) 56 10 81

Rechtsgrundlage und Aufgabenkreis:
Nach Ausbildungszentrumsgesetz vom 7. Oktober 1974 und Satzung der Verwaltungs- und Sparkassenschule obliegt der Schule die Berufsbildung sowie Ausbildung von Mitarbeitern der öffentlichen Verwaltung und Sparkassen in Schleswig-Holstein. Die Schule fördert die Fortbildung und führt Arbeitstagungen für Gemeinde-, Stadt- und Kreisvertreter durch. Die Schule nimmt die ihr übertragenen Aufgaben der zuständigen Stelle nach dem Berufsbildungsgesetz wahr.

Leiter: Hans-Werner Hoffmann VwSchulDir

15 Datenzentrale Schleswig-Holstein

— Anstalt des öffentlichen Rechts —
2300 Kiel 1, Postfach 1780; *Lieferanschrift:* 2300 **Altenholz,** Altenholzer Str; F (04 31) 30 18-1; Telex dzshzd 292 452

Rechtsgrundlage und Aufgabenkreis:
Die Datenzentrale hat der öffentlichen Verwaltung die Erledigung ihrer Aufgaben durch elektronische Datenverarbeitung zu ermöglichen und bietet dazu u a folgende Dienste: Entwicklung von EDV-Verfahren; Planung und Entwicklung von Informationssystemen und Datenbanken; Beratung bei Verfahrensumstellung; Bereitstellung von EDV-Gerät für die Verwaltungen; Erfassung und elektronische Verarbeitung der Daten; Aus- und Fortbildung von EDV-Personal.

Vorstand: Dr Jürgen Faehling ErsterDir, Tilo Steinbrinck Dir, Henning Marwedel Dir
Vorsitzender des Verwaltungsrats: Georg Poetzsch-Heffter StSekr

Außenstellen:
2390 Flensburg, Postfach 180; F (04 61) 60 13
Leiter: Harry Tech AR

2300 Kiel 1, Adolfstr (OFD); F (04 31) 56 30 20
Leiter: Jürgen Femerling VwDir

16 Wohnungsbaukreditanstalt

des Landes Schleswig-Holstein
— Körperschaft des öffentlichen Rechts —
2300 Kiel 1, Fleethörn 29-31; F (04 31) 9 02-1

Rechtsgrundlage und Aufgabenkreis:
Bewilligung und Verwaltung von Darlehen und Zuschüssen aus öffentlichen Wohnungsbaumitteln, Übernahme von Bürgschaften und Gewährung sonstiger nachstelliger Darlehen für den Wohnungsbau sowie Darlehen für Landankauf und Baulanderschließung. Ankauf von Grundstücken zur Bodenbevorratung zum Zwecke des Wohnungs- und Städtebaus sowie Übernahme von finanzwirtschaftlicher Betreuung und bautechnischer Beratung.

Präsident: Helmut Ullrich

V Der Justizminister
des Landes Schleswig-Holstein

2300 Kiel, Lorentzendamm 35; F (04 31)
5 13 71-77; Telex 2 92 829 jmsh d

Aufgabenkreis:
Zivilrecht und Strafrecht, Gerichtsverfassung, Recht des gerichtlichen Verfahrens, Auslieferung, Durchlieferung, Rechtshilfeverkehr mit dem Ausland, Anerkennung ausländischer Entscheidungen in Ehesachen, Recht und Angelegenheiten der Rechtsanwälte, Notare, Rechtsbeistände und Prozeßagenten, Dienstrecht der Richter und Staatsanwälte, oberste Dienstaufsicht über die Justizbehörden des Landes (einschließlich der Finanz-, Sozial- und Verwaltungsgerichtsbarkeit und der Justizvollzugsbehörden), Fachaufsicht über die Staatsanwaltschaft, Gerichtsvollzieherwesen, Strafentschädigungssachen, Justizvollzugswesen.

Justizminister: Karl Eduard Claussen

Persönlicher Referent: Eisenberg RDir
Pressereferentin: Stenkat VwAngestellte

Amtschef: Dr Günter Wetzel Staatssekretär

Vertreter des Amtschefs: Dr Wolfdietrich Wendt MinDirig

Planungsbeauftragter: Gersonde OStAnw

Abt V 1 Allgemeine Abteilung
Leiter: Dr Wolfdietrich Wendt MinDirig

Ref V 100: **Büroleitung, Allgemeine Verwaltungsangelegenheiten, Behördenselbstschutz** Hamann RR
Ref V 110: **Haushalt, Bausachen** Kollex MinR
Ref V 120: **Geschäftsordnungs- und Geschäftsgangsbestimmungen für Gerichte und Staatsanwaltschaften, Statistik** Carstens ORR
Ref V 130: **Personalreferent, Personalplanung, Organisationsreferent, Automationsreferent, Justizneubauten** Dr Wegner MinR
Ref V 140: **Personalangelegenheiten der Richter und Staatsanwälte, Richterwahlausschuß** Dr Bonde MinR
Ref V 150: **Richter-, Beamten-, Anwalts- u Notarrecht, Besoldungs- u Tarifrecht, Angelegenheiten der Notare, Anwälte, Steuerberater u Rechtsbeistände** Teichmann-Mackenroth RDir
Ref V 160: **Landtags-Verbindungsreferent, Fachministerkonferenzen, Ausbildungs- u Prüfungswesen, Fortbildung** Gersonde OStAnw
Ref V 170: **Personalangelegenheiten des gehobenen und Amtsanwaltsdienstes** Kressin ORR
Ref V 180: **Personalangelegenheiten der Gerichtsvollzieher, des mittleren und einfachen Dienstes, der Angestellten und Arbeiter** Hamann RR

Abt V 2 Vollzugs- u Gnadenwesen
Leiter: Dr Helmut Begemann MinDirig

Ref V 200: **Gnadenwesen, Gnadensachen** Petersen MinR
Ref V 210: **Vollzugsrecht, Gnadensachen** Dr Keßler StAnw
Ref V 220: **Personalangelegenheiten des Strafvollzugs und der Bewährungshelfer, Aus- u Fortbildung** Klein RDir
Ref V 230: **Vollzugs- u Anstaltsplanung, Bewährungshilfe und Gerichtshilfe, Gnadensachen** Lunau RDir
Ref V 240: **Jugendarrest, Vollzugsaufsicht, Sicherheit der Vollzugsanstalten** Freise MinR

Abt V 3 Rechtsabteilung
Leiter: Helmut Zinzly MinDirig

Ref V 300: **Strafrecht** Dr Niehuus MinR
Ref V 310: **Strafverfahrensrecht, Strafvollstreckungsrecht** Görner MinR
Ref V 320: **Strafrechtliche Einzelsachen, Rechtshilfe** Wick ORR
Ref V 330: **Zivilrecht** Lütt MinR
Ref V 340: **Zivilrecht** Dr Haecker MinR
Ref V 350: **Verfassungsrecht, Allgemeines u besonderes Verwaltungsrecht, Bundesratsreferent** Dr Henf ORR
Ref V 360: **Justitiar, besonderes Verwaltungsrecht, Gerichtsverfassungs- u Verfahrensrecht der Fachgerichtsbarkeiten** Schwelle Rchtr am AG

Beiräte, Ausschüsse u Kommissionen, deren sich der Justizminister bei Durchführung seiner Aufgaben bedient:

Richterwahlausschuß
Beratender Ausschuß für die Ernennung von Berufsrichtern in der Sozialgerichtsbarkeit gemäß § 11 Sozialgerichtsgesetz
Landesbeirat für Bewährungshilfe
Ausschüsse zur Wahl von Schöffen u Jugendschöffen
Ausschuß zur Wahl der ehrenamtlichen Mitglieder des Verwaltungsgerichts
Ausschüsse der Sozialrichter u der Landessozialrichter gemäß §§ 23 u 35 Sozialgerichtsgesetz

Zum Gaschäftsbereich des Justizministers gehören:

1 Gerichte der ordentlichen Gerichtsbarkeit und Staatsanwaltschaften

Nähere Angaben hierzu siehe Abschnitt d „Organe der Rechtspflege", Seiten 85 u 90

2 Justizvollzugsanstalten

Aufgabenkreis:
Vollzug von Untersuchungshaft u Freiheitsstrafen sowie Maßregeln.

Justizvollzugsanstalt
2350 Neumünster, Boostedter Str 30; F (0 43 21) 4 54 54
Leiter: Klaus Janetzky LtdRDir

Justizvollzugsanstalt
2300 Kiel, Faeschstr 8/10; F (04 31) 6 20 91
Leiter: Karl-Heinz Kühnel LtdRDir

Justizvollzugsanstalt
2400 Lübeck, Marliring 41; F (04 51) 6 70 55
Leiter: Ernst Greif LtdRDir

Justizvollzugsanstalt
2390 Flensburg, Südergraben 24; F (04 61) 8 91
Leiter: Rolf Brandes OAR

Justizvollzugsanstalt
2210 Itzehoe, Bergstr 5; F (0 48 21) 26 62
Leiter: Udo Doll VwAmtm

Jugendarrestanstalt
2370 Rendsburg, Königstr 17; F (0 43 31) 2 36 17
Leiter: Johann Meyer Rchtr am AG

3 Gerichte der allgemeinen Verwaltungsgerichtsbarkeit

Nähere Angaben hierzu siehe Abschnitt d „Organe der Rechtspflege", Seiten 88 u 97

4 Gerichte der besonderen Verwaltungsgerichtsbarkeit

Nähere Angaben hierzu siehe Abschnitt d „Organe der Rechtspflege", Seiten 89 u 98

Gemeinsam mit anderen Bundesländern bzw dem Bund errichtete Behörden, die der Aufsicht des Justzministers unterstehen:

5 Gemeinsames Prüfungsamt der Länder Freie Hansestadt Bremen, Freie und Hansestadt Hamburg und Schleswig-Holstein

2000 Hamburg 36, Sievekingplatz 2; F (0 40) 34 97-1
Aufgabenkreis:
Abnahme der Großen Juristischen Staatsprüfung für Referendare der Länder Freie Hansestadt

Bremen, Freie und Hansestadt Hamburg und Schleswig-Holstein
Leiter: Dr Walter Stiebeler Präs des OLG Hamburg

6 Zentrale Stelle der Landesjustizverwaltungen zur Aufklärung nationalsozialistischer Verbrechen

7140 Ludwigsburg, Schorndorfer Str 58; F (0 71 41) 1 42-1
Staatsrechtliche Grundlage:
Verwaltungsvereinbarung der Landesjustizverwaltungen über die Errichtung einer zentralen Stelle der Landesjustizverwaltungen zur Aufklärung nationalsozialistischer Verbrechen.
Leiter: Dr Adalbert Rückerl OStAnw
Vertreter: Alfred Streim EStAnw

7 Zentrale Erfassungsstelle der Landesjustizverwaltungen in Salzgitter

3327 Salzgitter-Bad 51, Am Pfingstanger 2; F (0 53 41) 3 11 52
Aufgabenkreis:
Erfassung von Gewaltakten in der Deutschen Demokratischen Republik
Leiter: NN

Der Rechtsaufsicht des Justizministers unterstehen:

8 Schleswig-Holsteinische Rechtsanwaltskammer

— **Körperschaft des öffentlichen Rechts** —
2380 Schleswig, Gottorfstr 13; F (0 46 21) 3 30 15 und 3 30 16
Rechtsgrundlage:
§ 62 Bundesrechtsanwaltsordnung
Präsident: Wolfgang Jensen
Geschäftsführer: Wolfgang Schmidt-Mattern

9 Schleswig-Holsteinische Notarkammer

— **Körperschaft des öffentlichen Rechts** —
2380 Schleswig, Gottorfstr 13; F (0 46 21) 3 30 15 und 3 30 16
Rechtsgrundlage:
§ 66 Bundesnotarordnung
Präsident: Dr Owe Vaagt
Geschäftsführer: Wolfgang Schmidt-Mattern

VI Der Finanzminister
des Landes Schleswig-Holstein

2300 Kiel, Düsternbrooker Weg 64; F (04 31)
59 61; Telex 02-99 871 Ldreg kiel

Aufgabenkreis:
Der Geschäftsbereich des Finanzministeriums umfaßt im wesentlichen folgende Aufgaben:

Die Vertretung der finanzpolitischen und finanzwirtschaftlichen Interessen des Landes,

das Haushalts-, Kassen- und Rechnungswesen,

die Verwaltung des landeseigenen Vermögens sowie der Schulden,

den Finanzausgleich mit dem Bund und den Ländern sowie die Mitwirkung beim kommunalen Finanzausgleich,

die Verwaltung der Landesbürgschaften, Kreditaufträge und Gewährleistungen sowie die Mitwirkung bei bestimmten Aufgaben der Wirtschaftsförderung,

das Steuerwesen und die Steuerverwaltung des Landes,

die Durchführung des Lastenausgleichs,

die Verteidigungslastenverwaltung des Landes,

den Neubau, die Instandsetzung und die Unterhaltung der Bauten des Bundes und des Landes sowie die Mitwirkung bei sonstigen öffentlich geförderten Baumaßnahmen,

Koordinierung der Unterbringung von Landesbehörden.

Außerdem ist dem Ministerium die Landeshauptkasse eingegliedert.

Publikationsorgan: Amtsblatt für Schleswig-Holstein. Nähere Angaben hierzu siehe Seite 15

Finanzminister: Rudolf Titzck

Persönlicher Referent: Dr Schöning ORR

Amtschef: Hanns-Günther Hebbeln Staatssekretär

Vertreter des Amtschefs: NN

Abt VI 1 Allgemeine Abteilung
Leiter: Georg Frey MinDirig

Ref VI 100: **Büroleitender Beamter, Allgemeine Verwaltungsangelegenheiten, Koordinierungsreferent für Zivilverteidigung/Katastrophenabwehr für den Bereich des Finanzministeriums** Kühl OAR

Ref V 110: **Justitiariat, Kraftfahrzeugschadensachen des Landes, Ersatzansprüche aus Forde-**

rungsübergängen, **Grundsatzfragen der Verteidigungslastenverwaltung** Hinz ORR

Ref VI 120: **Beauftragter für den Haushalt, Öffentliches Dienstrecht, Unterbringung** Dr Deißner MinR

Ref VI 121: **Koordinierung der Behördenunterbringung des Landes** Runge OAR

Ref VI 130: **Personalangelegenheiten, Arbeitszeitangelegenheiten, Ausbildung, Fortbildung** Dr Holzlöhner RDir

Ref VI 140: **Organisation, Automation, Behördliches Vorschlagswesen** Hübbe RDir

Ref VI 150: **Personalsachen der Kassenverwaltung** Hinrichsen-Kroymann RKassDir

Ref VI 160: **Sitzungsangelegenheiten** NN

Ref VI 170: **Gesetzgebung Lastenausgleichssetz u a** Dr Nahrgang Dir

Ref VI 180: **Grundsatzfragen zur Schadensfeststellung, Abwicklung der Soforthilfeabgaben** Krüger LtdRDir

Ref VI 190: **Presseangelegenheiten, Öffentlichkeitsarbeit** Speck ORR

Abt VI 2 Finanzpolitik, Finanzwirtschaft, Haushalt
Leiter: Nitz MinR

Ref VI 200: **Allgemeine Haushaltsangelegenheiten, Generalreferent für den Landeshaushalt, Haushalt: Allgemeine Finanzverwaltung, mittelfristige Finanzplanung, Haushaltsrechnung, Bemerkungen des Landesrechnungshofs** Traber MinR

Ref VI 201: **Gesamtplan des Landeshaushalts, haushaltstechnische Richtlinien, Haushaltsrunderlasse, Haushaltsablauf, Finanzstatistik** Pelny OAR

Ref VI 202: **Umstellung des Haushaltsvollzugs auf das automatisierte Verfahren** Gawlik RVwDir

Ref VI 210: **Kommunaler Finanzausgleich, Verwaltungsgebühren, Einwilligungen gemäß §§ 63, 64 LHO** Dr Kramer MinR

Ref VI 220: **Haushaltsreferent** Rohs RDir

Ref VI 230: **Haushaltsreferent** Schröder RDir

Ref VI 240: **Haushaltsreferent** Dr von Rabenau MinR

Ref VI 250: **Finanzreferent im Finanzausschuß des Bundesrates, Finanzverfassungsrecht, Finanzausgleich zwischen dem Bund und den Ländern** Evers MinR

Ref VI 251: Generalreferent für die Finanzplanung des Bundes und für den Bundeshaushalt Unger

Ref VI 260: Beauftragter des Haushalts für den Epl 12 — Hochbaumaßnahmen des Landes, Einwilligung bei der Anmietung von Büroräumen, allgemeine und grundsätzliche Fragen bei der Liegenschaftsverwaltung Dr Schmidt MinR

Ref VI 270: Kassen- und Rechnungswesen, Betriebsmittelbewirtschaftung Hinrichsen-Kroymann RKassDir

Ref VI 271: Fachfragen des Haushalts-, Kassen- und Rechnungswesens aus Anlaß der automatischen Datenverarbeitung in den Kassen Seidler OAR

Ref VI 280: Haushalt: Minister für Wirtschaft und Verkehr, Epl 09, 12, 13 und 23 des Bundeshaushalts, Industrieansiedlung Brunsbüttel Haß RDir

Ref VI 290: Konjunktur- und kreditpolitische Grundsatzfragen, Landesanleihen und sonstige Kreditaufnahmen, Kapitalmarkt- und Konjunkturbeobachtung Schaffer RVmDir

Abt VI 3 Steuern u Wirtschaft
Leiter: Otto Schultz LtdMinR

Ref VI 300: Landesbürgschaften, Garantien und Gewährleistungen, Kreditaufträge Johannsen MinR

Ref VI 310: Allgemeine Steueränderungsgesetze, Buchführungs- und Bilanzwesen, Einkommensteuer (ohne Lohnsteuer), Investitionszulagen, Zonenrandförderung Schümann MinR

Ref VI 320: Angelegenheiten des Besteuerungsverfahrens, Finanzverfassung, Steuerstrafrecht, Steuerberatung einschließlich Staatsaufsicht, Abgabenordnung, Betriebsprüfung, Steuerfahndung Kraut MinR

Ref VI 330: Einheitsbewertung, Vermögensteuer, Erbschaftsteuer, Grundsteuer, Grunderwerbsteuer, Kraftfahrzeugsteuer Chemnitz MinR

Ref VI 340: Landesbeteiligungen, Betriebswirtschaftliche Grundsatzfragen, Bank-, Geld-, Kredit- und Währungsfragen, Umstellungsrechnungen Vetter RVwDir

Ref VI 350: Körperschaftsteuer, Gewerbesteuer, Umwandlungssteuergesetz, steuerliche Gemeinnützigkeit, Kapitalertragsteuer, Steuerschätzungen Sonnenschein RDir

Ref VI 360: Umsatzsteuer, EG-Steuerharmonisierung, Verbrauchssteuern, Zölle, Außensteuergesetz, Doppelbesteuerungsabkommen, Billigkeitsmaßnahmen, Spielbanken, Lotterien Kempke MinR

Ref VI 370: Lohnsteuer, Kirchensteuer, Vermögensbildung, Sparprämien, Wohnungsbauprämie Römer OAR

Abt VI 4 Bauabteilung
Leiter: Egon Krotz LtdMinR

Ref VI 400: Grundsatzfragen in Bauverwaltungsangelegenheiten Dipl-Ing Thode ORBauR

Ref VI 410: Hochschulbau, Krankenhausbau Dipl-Ing Beilke ORBauR

Ref VI 420: Bundesbauten, Maschinen-Elektrotechnik, Medizin- und Sanitärtechnik Drings RBauDir

Ref VI 430: Zuwendungsbaumaßnahmen, Schul- und Sportstättenbau Dipl-Ing Lange ORBauR

Ref VI 440: Verwaltungsbauten Dipl-Ing Winter MinR

Ref VI 441: Vorplanung großer Baumaßnahmen des Landes und Städtebau Dr Ing Graf von Hardenberg RBauR z A

Dem Finanzministerium ist eingegliedert:

Landeshauptkasse
2300 Kiel, Düsternbrooker Weg 71; F (04 31) 59 61
Sachliche Zuständigkeit: Kassengeschäfte des Landes, Zentral- u Abrechnungskasse
Leiter: Falk OAR
Amtsbezirk : Land Schleswig-Holstein

Dem Finanzministerium im Sinne von § 5 Abs 2 Landesverwaltungsgesetz zugeordnet:

1 Der Finanzminister des Landes Schleswig-Holstein — Landesausgleichsamt —

2300 Kiel, Hohenbergstr 4; F (04 31) 59 61; Telex lreg Kiel 02 99 871

Örtliche u sachliche Zuständigkeit:
Bereich des Landes Schleswig-Holstein in Angelegenheiten des Lastenausgleichsgesetzes (LAG), Flüchtlingshilfegesetzes (FlüHG), Allgemeinen Kriegsfolgengesetzes (AKG), Altsparergesetzes (ASpG), Beweissicherungs- und Feststellungsgesetzes (BFG), Währungsausgleichsgesetzes (WAG) und Reparationsschädengesetzes (RepG) *Leiter:* Dr Ernst Nahrgang Dir des LAA
Vertreter: Manfred Krüger LtdRDir

Dez VI LAA 100: Organisatorische Angelegenheiten und personelle Ausstattung der Ausgleichsämter; Geschäftsprüfungen; Prüfungsbemerkungen der Rechnungshöfe; Verwaltungskosten; Büroleitung; Zustimmungsverfahren nach § 308 LAG; Haushalts-, Kassen-, Personal-, Organisationsangelegenheiten; Statistiken; Geschäfts- und Zahlstelle des Beschwerdeausschusses; Aufbaudarlehen für den Wohnungsbau, die Landwirtschaft und die gewerbliche Wirtschaft, Heimförderungsdarlehen; Beschwerdeausschuß gem § 310 LAG; Vertretung des Landes und der Kreise in Rechtsstreitigkeiten Müller RDir

Dez VI LAA 110: Schadensfeststellung bzw Berechnung der Schäden an Betriebsvermögen, privatrechtlichen, geldwerten Ansprüchen, Anteilrechten und Genossenschaftsguthaben, land- und forstwirtschaftlichem Vermögen, Grundvermögen, Gegenständen der Berufsausübung und wissenschaftlichen Forschung, Urheberrechten, Schutzrechten und Lizenzen; Angelegenheiten des § 301 b LAG; Grundsatzfragen betr Verfahren, Geschädigteneigenschaft, Stichtagserfüllung, Antragsrecht, Zuständigkeit in Feststellungssachen; Schulung der Mitarbeiter; Ermittlung und Auswertung der Verbindlichkeiten in allen Schadensgebieten für das gesamte Bundesgebiet; Rückerstattungsfälle nach dem RepG; Dienstbesprechung mit den Leitern der Ausgleichsämter Krüger LtdRDir

Dez VI LAA 120: Sachaufsicht über die HASten 22 bis 32 und ASten 40 und 41; Planung und Überwachung der Archivierung von Akten der Ausgleichsverwaltung; Gutachten im Vorortverfahren für Tierzucht- und Tierhaltungsbetriebe, Molkereibetriebe, Eisdielen und -konditoreien, Badeanstalten, Bewachungsgewerbe; Ausschließung einschließlich Warnkartei; Stundung, Niederschlagung und Erlaß, Erstattung, Verrechnung und Vollstreckung; Verschuldenshaftung der Ausgleichsverwaltungsangehörigen Wohnrath RDir

Dez VI LAA 130: Kriegsschadenrente; Beihilfe zum Lebensunterhalt; Hauptentschädigung nach dem LAG und Entschädigung nach dem RepG einschließlich Zuerkennung; Erfüllung und Umwandlung; Westvermögensabwicklungsgesetz; Ausbildungshilfe, Hausratentschädigung, Einrichtungshilfe; Währungsausgleichsgesetz; Altsparergesetz; Aufstellung der Vermögensrechnung; Beschwerdeausschuß gem § 310 LAG; Vertretung des Landes und der Kreise in Rechtsstreitigkeiten von Grünberg LtdRDir

Dez VI LAA 150: Beschwerdeausschuß gem § 310 LAG; Vertretung des Landes und der Kreise in Rechtsstreitigkeiten Helwig RDir

Dez VI LAA 160: Örtliche Dienstaufsicht über die HASten 22 bis 32 und die ASten 40 und 41; Zahlstelle Radtke Ang

mit

1.1 Landesausgleichsamt — Beschwerdeausschuß —

2300 Kiel, Hohenbergstr 4; F (04 31) 59 61

Staatsrechtliche Grundlage und Aufgabenkreis:
Der Beschwerdeausschuß wurde gemäß Landesverordnung vom 23. November 1976 (GVOBl Schl-H Seite 277) errichtet. Er ist zuständig für Entscheidungen über Beschwerden nach den Kriegsfolgegesetzen.
Leiter: Müller RDir, v Grünberg LtdRDir, Helwig RDir

1.2 Landesausgleichsamt — Heimatauskunftsstellen — und Landesausgleichsamt — Auskunftsstellen —

2400 Lübeck, Meesenring 9; F (04 51) 6 60 31 und 6 60 32

Staatsrechtliche Grundlage und Aufgabenkreis:
Gemäß § 24 des Feststellungsgesetzes in der Fassung der Bekanntmachung vom 1. Oktober 1969 (BGBl I Seite 1885), zuletzt geändert durch § 2 des 28. Gesetzes zur Änderung des Lastenausgleichsgesetzes vom 27. Januar 1975 (BGBl I Seite 401) sind im Land Schleswig-Holstein 11 Heimatauskunftsstellen in Lübeck für die Vertreibungsgebiete Ostpreußen, Westpreußen und Pommern errichtet worden.
Gemäß § 28 des Beweissicherungs- und Feststellungsgesetzes in der Fassung der Bekanntmachung vom 1. Oktober 1969 (BGBl I Seite 1897), zuletzt geändert durch Artikel 36 des Einführungsgesetzes zur Abgabenordnung vom 14. Dezember 1976 (BGBl I Seite 3341) sind in Lübeck 2 Auskunftsstellen für Mecklenburg und Vorpommern errichtet worden.

Heimatauskunftsstellen für: Regierungsbezirk Königsberg, Stadtkreis Königsberg, Regierungsbezirk Gumbinnen einschließlich Memel u Regierungsbezirk Allenstein Radtke Ang
Regierungsbezirk Danzig, Stadtkreise Danzig u Zoppot, Regierungsbezirk Bromberg, Regierungsbezirk Marienwerder, Regierungsbezirk Stettin, Regierungsbezirk Köslin u Regierungsbezirk Schneidemühl; Auskunftsstellen für Mecklenburg und Vorpommern NN

Zum Geschäftsbereich des Finanzministers gehören:

2 Oberfinanzdirektion Kiel

(Bundesfinanzverwaltung in der Teilausgabe „Bund")

2300 Kiel, Adolfstr 14-28; F (04 31) 59 51

Aufgabenkreis:
Die Oberfinanzdirektion Kiel, eine Landesoberbehörde im Sinne von § 6 LVwG, hat die Leitung der Finanzverwaltung des Bundes und des Landes für ihren Bezirk (Mittelinstanz). Sie überwacht die Gleichmäßigkeit der Gesetzesanwendung und beaufsichtigt die Geschäftsführung ihrer nachgeordneten Dienststellen. Zu den Aufgaben gehören ferner die Organisations-, Haushalts- und Personalangelegenheiten ihrer einzelnen Abteilungen und der nachgeordneten Dienststellen

Oberfinanzpräsident: Svend Olav Hansen
Präsidialbüro: Weck ORR

Abt St Besitz- u Verkehrsteuerabteilung
Leiter: Hans-Peter Süchting FinPräs
Vertreter: Dr Jürgen Mühlhoff LtdRDir

Gruppe St 1
Leiter: Dr Carl-Hermann Schleifer RDir

Ref St 11: **Einkommensteuer** Dr Friedrich ORR

Ref St 12: **Lohnsteuer** Dr Köhler ORR

Ref St 13: **Betriebsprüfung** Dr Schleifer RDir

Ref St 14: **Körperschaftsteuer** Bohle RDir

Gruppe St 2
Leiter: Klaus Pöhn LtdRDir

Ref St 21: **Einheitsbewertung, Vermögensteuer, Abgaben zum Lastenausgleich sowie Grunderwerbsteuer** Minga RDir

Ref St 22: **Einheitsbewertung landwirtschaftlicher Vermögen** Dummer RLandwDir

Ref St 23: **Einheitsbewertung forstwirtschaftlicher Vermögen** Thiel RDir

Ref St 24: **Abgabenordnung, Vollstreckung, Steuerstrafrecht, Steuerfahndung, Steuerberatungswesen** Beth RDir

Ref St 25: **Umsatzsteuer u Verkehrsteuern** Pöhn LtdRDir

Gruppe St 3
Leiter: Werner Ludwig LtdRDir

Ref St 31: **Automation-Grundsatzfragen** Ludwig LtdRDir

Ref St 32: **Automation — Planung, Analyse, Programmierung** Kolbe ORR

Ref St 33: **Automation — Rechenzentrale** Hüter RDir

Ref St 34: **Organisation, Kassenwesen, Innenprüfung** Schmidt RDir

Gruppe St 4
Leiter: Dr Jürgen Mühlhoff LtdRDir

Ref St 41: **Haushalt, Reisekosten** Weck ORR

Ref St 42: **Personal** Petersen RDir

Ref St 43: **Personal (höherer Dienst)** Dr Mühlhoff LtdRDir

Ref St 44: **Ausbildung und Fortbildung** Schatzmann RDir

Ref St 45: **Organisation u Personal der Landesbauverwaltung** Weber RDir

Ref St 47: **Fachtechnische Vorprüfungsstelle** Duncker OAR

Abt LV Landesvermögens- u Bauabteilung
2300 Kiel, Adolfstr 14-28; F (04 31) 59 51
Leiter: Klaus Rose FinPräs
Vertreter: Jürgen Cruse LtdRBauDir

Gruppe LV 1
Leiter: Jürgen Cruse LtdRBauDir

Ref LV 11: **Allgemeine Bauangelegenheiten** Cruse LtdRBauDir

Ref LV 12: **Vergabewesen, Einsatz freiberuflich Tätiger, Prüfungsbemerkungen der Rechnungshöfe** Baumgärtner RBauDir

Ref LV 13: **Bauten des Landes, Allgemeine Angelegenheiten, Hochschulen und Landeskrankenhäuser** Fesefeldt RBauDir

Ref LV 14: **Baufachliche Beteiligung bei Zuwendungen für Baumaßnahmen an Stellen außerhalb der Landes- und Bundesverwaltung; Schulbauten der kommunalen Schulträger; Baufachliche Beteiligung bei der Bundeswohnungsfürsorge** Franken ORBauR

Ref LV 15: **Bauten des Landes — Verwaltungsbauten —; Ausbildung für den gehobenen technischen Dienst und für den höheren technischen Verwaltungsdienst** Wächter RBauR

Gruppe LV 2
Leiter: Erhard Fritz RBauDir

Ref LV 21: **Allgemeine Angelegenheiten für Bundesbauten, Bundeswehrbauten — Marine** Fritz RBauDir

Ref LV 22: **Bundeswehrbauten — Heer —** Borstel RBauR z A

Ref LV 23: **Bundeswehrbauten — Luftwaffe —** Kahlke RBauDir

Ref LV 24: **Zivile Bauten des Bundes einschließlich Bundesgrenzschutz** Rudek ORBauR

Gruppe LV 3
Leiter: Günter Bautz LtdRBauDir

Ref LV 31: **Versorgungsanlagen für Wärme, Wasser, lüftungstechnische Anlagen, Treibstoffgroßanlagen und Fernleitungen, Fortbildung der Mitarbeiter M und E** Bautz LtdRBauDir

Ref LV 32: **Elektrotechnische Anlagen, Nachrichtentechnische Anlagen** Stein RBauDir

Ref LV 33: **Sicherheitstechnische und wirtschaftliche Überwachung betriebstechnischer Anlagen und Einrichtungen** Meyer RBauDir

Gruppe LV 4
Leiter: Herbert Busch LtdRBauDir

Ref LV 41: **Depot- und Schießstandanlagen, allgemeiner Tiefbau und baulicher Zivil- und Selbstschutz, EDV im Bauwesen** Busch LtdRBauDir

Ref LV 42: **Baukonstruktionen, Bautechnik, Prüfstelle für Baustatik, Gründungen, Bauschäden, technische Prüfung und Beurteilung, Einsatz freiberuflich Tätiger für Tragwerksplanung** Paulsen ORBauR

Ref LV 43: **Landschafts- und Gartengestaltung, Sportstättenbau, Grundsatzfragen des Natur- und Landschaftsschutzes** Wollweber ORBauR

Gruppe LV 5
Leiter: Werner Kofoldt LtdRDir

Ref LV 51: **Liegenschaftsverwaltung, Besatzungs- und Verteidigungskosten sowie Justitiarangelegenheiten der Referate LV 51 und LV 52** — Kofoldt LtdRDir

Ref LV 52: **Wertermittlungen, Erbbaurechte, Mieten und Pachten, Bauleitplanung** Eichhorn RBauDir

Ref LV 53: **Justitiarangelegenheiten der Abteilung LV (ausgenommen die der Gruppe LV 5) und der Landesbauämter (ohne Arbeitsgerichtssachen)** Schütz ORRätin

Der Dienst- u Fachaufsicht der Oberfinanzdirektion unterstehen:

2.1 Finanzämter

Staatsrechtliche Grundlage:
Gesetz über die Finanzverwaltung vom 6. September 1950 (BGBl I S 448) in der Fassung vom 30. August 1971 (BGBl I S 1426) und Landesverordnung über die Zuständigkeiten der Finanzämter in Schleswig-Holstein vom 12. September 1977 (GVOBl Schl-H Seite 334). Die Finanzämter

sind untere Landesbehörden im Sinne von § 7 LVwG

Finanzamt
2360 Bad Segeberg, Neuer Platz; F (0 45 51) 5 51
Vorsteher: Kurt Janke LtdRDir

Sachlicher Zuständigkeitsbereich:
Besteuerung nach dem Einkommen, dem Ertrag, dem Vermögen u dem Umsatz (ohne Körperschaften, Vermögensabgabe u Kreditgewinnabgabe)

Örtlicher Zuständigkeitsbereich:
Gebiet des Kreises Segeberg mit Ausnahme der Gemeinden, die in den Bezirk des Finanzamts Neumünster eingegliedert sind.

Finanzamt
2330 Eckernförde, Schleswiger Str 19QV; F (0 43 51) 8 10 65
Vorsteher: Jürgen Bertermann RDir

Sachlicher Zuständigkeitsbereich:
Besteuerung nach dem Einkommen, dem Ertrag, dem Vermögen u dem Umsatz (ohne Körperschaften, Vermögensabgabe u Kreditgewinnabgabe)

Örtlicher Zuständigkeitsbereich:
Gebiet des aufgelösten Kreises Eckernförde mit Ausnahme des Stadtteils Kopperby der Stadt Kappeln.

Finanzamt
2200 Elmshorn, Friedensallee 7-9; F (0 41 21) 29 01
Vorsteher: Rolf Bremer LtdRDir

Sachlicher Zuständigkeitsbereich:
Besteuerung nach dem Einkommen, dem Ertrag, dem Vermögen u dem Umsatz; Einheitsbewertung (Grundvermögen), Grunderwerbsteuer, Kraftfahrzeugsteuer, Gewährung von Sparprämien, Bußgeld- u Strafsachenstelle u gemeinsame Steuerfahndungsstelle für die Finanzämter Elmshorn, Heide, Itzehoe und Meldorf; Zentrale Verwaltung der von ausländischen Unternehmern ohne Betriebsstätte im Inland zu entrichtenden Umsatzsteuer (ohne Dänemark, Finnland, Norwegen, Schweden)

Örtlicher Zuständigkeitsbereich:
Gebiet des Kreises Pinneberg

Finanzamt
2420 Eutin, Robert-Schade-Str 22; F (0 45 21) 40 41
Vorsteher: Dr Merten Drevs RDir

Sachlicher Zuständigkeitsbereich:
Besteuerung nach dem Einkommen, dem Ertrag, dem Vermögen u dem Umsatz, Vermögensabgabe

38

u Kreditgewinnabgabe (ohne Körperschaften); ferner: Verwaltung der Vermögensabgabe u Kreditgewinnabgabe für die Bezirke der Finanzämter Bad Segeberg, Oldenburg in Holstein u Plön Zuständig für die Betriebsprüfung bei Steuerpflichtigen, die land- und forstwirtschaftliche Betriebe unterhalten für den Bezirk des Finanzamts Oldenburg

Örtlicher Zuständigkeitsbereich:
Gebiet des aufgelösten Kreises Eutin mit Ausnahme der in die kreisfreie Stadt Lübeck eingegliederten Flurstücke

Finanzamt
2390 Flensburg, Duburger Str 60/64; F (04 61) 8 13-1
Vorsteher: Egon Koch LtdRDir

Sachlicher Zuständigkeitsbereich:
Besteuerung nach dem Einkommen, dem Ertrag, dem Vermögen u dem Umsatz einschl Körperschaften; ferner: Besteuerung der Körperschaften, soweit sich ihre Geschäftsleitung oder ihr Vermögen im Bezirk der Finanzämter Husum, Leck und Schleswig befindet; Bußgeld- u Strafsachenstelle u gemeinsame Steuerfahndungsstelle für die Bezirke der Finanzämter Flensburg, Husum, Leck u Schleswig

Örtlicher Zuständigkeitsbereich:
Kreisfreie Stadt Flensburg u Gebiet des aufgelösten Kreises Flensburg-Land

Finanzamt
2240 Heide, Ernst-Mohr-Str 34; F (04 81) 50 77
Vorsteher: Harry Loitsch RDir

Sachlicher Zuständigkeitsbereich:
Besteuerung nach dem Einkommen, dem Ertrag, dem Vermögen u dem Umsatz sowie einzelne Sonderzuständigkeiten

Örtlicher Zuständigkeitsbereich:
Vom Kreis Dithmarschen das Gebiet des ehemaligen Kreises Norderdithmarschen

Finanzamt
2250 Husum, Herzog-Adolf-Str 18; F (0 48 41) 60 91
Vorsteher: Claus Pering ORR

Sachlicher Zuständigkeitsbereich:
Besteuerung nach dem Einkommen, dem Ertrag, dem Vermögen u dem Umsatz (ohne Körperschaften, Vermögensabgabe u Kreditgewinnabgabe)

Örtlicher Zuständigkeitsbereich:
Gebiet der aufgelösten Kreise Husum u Eiderstedt sowie die Gemeinden Drage, Friedrichstadt u Seeth

Finanzamt
2210 Itzehoe, Lornsenplatz 1; F (0 48 21) 6 40 83
Vorsteher: Klaus-Otto Kötschau RDir

Sachlicher Zuständigkeitsbereich:
Besteuerung nach dem Einkommen, dem Ertrag, dem Vermögen u dem Umsatz einschl Körperschaften, Besteuerung der Körperschaften der Finanzämter Elmshorn, Heide, Meldorf

Örtlicher Zuständigkeitsbereich:
Gebiet des Kreises Steinburg

Finanzamt Kiel-Nord
2300 Kiel, Holtenauer Str 183; F (04 31) 88 51
Vorsteher: Otto Brandt LtdRDir

Sachlicher Zuständigkeitsbereich:
Besteuerung nach dem Einkommen, dem Ertrag, dem Vermögen u dem Umsatz, Besteuerung der Körperschaften für die Finanzämter Bad Segeberg, Neumünster, Kiel-Nord, Kiel-Süd, Plön und Rendsburg, Vermögensabgabe u Kreditgewinnabgabe; Ferner: Verwaltung der Kapitalverkehrsteuern (Gesellschaftsteuer u Börsenumsatzsteuer), Wechselsteuer, Feuerschutzsteuer, Versicherungsteuer, Rennwett- u Lotteriesteuer, Hypothekengewinnabgabe für alle Finanzämter des OFD-Bezirks, Besteuerung bei Auslandsbeziehungen, Wahrnehmung der Rechte des Landes Schleswig-Holstein an der Zerlegung der Körperschaftsteuer für den Bezirk der Oberfinanzdirektion Kiel; Verwaltung der Vermögensabgabe u Kreditgewinnabgabe für die Bezirke der Finanzämter Eckernförde, Kiel-Süd, Neumünster, Rendsburg, Flensburg, Husum, Leck und Schleswig

Örtlicher Zuständigkeitsbereich:
Nordteil des Stadtgebiets Kiel. Seine Südgrenze schließt Stresemannplatz, Ziegelteich, Großer Kuhberg, Exerzierplatz und Eckernförder Straße südlich der Gemeinde Kronshagen ein. Nördlich der Gemeinde Kronshagen verläuft die Grenze entlang der Eckernförder Straße, ohne diese einzuschließen.

Finanzamt Kiel-Süd
2300 Kiel, Sophienblatt Nr 41-45; F (04 31) 60 21
Vorsteher: Horst Baltruschat LtdRDir

Sachlicher Zuständigkeitsbereich:
Besteuerung nach dem Einkommen, dem Ertrag, dem Vermögen u dem Umsatz (ohne Körperschaften, Vermögensabgabe u Kreditgewinnabgabe); ferner: Verwaltung der Erbschaftsteuer für den Bezirk der Oberfinanzdirektion Kiel; Verwaltung der Grunderwerbsteuer u Kraftfahrzeugsteuer, Einheitsbewertung des Grundbesitzes, Besteuerung der Land- u Forstwirte für den Bezirk des Finanzamtes Kiel-Nord; Bußgeld- u Strafsachenstelle u gemeinsame Steuerfahndungsstelle

für die Finanzämter Eckernförde, Bad Segeberg, Kiel-Nord, Kiel-Süd, Neumünster, Plön u Rendsburg

Örtlicher Zuständigkeitsbereich:
Teil des Kieler Stadtgebiets, der nicht zum Bezirk des Finanzamts Kiel-Nord gehört u a) die Gemeinden Boksee, Heikendorf, Klausdorf, Kleinbarkau, Mönkeberg, Schönkirchen des Kreises Plön, b) die Gemeinden Achterwehr, Blumenthal, Böhnhusen, Felde, Flintbek, Kronshagen, Melsdorf, Mielkendorf, Molfsee, Ottendorf, Quarnbek, Rodenbek, Rumohr, Schierensee, Schönhorst, Techelsdorf des Kreises Rendsburg-Eckernförde

Finanzamt
2262 Leck, Eesacker Str 11 a; F (0 46 62) 9 12
Vorsteher: Dr Frank-Artur Skrotzki ORR

Sachlicher Zuständigkeitsbereich:
Besteuerung nach dem Einkommen, dem Ertrag, dem Vermögen u dem Umsatz (ohne Körperschaften, Vermögensabgabe u Kreditgewinnabgabe)

Örtlicher Zuständigkeitsbereich:
Gebiet des aufgelösten Kreises Südtondern mit Ausnahme der Gemeinden Böxlund, Holt, Jardelund, Medelby, Osterby u Weesby

Finanzamt
2400 Lübeck, Possehlstr 4; F (04 51) 13 21
Vorsteher: Werner Knoke LtdRDir

Sachlicher Zuständigkeitsbereich:
Besteuerung nach dem Einkommen, dem Ertrag, dem Vermögen u dem Umsatz einschl Körperschaften, Vermögensabgabe u Kreditgewinnabgabe; ferner: Verwaltung der Vermögensabgabe u Kreditgewinnabgabe für die Bezirke der Finanzämter Ratzeburg und Stormarn, Bußgeld- u Strafsachenstelle u gemeinsame Steuerfahndungsstelle für die Bezirke der Finanzämter Eutin, Lübeck, Oldenburg in Holstein, Ratzeburg u Stormarn

Örtlicher Zuständigkeitsbereich:
Kreisfreie Stadt Lübeck

Finanzamt
2223 Meldorf, Jungfernstieg 1; F (0 48 32) 8 71
Vorsteher: Ulrich Mörchen RDir

Sachlicher Zuständigkeitsbereich:
Besteuerung nach dem Einkommen, dem Ertrag, dem Vermögen u dem Umsatz (ohne Körperschaften)
Örtlicher Zuständigkeitsbereich:
Gebiet des aufgelösten Kreises Süderdithmarschen

Finanzamt
2350 Neumünster, Bahnhofstr 9; F (0 43 21) 4 55 51
Vorsteher: Siegfried Pavel RDir

Sachlicher Zuständigkeitsbereich:
Besteuerung nach dem Einkommen, dem Ertrag, dem Vermögen u dem Umsatz

Örtlicher Zuständigkeitsbereich:
Kreisfreie Stadt Neumünster u a) die Gemeinden Bönebüttel, Bothkamp, Großharrie, Rendswühren, Schillsdorf, Tasdorf des Kreises Plön, b) die Gemeinden Arpsdorf, Bissee, Bordesholm, Brügge, Dätgen, Ehndorf, Grevenkrug, Groß Buchwald, Hoffeld, Loop, Mühbrook, Negenharrie, Padenstedt, Reesdorf, Schmalstede, Schönbek, Sören, Wasbek, Wattenbek des Kreises Rendsburg-Eckernförde, c) die Gemeinden Boostedt, Großenaspe, Groß Kummerfeld, Latendorf des Kreises Segeberg

Finanzamt
2440 Oldenburg in Holstein, Lankenstr 1; F (0 43 61) 5 88
Vorsteher: Fritz Blatt RDir

Sachlicher Zuständigkeitsbereich:
Besteuerung nach dem Einkommen, dem Ertrag, dem Vermögen u dem Umsatz (ohne Körperschaften, Vermögensabgabe u Kreditgewinnabgabe)

Örtlicher Zuständigkeitsbereich:
Gebiet des aufgelösten Kreises Oldenburg in Holstein

Finanzamt
2320 Plön, Markt 17; F (0 45 22) 6 26
Vorsteher: Dr Hartwig Plate RDir

Sachlicher Zuständigkeitsbereich:
Besteuerung nach dem Einkommen, dem Ertrag, dem Vermögen u dem Umsatz (ohne Körperschaften, Vermögensabgabe u Kreditgewinnabgabe)

Örtlicher Zuständigkeitsbereich:
Gebiet des Kreises Plön mit Ausnahme der Gemeinden, die in die Bezirke der Finanzämter Kiel-Süd u Neumünster eingegliedert sind

Finanzamt
2418 Ratzeburg, Bahnhofsallee 20; F (0 45 41) 1 51
Vorsteher: Dr Herbert Müller-Waegener RDir

Sachlicher Zuständigkeitsbereich:
Besteuerung nach dem Einkommen, dem Ertrag, dem Vermögen u dem Umsatz (ohne Körper-

schaften, Vermögensabgabe u Kreditgewinnabgabe)

Örtlicher Zuständigkeitsbereich:
Gebiet des Kreises Herzogtum Lauenburg

Finanzamt
2370 Rendsburg, Ritterstr 10; F (0 43 31) 53 51
Vorsteher: Günther Karsten RDir

Sachlicher Zuständigkeitsbereich:
Besteuerung nach dem Einkommen, dem Ertrag, dem Vermögen u dem Umsatz ohne Körperschaften, Vermögensabgabe und Kreditgewinnabgabe

Örtlicher Zuständigkeitsbereich:
Gebiet des aufgelösten Kreises Rendsburg mit Ausnahme a) der Gemeinden Aasbüttel, Aget horst, Besdorf, Bokelrehm, Bokhorst, Einfeld, Gribbohm, Holstenniendorf, Nienbüttel, Nutteln, Oldenborstel, Puls, Russee, Schenefeld, Siezbüttel, Vaale, Vaalermoor, Wacken, Warringholz, b) der Gemeinden, die in die Bezirke der Finanzämter Kiel-Süd u Neumünster eingegliedert sind

Finanzamt
2380 Schleswig, Suadicanistr 26/28; F (0 46 21) 2 30 81
Vorsteher: Hans-Peter Heinrich LtdRDir

Sachlicher Zuständigkeitsbereich:
Besteuerung nach dem Einkommen, dem Ertrag, dem Vermögen u dem Umsatz

Örtlicher Zuständigkeitsbereich:
Das bis zum 23.3.1974 zum Kreis Schleswig gehörende Gebiet

Finanzamt Stormarn
2060 Bad Oldesloe, Mommsenstr 11; F (0 45 31) 8 07-1
Vorsteher: Werner Köhncke RDir

Sachlicher Zuständigkeitsbereich:
Besteuerung nach dem Einkommen, dem Ertrag, dem Vermögen u dem Umsatz

Örtlicher Zuständigkeitsbereich:
Gebiet des Kreises Stormarn

2.2 Landesbauämter

Aufgabenkreis:
Neubau, Unterhaltung u Instandsetzung aller Gebäude u baulichen Anlagen des Bundes u des Landes. Die Landesbauämter sind untere Landesbehörden im Sinne von § 7 LVwG

Landesbauamt Kiel I
2300 Kiel, Gartenstr 3; F (04 31) 51 15-1
Vorsteher: Dipl-Ing Peter Hense RBauDir

Örtlicher Zuständigkeitsbereich:
Kreisfreie Stadt Kiel ohne die Liegenschaften, die

dem Landesbauamt Kiel II zugeordnet sind. Kreis Rendsburg-Eckernförde.

mit Sachgebiet B III in
2370 Rendsburg, Kaiserstr 23;
F (0 43 31) 2 40 92

Landesbauamt Kiel II
2300 Kiel, Gartenstr 3; F (04 31) 51 15-3 36
Vorsteher: Hans-Jürgen Kuhlmann RBauDir

Örtlicher Zuständigkeitsbereich:
Christian-Albrecht-Universität mit den Versuchsgütern Hohenschulen u Lindhof, Pädagogische Hochschule in Kiel, Bundesversuchs- u Forschungsanstalt für Milchwirtschaft in Kiel mit Versuchsgut Schaedtbek, Biologische Bundesanstalt für Land- und Forstwirtschaft in Kitzeberg, Forschungsinstitut in Borstel.

Landesbauamt
2400 Lübeck, Eschenburgstr 3; F (04 51) 3 12 11
Vorsteher: Claus Schiller LtdRBauDir

Örtlicher Zuständigkeitsbereich:
Hansestadt Lübeck Lübeck einschließlich Medizinische Hochschule und Musikhochschule; Kreise Herzogtum Lauenburg, Stormarn u Segeberg

Landesbauamt
2210 Itzehoe, Bergstr 6; F (0 48 21) 50 55
Vorsteher: Dietrich Schröder RBauDir

Örtlicher Zuständigkeitsbereich:
Kreise Dithmarschen, Steinburg u Pinneberg mit der Insel Helgoland

Landesbauamt
2390 Flensburg, Fichtestr 2; F (04 61) 81 41
Vorsteher: Peter Thiessen LtdRBauDir

Örtlicher Zuständigkeitsbereich:
Kreisfreie Stadt Flensburg u Kreise Schleswig-Flensburg (nördlicher Teil) u Nordfriesland (nördlicher Teil)

Landesbauamt
2380 Schleswig, Süderdomstr 15; F (0 46 21) 2 30 15
Vorsteher: Dipl-Ing Hans-Joachim Haberland LtdRBauDir

Örtlicher Zuständigkeitsbereich:
Kreise Schleswig-Flensburg (südlicher Teil), Nordfriesland (südlicher Teil) und Rendsburg-Eckernförde (Bereich Hohn/Krummenort)

Landesbauamt
2420 Eutin, Plöner Str 48; F (0 45 21) 63 11
Vorsteher: Kurt-Wido Borchard RBauDir

Örtlicher Zuständigkeitsbereich:
Kreisfreie Stadt Neumünster; Kreise Ostholstein u Plön

41

2.3 Landesfinanzschule

Schleswig-Holstein

2427 Malente-Krummsee, Roevkampallee 2;
F (0 45 23) 26 40

Aufgabenkreis:
Ausbildung der Nachwuchskräfte für den mittleren u gehobenen Dienst sowie Fortbildung von Beamten u Angestellten der Steuerverwaltung
Landesverordnung vom 26. September 1972 (GVOBl Schl-H S 178)
Leiter: Werner Schatzmann RDir

3 Landesbezirkskassen

— untere Landesbehörden im Sinne von § 7 LVwG —

Landesbezirkskasse
2390 Flensburg, Schiffbrücke 39; F (04 61) 1 73 13/17
Leiter: Dietmar Kühl AR

Amtsbezirk:
Amtsgerichtsbezirke Flensburg, Husum, Kappeln, Niebüll u Schleswig
Sachliche Zuständigkeit: Landeskassengeschäfte u Vollstreckung

Landesbezirkskasse
2110 Itzehoe, Große Paaschburg 66 (Behördenzentrum); F (0 48 21) 66-0
Leiter: Günter Kistenmacher OAR

Amtsbezirk:
Amtsgerichtsbezirke Elmshorn, Glückstadt, Itzehoe, Kellinghusen, Krempe, Meldorf, Pinneberg, Uetersen
Sachliche Zuständigkeit: Kassengeschäfte u Vollstreckung

Landesbezirkskasse Kiel I
2300 Kiel, Gartenstr 1; F (04 31) 5 14 71
Leiter: Winfried Rohde AR

Amtsbezirk:
Bezirk des Landgerichts Kiel
Sachliche Zuständigkeit: Kassengeschäfte u Vollstreckung für: Ministerium für Ernährung, Landwirtschaft u Forsten, Justizministerium, Sozialministerium u ihre Dienststellen sowie Zahlbarmachung der durch das Landesbesoldungsamt angewiesenen Dienst- und Versorgungsbezüge, Vergütungen und Löhne sowie Beihilfen

Landesbezirkskasse Kiel II
2300 Kiel, Düppelstr 23; F (04 31) 59 61
Leiter: Bruno Kunstmann AR

Amtsbezirk:
aus dem Landgerichtsbezirk Kiel die Amtsge-

richtsbezirke Bad Bramstedt, Bad Segeberg, Eckernförde, Kiel, Neumünster, Norderstedt, Plön und Rendsburg
Sachliche Zuständigkeit: Kassengeschäfte für: Landtag, Ministerpräsident u Chef der Staatskanzlei, Innenministerium, Finanzministerium, Ministerium für Wirtschaft u Verkehr, Kultusministerium u ihre Dienststellen, Landesrechnungshof und Christian-Albrechts-Universität

Landesbezirkskasse
2400 Lübeck 1, Possehlstr 4; F (04 51) 13 21
Leiter: Friedrich Wilhelm Stolte OAR

Amtsbezirk:
Amtsgerichtsbezirke Ahrensburg, Bad Oldesloe, Bad Schwartau, Geesthacht, Lauenburg/Elbe, Lübeck, Mölln, Ratzeburg, Reinbek, Schwarzenbek, Trittau, Eutin, Oldenburg
Sachliche Zuständigkeit: Kassengeschäfte u Vollstreckung

4 Vertreter der Interessen des Ausgleichsfonds

2300 Kiel, Hohenbergstr 4; F (04 31) 5 96 34 54

Staatsrechtliche Grundlage und Aufgabenkreis:
Gemäß § 316 des Gesetzes über den Lastenausgleich (LAG) vom 14. August 1952 (BGBl I Seite 446) sind im Land Schleswig-Holstein 6 Vertreter der Interessen des Ausgleichsfonds (VIA) mit Dienstsitz in Husum, Itzehoe, Kiel (2), Lübeck, Plön und Rendsburg bestellt worden.

Geschäftsführender Vertreter der Interessen des Ausgleichsfonds: Klaus Richter RDir

VII Minister für Wirtschaft und Verkehr

des Landes Schleswig-Holstein

2300 Kiel 1, Düsternbrooker Weg 94-100;
F (04 31) 59 61 oder Durchwahl 5 96 . . .; Telex
02-99 871

Aufgabenkreis:
Wirtschaftspolitik, Wirtschaftsordnung, Preisrecht, Kartellrecht und Wettbewerbsrecht, Energiewirtschaft und Versorgungswirtschaft, Bank- und Kreditwesen, Versicherungswesen, Maß- und Gewichtswesen, Wirtschaftsförderung, Fremdenverkehr, Industrie, Mittelstand, Handwerk und Handel, Schiffbau, Verkehrspolitik, Verkehrsordnung, Straßenbau, berufliche Bildung im Bereich der Wirtschaft, EG-Angelegenheiten, Außenwirtschaft, Dienstaufsicht über den Beauftragten der Landesregierung Schleswig-Holstein für den Wirtschaftsraum Brunsbüttel

Minister: Dr Jürgen Westphal

Parlamentarischer Vertreter des Ministers: Werner Hahn

Persönlicher Referent: Dr Schommer OR-VolkswR

Amtschef: Hans Nebel Staatssekretär

Vertreter des Amtschefs: Dr Gerhard Keussen MinDirig

Dem Amtschef unterstellt:
Arbeitsgruppe des Landesbeauftragten für den Flughafen Kaltenkirchen
Leiter: Dr Karl-Wilhelm Christensen LtdMinR

Abt VII 1 Allgemeine Abteilung
Leiter: Dr Joachim Laux MinDirig

Ref VII 100: **Geschäftsleitendes Büro** Brenscheidt OAR

Ref VII 110: **Personal, Organisation** Dr Eggers MinR

Ref VII 120: **Haushalt** Probsthain RDir

Ref VII 121: **Einzelfragen des Haushalts** Griem OAR

Ref VII 130: **Planungsbeauftragter Umweltschutz** Dr Altrup RVolkswDir

Ref VII 140: **Presse und Öffentlichkeitsarbeit** Grabowsky Ang

Ref VII 150: **Justitiariat, Bundesrat** Dr Kunze RDirektorin

Ref VII 160: **Zivilverteidigung, Katastrophenschutz** Hochhaus ORR

Abt VII 2 Abteilung Wirtschaftsordnung
Leiter: Wilhelm Gotthard MinDirig

Ref VII 200: **Preisrecht, Kartellrecht u Wettbewerbsrecht** Prade MinR

Ref VII 210: **Gewerberecht, Fachaufsicht über das Geologische Landesamt Schl-H (GLA), Kammeraufsicht** Schulz MinR

Gruppe 22 Energie
Leiter: Dipl-Volksw Zschaber

Ref VII 220: **Energiepolitik** Dipl-Volksw Zschaber

Ref VII 221: **Energieeinsparung** Ing (grad) Liebthal

Ref VII 222: **Energierecht u Energieversorgung, Bergrecht** Dr Biehl MinR

Ref VII 223: **Energietechnik, Energiewirtschaft** Ing (grad) Marquardt Ang

Ref VII 224: **Energieberatung** Germ RBauR

Ref VII 240: **Bankwesen u Kreditwesen, Steuerfragen der Wirtschaft** Dr Sachse RDir

Ref VII 250: **Versicherungsaufsicht, Gesellschaftsrecht, Grunderwerbssteuerbefreiung** Salman RDir

Ref VII 260: **Eichwesen u Beschußwesen** Reinhard REichDir

Abt VII 3 Abteilung Gewerbliche Wirtschaft
Leiter: Dr Pfeiffer MinDirig

Ref VII 300: **Industrieförderung** Meyer RBauDir

Ref VII 301: **Erweiterung, Rationalisierung, Verlagerung** Dipl-Volksw Kowalski Ang

Ref VII 302: **Industriebezogene Infrastruktur** Pesch ORVolkswR

Ref VII 310: **Fremdenverkehr** Dr Kirschnick RVolkswR

Ref VII 311: **Fremdenverkehrswirtschaftliche Fragen, Förderung gewerblicher Vorhaben** Pirling ORVolkswR

Ref VII 312: **Fragen der Raumplanung u Ortsplanung** Dr Kirschnick RVolkswDir

Ref VII 320: **Mittelstandspolitik** Horn RDir

Ref VII 321: **Förderung der mittelständischen Wirtschaft** Dr Janocha RVolkswDir

Ref VII 330: **Schiffahrts- u Schiffbaupolitik** Erdmann MinR

Ref VII 340: **Einzelfragen der Förderung von Betrieben u Erhaltung von Arbeitsplätzen, Bürgschaften** Wegener RVolkswDir

Ref VII 341: **Bürgschaften** Wegener RVolkswDir

Ref VII 350: **Grundstoff-, Verbrauchs- und Investitionsgüterindustrie** Dr Heimann MinR

Ref VII 351: **Investitionsgüterindustrie, öffentliches Auftragswesen, Verdingungswesen** Ing (grad) Schreiber

Ref VII 360: **Neue Technologien, Technologiepolitik** Dr Dorschel RDir

Abt VII 4 Abteilung Verkehrspolitik
Leiter: Herbert Solterbeck MinDirig

Ref VII 400: **Verkehrspolitik, Verkehrsplanung** Kuhlmann MinR

Ref VII 401: **Allgemeine Verkehrspolitik, Verkehrsstatistik** Potschien RVolkswR z A

Ref VII 402: **Verkehrsmengenuntersuchungen** Dipl-Ing Salomon Ang

Ref VII 410: **Straßenbauprogramme, Straßenbaufinanzierung** Wannek MinR

Ref VII 420: **Straßenbauplanungen, Verkehrslärmimmissionen, Militärische Infrastruktur, Zivilverteidigung** Reiff RBauDir

Rev VII 430: **Kommunaler Straßenbau** Koch MinR

Ref VII 440: **Straßenbau, Straßenverkehrs- u Fernmeldetechnik** Boltz RBauDir

Ref VII 450: **Eisenbahn und Post** Pätschke RBauDir

Ref VII 460: **Straßenrecht und Straßenbaurecht** Kahl MinR

Ref VII 470: **Verkehrsbegutachtungen** Dietz MinR

Abt VII 5 Abteilung Verkehrsordnung
Leiter: Dr Karl-Wilhelm Christensen LtdMinR

Ref VII 500: **Straßenverkehrsrecht** Adrian MinR

Ref VII 510: **Straßenverkehrssicherheit** Höger ORR

Ref VII 520: **Kraftfahrzeugtechnik** Röttgering RBauR

Ref VII 530: **Verkehrswirtschaftliche Grundsatzfragen** Graf MinR

Ref VII 531: **Betriebswirtschaftliche Grundsatzfragen des Verkehrs** Schwabach Ang

Ref VII 540: **Personennahverkehr, Straßengüterverkehr** Pichinet MinR

Ref VII 550: **Schiffahrt u Häfen** Walther MinR

Ref VII 551: **Landes- u Kommunalhäfen** Müller RR

Ref VII 560: **Luftfahrt** Senft Ang

Ref VII 570: **Rechtsfragen der Luftfahrt u Eisenbahnen, insbesondere Planfeststellung Flughafen Kaltenkirchen** Harbeck RDir

Abteilung VII 6 Abteilung Wirtschaftspolitik
Leiter: Dr Gerhard Keussen MinDirig

Gruppe VII 60 Allgemeine Wirtschaftspolitik
Leiter: Dr Heeren MinR

Ref VII 600: **Mittelfristige Wirtschafts- u Strukturpolitik** Dr Heeren MinR

Ref VII 601: **Wirtschaftsanalysen, -prognosen, -statistik** Hoffmann Ang

Ref VII 602: **Konjunkturpolitik, Grundsatzfragen der Marktwirtschaft** Dr Biel RVolkswR z A

Ref VII 603: **Verbraucherpolitik, Frauenfragen** Dr Lehmann-Matthaei RVolkswDir

Gruppe VII 61 Regionale Wirtschaftspolitik
Leiter: Dr Zornow MinR

Ref VII 610: **Regionale Wirtschaftspolitik, Grundsatzfragen der regionalen Wirtschaftsförderung** Dr Zornow MinR

Ref VII 611: **Schwerpunktaufgaben der Wirtschaftsstruktur** Dr Henke RVolkswDir

Ref VII 612: **Koordinierung der Regionalpolitik** Dr Brandt RVolkswR z A

Ref VII 620: **Berufliche Bildung im Bereich Wirtschaft** Dr Falkenhagen MinR

Ref VII 621: **Finanzplanung, Förderungsprogramme** Geib ORR

Ref VII 630: **Europäische Zusammenarbeit, Außenwirtschaft, innerdeutscher Warenverkehr** Dr Jenisch RDir

Ausschüsse u Beiräte, deren sich das Ministerium für Wirtschaft und Verkehr bei Durchführung seiner Arbeiten bedient:

Wirtschaftsministerkonferenz;
Verkehrsministerkonferenz;
Küsten-Ministerkonferenz;
Landesenergiebeirat;
Arbeitskreis der Wirtschaftsminister der Zonenrandländer;
Gemeinsamer Landesplanungsrat Hamburg/Schleswig-Holstein;
Koordinierungsausschuß für den Flughafen Kaltenkirchen;
Gemeinsamer Ausschuß des Bundes, der Länder und der kommunalen Landesverbände zur Verbesserung der Verkehrsverhältnisse der Gemeinden;
Projektgruppe Brunsbüttel

Dem Ministerium für Wirtschaft und Verkehr im Sinne von § 5 Abs 2 Landesverwaltungsgesetz zugeordnet:

1 Der Minister für Wirtschaft und Verkehr
— Prüfungsstelle —

2300 Kiel, Düsternbrooker Weg 94-100; F (04 31) 59 61 App 38 20

Staatsrechtliche Grundlage:
Zugeordnetes Amt im Sinne des § 5 Abs 2 LVwG; Preisgesetz, Verordnung PR Nr 30/53 über die Preise bei öffentlichen Aufträgen, Verordnung PR Nr 1/72 über die Preise für Bauleistungen bei öffentlichen oder mit öffentlichen Mitteln finanzierten Aufträgen.

Aufgabenkreis:
Preisüberwachung, Preisprüfung öffentlicher Aufträge, Prüfung von Verwendungsnachweisen aus den Programmen der Industrie- und Fremdenverkehrsförderung, der beruflichen Bildung u a, betriebswirtschaftliche und bauwirtschaftliche Gutachten.

Leiter: Bernhard Prade MinR
Vertreter: Gerhard Prange ORVolkswR

2 Der Minister für Wirtschaft und Verkehr
— Amt für das Eichwesen —

2300 Kiel, Düppelstr 63; F (04 31) 59 61 App 38 26

Staatsrechtliche Grundlagen:
Gesetz über das Meß- u Eichwesen (Eichgesetz); Gesetz über Einheiten im Meßwesen; Röntgenverordnung; Waffengesetz; Landesverordnung zur Bestimmung der zuständigen Behörden für die Durchführung des Gesetzes über das Meßwesen und des Eichgesetzes vom 8. Dezember 1972 (GVOBl Schl-H S 253); Landesverordnung zur Ausführung des Waffengesetzes vom 22. Dezember 1972 (GVOBl Schl-H S 263), geändert durch Landesverordnung vom 25. Juni 1976 (GVOBl Schl-H S 173)

Aufgabenkreis:
Grundsatzfragen des Eich- u Beschußwesens, Prüfung von Werkstoffprüfmaschinen; Kontroll- u Anschlußmessungen von Dosimetern; Fachaufsicht über die Eichämter des Landes; Fachaufsicht über 12 staatlich anerkannte Prüfstellen für die Beglaubigung von Meßgeräten für Elektrizität, Gas oder Wasser; öffentliche Bestellung von Wägern sowie von leitendem Prüfstellenpersonal.

Leiter: Sigurd Reinhard REichDir
Vertreter: Horst Langniß OAR

Dem Minister für Wirtschaft u Verkehr — Amt für das Eichwesen — nachgeordnet:

2.1 Beschußstelle Eckernförde

2330 Eckernförde, Sauerstr; F (0 43 51) 49 21

Aufgabenkreis:
Beschuß von Handfeuerwaffen und Böllern, Prüfung von Munition
Leiter: Ernst Hanke EichI
Amtsbezirk: Land Schleswig-Holstein

2.2 Eichämter

— untere Landesbehörden im Sinne von § 7 LVwG —

Staatsrechtliche Grundlagen:
Gesetz über das Meß- und Eichwesen (Eichgesetz); Gesetz über Einheiten im Meßwesen. Landesverordnung über die Organisation der Eichverwaltung vom 2. Dezember 1973 (GVOBl Schl-H S 413)

Aufgabenkreis:
Eichen von Meßgeräten, die im geschäftlichen Verkehr, im amtlichen Verkehr, im Verkehrswesen oder in der Heilkunde verwendet werden; Überwachung der Hersteller von vorverpackten Waren mit Füllmengen bis zu 10 kg oder 10 l; Überwachung der öffentlichen Waagen u der öffentlich bestellten Wäger.

Eichamt
2300 Kiel, Düppelstr 63; F (04 31) 5 96 40 64
Leiter: Helmut Frins AR
Amtsbezirk: Die kreisfreien Städte Kiel und Neumünster sowie die Kreise Rendsburg-Eckernförde und Plön

Eichamt
2400 Lübeck, Glashüttenweg 44/48; F (04 51) 3 31 31
Leiter: Uwe Kröger AR
Amtsbezirk: Die kreisfreie Stadt Lübeck sowie die Kreise Herzogtum Lauenburg, Stormarn, Segeberg u Ostholstein

Eichamt
2390 Flensburg, Karlstr 6; F (04 61) 2 45 98
Leiter: Rolf Günzel EichAmtm
Amtsbezirk: Die kreisfreie Stadt Flensburg sowie die Kreise Schleswig-Flensburg u Nordfriesland

Eichamt
2200 Elmshorn, Kaltenweide 76; F (0 41 21) 8 29 25
Leiter: Max Kühl AR
Amtsbezirk: Die Kreise Pinneberg, Steinburg u Dithmarschen

Eichamt Elmshorn — Außenstelle Heide —
2240 Heide, Beselerstr 4; F (04 81) 50 06
Leiter: Max Kühl AR

Zum Geschäftsbereich des Ministeriums für Wirtschaft und Verkehr gehören:

3 Landesamt für Straßenbau und Straßenverkehr

Schleswig-Holstein

2300 Kiel 1, Mercatorstr 9; F (04 31) 3 01 41

Staatsrechtliche Grundlagen:
Das Landesamt für Straßenbau und Straßenverkehr Schleswig-Holstein (LS) wurde nach der Landesverordnung vom 10. November 1969 (GVOBl Schl-H Seite 238) als Landesoberbehörde errichtet. Aufgrund des Straßen- und Wegegesetzes des Landes Schleswig-Holstein vom 22. Juni 1962 (GVOBl Schl-H Seite 237) und des Bundesfernstraßengesetzes in der Fassung der Bekanntmachung vom 6. August 1961 (Bundesgesetzbl I Seite 1741) sowie der Landesverordnungen vom 25. Mai 1970 (GVOBl Schl-H Seite 157) und 24. November 1971 (GVOBl Schl-H Seite 455) wurden dem LS Zuständigkeiten im Bereich der Straßenbauverwaltung übertragen. Ferner regeln die Landesverordnungen vom 26. August 1971 (GVOBl Schl-H Seite 421) und vom 25. November 1971 (GVOBl Schl-H Seite 456) für das LS bestimmte Aufgaben des Straßenverkehrsrechts.

Aufgabenkreis:
Dienst- u Fachaufsicht über die unteren Straßenbaubehörden; Planfeststellung nach den Straßengesetzen; Zentrale Bearbeitung einzelner Aufgabenbereiche für die Straßenbauverwaltung; Fachaufsicht über die unteren Straßenverkehrsbehörden; Aufgaben der höheren Verwaltungsbehörde nach der StVO und der StVZO und der Landesverkehrsbehörde nach dem Güterkraftverkehrsgesetz.

Leiter: Konrad Petersen Dir des Landesamtes für Straßenbau und Straßenverkehr Schl-H
Vertreter: Wolfram Siegel LtdRDir

Abt LS 1 Verwaltungsabteilung
Leiter: Wolfram Siegel LtdRDir

Dez LS 10: **Allgemeine Verwaltungsangelegenheiten** Petersdorf OAR

Dez LS 11: **Personal u Haushalt** Siegel LtdRDir

Dez LS 12: **Straßenbaujustitiariat** Bitterling RDir

Dez LS 13: **Allgemeiner Straßenverkehr u Straßengüterverkehr** Neelsen ORR

Dez LS 14: **Planfeststellung** Zwickel RBauDir

Dez LS 15: **Grunderwerb** Frahm Assessor

Dez LS 16: **Umweltschutz im Straßenbau** Bärenwald RBauDir

Abt LS 2 Technische Abteilung
Leiter: Konrad Petersen Dir des Landesamtes für Straßenbau und Straßenverkehr Schleswig-Holstein

Dez LS 20: **Straßenunterhaltung** Krech RBauDir

Dez LS 21: **Entwurf Bundesautobahnen** Scheide RBauDir

Dez LS 22: **Entwurf Bundesstraßen, Landesstraßen** Rusch RBauDir

Dez LS 23: **Baudurchführung** Abegg RBauDir

Dez LS 24: **Brückenbau** Horch LtdRBauDir

Dez LS 25: **Vermessung** Bolgihn RVmDir

Dez LS 26: **EDV Straßenbau** Dipl-Ing Oberschmidt

Der Dienst- u Fachaufsicht des Landesamtes für Straßenbau u Straßenverkehr unterstehen:

3.1 Straßenbauämter

Staatsrechtliche Grundlage u Aufgabenkreis:
Durch Landesverordnung über die unteren Landesbehörden der Straßenbauverwaltung vom 19. Juli 1977 (GVOBl Schl-H Seite 197) sind für die Verwaltung, Unterhaltung und Verkehrssicherheit sowie die Wiederherstellung, Erneuerung und Erweiterung (Um- und Ausbau) von Bundesfernstraßen, Landstraßen und Kreisstraßen in der Verwaltung oder Baulast des Landes und für andere Aufgaben der Straßenbauverwaltung 4 Straßenbauämter als untere Landesbehörden errichtet.

Straßenbauamt
2390 Flensburg, Schleswiger Str 55; F (04 61) 1 71 61-65
Leiter: Knud Jensen LtdRBauDir
Amtsbezirk: Kreisfreie Stadt Flensburg sowie die Kreise Schleswig-Flensburg und Nordfriesland

Straßenbauamt
2370 Rendsburg, Hollesenstr 27-29; F (0 43 31) 7 20 21
Leiter: Rolf Rickers LtdRBauDir
Amtsbezirk: Kreisfreie Städte Kiel u Neumünster sowie die Kreise Rendsburg-Eckernförde und Plön

Straßenbauamt
2210 Itzehoe, Breitenburgerstr 37; F (0 48 21) 30 56
Leiter: Peter Schmidt RBauDir

Amtsbezirk: Kreise Dithmarschen, Steinburg, Pinneberg und das Gebiet des Kreises Segeberg westlich der Straßenzüge Bundesstraße 205 von Neumünster bis Klein Kummerfeld, Landstraße 72 von Klein Kummerfeld bis zur Bundesstraße 404, Bundesstraße 404 von der Landesstraße 72 bis zur Bundesstraße 432 (jeweils ohne die bezeichneten Straßen) und Bundesstraße 432 von der Bundesstraße 404 bis zur Grenze des Kreises Stormarn (einschl Bundesstraße 4332) sowie für die Bundesstraßen 206 und 432 von der Bundesstraße 404 bis zur Ortsdurchfahrt Bad Segeberg

Straßenbauamt
2400 Lübeck, Jerusalemsberg 9; F (04 51) 3 12 66-9
Leiter: Horst Hohmann RBauDir
Amtsbezirk: Kreisfreie Hansestadt Lübeck sowie die Kreise Herzogtum Lauenburg, Stormarn, Ostholstein und das Gebiet des Kreises Segeberg östlich der beim Straßenbauamt Itzehoe bezeichneten Straßenzüge

3.2 Straßenneubauämter

Staatsrechtliche Grundlage u Aufgabenkreis:
Durch Landesverordnung über die unteren Landesbehörden der Straßenbauverwaltung vom 19. Juli 1977 (GVOBl Schl-H Seite 197) sind für den Neubau von Bundesfernstraßen, Landesstraßen und Kreisstraßen in der Verwaltung des Landes oder Baulast des Landes 4 Straßenneubauämter als untere Landesbehörden errichtet.

Straßenneubauamt Ost
2420 Eutin, Johann-Specht-Str 13; F (0 45 21) 8 41
Leiter: Wolfgang Rabenau LtdRBauDir
Amtsbezirk: Hansestadt Lübeck sowie Kreise Ostholstein, Stormarn u Herzogtum Lauenburg

Straßenneubauamt Mitte
2350 Neumünster, Gotenstr 8; F (0 43 21) 78 51
Leiter: Karl-Heinz Engelmann LtdRBauDir
Amtsbezirk: Kreisfreie Städte Kiel, Neumünster u Flensburg sowie Kreise Plön, Segeberg, Rendsburg-Eckernförde u Schleswig-Flensburg

Straßenneubauamt West
2240 Heide, Ernst-Mohr-Str 33; F (04 81) 50 06
Leiter: Klaus Meß RBauDir
Amtsbezirk: Kreise Nordfriesland, Dithmarschen, Steinburg u Pinneberg

Straßenneubauamt Brunsbüttel
2212 Brunsbüttel, Bahnhofstr 14; F (0 48 52) 80 34
Leiter: Manfred Huhnholz LtdRBauDir

Amtsbezirk: Vorbereitung u Durchführung des Baues einer Kreuzung des Nord-Ostsee-Kanals einschließlich der Verlegung der Bundesstraße 5 im Gebiet der Stadt Brunsbüttel sowie der Gemeinden Kudensee, Büttel, Landscheide, Sankt Margarethen, Nortorf u Dammfleth

4 Geologisches Landesamt

Schleswig-Holstein
— Landesoberbehörde —

2300 Kiel-Wik, Mercatorstr 7; F (04 31) 3 01 41

Staatsrechtliche Grundlagen:
Gesetz über die Durchforschung des Reichsgebietes nach nutzbaren Lagerstätten (Lagerstättengesetz) vom 4. Dezember 1934 (Reichsgesetzbl Seite 1223). Mit Beschluß der Landesregierung vom 1. Juli 1946 als selbständige Behörde in den Landesdienst als „Geologische Landesanstalt" übernommen; Umbenennung durch Erlaß vom 19. September 1953 (Amtsbl Seite 444) in „Geologisches Landesamt Schleswig-Holstein".

Aufgabenkreis:
Kartierung des Landes sowie wissenschaftliche u praktische Auswertung, hydrogeologische Untersuchungen, Lagerstättenerkundungen, Bodenuntersuchungen, geologisch-technische Untersuchungen für Orts- u Regionalplanung, Gutachten.

Leiter: Prof Dr Helmut E Stremme Dir des Geologischen Landesamts Schl-H
Vertreter: Dr Siegfried Bressau LtdGeologieDir

Dez: **Verwaltung** Herdam AR

Abt 1 — Lagerstätten, Geologische Kartierung, Geowissenschaftliche Grundlagen
Leiter: Dr Picard LtdGeologieDir

Dez 100: **Kalkstein u Ton, Erdöl u Erdgas** Dr Lange Dir im landesgeologischen Dienst

Dez 110: **Kies u Sand, Geschiebezählungen** Dr Schlüter GeologieOR

Dez 120: **Petrographie, Gesteinssammlung** Dr Tontsch GeologieOR

Dez 130: **Quartärstratigraphie, Paläobotanik** Dr Menke WissOR c *Dez 140:* **Geochemie** Dipl-Geologe Dr Christensen

Dez 150: **Geophysik** Dipl-Geophysiker Hölbe

Abt 2 — Bodenkunde, Bodenkartierung
Leiter: Dr Finnern RLandwDir

Dez 200: **Bodennutzung, Landschaftspflege** Dr Lippert RLandwDir

Dez 210: **Bodenklassifikation** Dr Elwert GeologieOR

Dez 220: **Niederungsböden, Landschaftsentwicklung** Dipl-Geologe Dr Janetzko

Dez 230: **Geestböden, Paläoböden** Dipl-Geologe Dr Weinhold

Dez 240: **Kulturtechnik, Bodenphysik** Dipl-Landwirt Dr Scharafat

Dez K: **Kartographie** Kartograph Schulz-Grumsdorff

Abt 3 — Hydrogeologie, Hydrogeologische Kartierung
Leiter: Dr Bressau LtdGeologieDir

Dez 300: **Trinkwasserschutzgebiete** Dr Regenhardt GeologieDir

Dez 310: **Grundwasserschutz, Umweltschutz** Dr Bock GeologieOR

Dez 320: **Grundwassererschließung** Dr Nachtigall GeologieOR

Dez 321: **Hydrogeologische Untersuchung zur Erschließung von Trink- u Brauchwasser** Dipl-Geologe Dr Schenck

Dez 322: **Hydrogeologie, Schwerpunkt Westholstein** Dipl-Geologe Dr Strehl

Dez 323: **Hydrogeologie, hydrogeologische Modelle** Dipl-Geologe Holthusen

Dez 330: **Stratigraphie der Grundwasserleiter, Paläontologie** Dipl-Geologe Dr Hinsch

Abt 4 — Ingenieurgeologie, Baugrundkartierung
Leiter: NN

Dez 400: **Grundbau, geotechnische Untersuchungen** Colberg RBauDir

Dez 410: **Deichbau, Küstenschutz** Dr Temmler GeologieR

Dez 420: **Geologische Beiträge zur Orts- u Regionalplanung** Dr Ross GeologieR

Dez 430: **Baugrundkartierung** Dipl-Geologe Dr Stephan

Dez 440: **Straßenbau, Meeresgeologie** Dipl-Geologe Dr Schmidt

5 Seeämter

— untere Landesbehörden —

Staatsrechtliche Grundlage:
Gesetz über die Untersuchung von Seeunfällen vom 28. September 1935 (Reichsgesetzbl I Seite 1183) mit Änderungen durch Gesetz vom 26. Juli 1957 (Bundesgesetzbl I Seite 934).

Aufgabenkreis:
Aufgabe der Seeämter ist, in einem an die Strafprozeßordnung (StPO) angelehnten Verfahren Ursachen und Umstände von Seeunfällen zu ermitteln und festzustellen, ob Fehler im Schiffsbetrieb oder Mängel des Schiffes, des Fahrwassers, der Seezeichen, des Lotsenwesens usw vorgelegen haben oder gegen schiffahrtsrechtliche Vorschriften verstoßen worden ist.

Seeamt
2400 Lübeck, Am Burgfeld 7; F (04 51) 3 10 34 00
Vorsitzender: Johannes Hopp VorsRichter am Landgericht
Vertreter: Martin v Bockelmann Dir des ArbG
Amtsbezirk: Ostseeküste von der Hohwachter Bucht bis zur Grenze der Bundesrepublik Deutschland

Seeamt
2390 Flensburg, Schiffbrücke 12; F (04 61) 2 54 07
Vorsitzender: Dieter Rohlfs Rchtr a AG
Vertreter: Dr Joachim Martens Rchtr a AG; Burkhard Kluike Rchtr a LG
Amtsbezirk: Gesamte schleswig-holsteinische Westküste, Helgoland, Nord-Ostsee-Kanal, schleswig-holsteinische Ostseeküste von der dänischen Grenze bis zur Hohwachter Bucht, westlich 10 Grad 43' 12" E.

6 Schleswig-Holsteinische Seemannsschule

2407 Lübeck-Travemünde, Priwall; F (0 45 02) 51 52
Leiter: NN

7 Der Beauftragte der Landesregierung Schleswig-Holstein für den Wirtschaftsraum Brunsbüttel

2300 Kiel, Düsternbrooker Weg 94; F (04 31) 5 96-38 06

Aufgabenkreis:
Der Beauftragte der Landesregierung Schleswig-Holstein für den Wirtschaftsraum Brunsbüttel, der der Landesregierung unmittelbar zugeordnet ist, hat nachfolgende Aufgaben:
Sammlung der für die Entwicklung des Wirtschaftsraumes Brunsbüttel erforderlichen Daten, Koordinierung aller Planungen u Maßnahmen der Landesminister u sonstiger Behörden in bezug auf den Wirtschaftsraum Brunsbüttel

Beauftragter: Dr Gerd Keussen MinDirig

Mit anderen Bundesländern gemeinsam errichtete Behörden:

8 Oberbergamt

für die Länder Niedersachsen und Schleswig-Holstein

3392 Clausthal-Zellerfeld, Hindenburgplatz 9;
F (0 53 23) 70 51/53

Staatsrechtliche Grundlage:
Gesetz über den Aufbau der Reichsbergbehörden vom 30. September 1942 (Reichsgesetzbl I Seite 603) in Verbindung mit Artikel 129 Abs 2 des Grundgesetzes;
Verwaltungsabkommen zwischen den Ländern Niedersachsen und Schleswig-Holstein:
Nach der Verordnung über die Bergbehörden des Landes Schleswig-Holstein vom 18. Dezember 1954 (GVOBl Schl-H Seite 172) ist das Oberbergamt in Clausthal-Zellerfeld als Landesoberbehörde Oberbergamt für das Land Schleswig-Holstein und das Bergamt in Celle als untere Landesbehörde Bergamt für das Land Schleswig-Holstein.
Dieser Zuständigkeitsregelung entspricht ein Abkommen mit dem Land Niedersachsen vom 14. Oktober/4. Dezember 1954, zuletzt geändert am 16. April/5. Mai 1964, das u a die Höhe der Kostenbeteiligung des Landes Schleswig-Holstein für die Bergverwaltungen in Clausthal-Zellerfeld und Celle regelt.

Aufgabenkreis:
Erteilung von Genehmigungen und Erlaubnissen nach dem Bergrecht; Überwachung der Bergbautätigkeit im Land Schleswig-Holstein einschl dem Festlandsockel der Nord- u Ostsee.

Leiter: Dipl-Ing Gotthard Fürer Präs
Vertreter: Dr Heinz Bodo Wilke VPräs

Der Dienst- u Fachaufsicht des Oberbergamtes untersteht:

8.1 Bergamt

Schleswig-Holstein

3100 Celle, Reitbahn 1a; F (0 51 41) 10 38

Leiter: Dipl-Ing Hans-Karl Moritz BergDir
Amtsbezirk: Land Schleswig-Holstein

9 Gemeinsamer Zulassungsausschuß und Gemeinsamer Prüfungsausschuß für Wirtschaftsprüfer der Länder Bremen, Hamburg, Niedersachsen und Schleswig-Holstein bei der Freien und Hansestadt Hamburg, Behörde für Wirtschaft, Verkehr und Landwirtschaft

2000 Hamburg 11, Alter Steinweg 4; F (0 40) 34 91 21

Staatsrechtliche Grundlage und Aufgabenkreis:
Gesetz über eine Berufsordnung der Wirtschaftsprüfer (Wirtschaftsprüferordnung) in der Fassung vom 5. November 1975 (BGBl I Seite 2803);
Durchführung des Zulassungs- und Prüfungsverfahrens für Wirtschaftsprüfer
Vorsitzende:
Zulassungsausschuß Klaus Rahn RDir;
Prüfungsausschuß Klaus Geertz SenR (Bremen), Klaus Rahn RDir (Hamburg), Dr Dieter Weinhardt RDir (Hannover), Dr Sven-Uwe Sachse RDir (Kiel)

Der Rechtsaufsicht des Ministers für Wirtschaft und Verkehr unterstehen:

10 Industrie- und Handelskammern

— **Körperschaften des öffentlichen Rechts —**

Rechtsgrundlage und Aufgabenkreis:
Gesetz zur vorläufigen Regelung des Rechts der Industrie- und Handelskammern vom 18. Dezember 1956 (BGBl I Seite 920), zuletzt geändert am 14. Dezember 1976 (BGBl I Seite 3341)
Die Industrie- und Handelskammern haben, soweit nicht die Zuständigkeit der Organisationen des Handwerks nach Maßgabe des Gesetzes zur Ordnung des Handwerks (Handwerksordnung) in der Fassung vom 28. Dezember 1965 (BGBl I Seite 1) gegeben ist, die Aufgabe, das Gesamtinteresse der ihnen zugehörigen Gewerbetreibenden ihres Bezirkes wahrzunehmen, für die Förderung der gewerblichen Wirtschaft zu wirken und dabei die wirtschaftlichen Interessen einzelner Gewerbezweige oder Betriebe abwägend und ausgleichend zu berücksichtigen; dabei obliegt es ihnen insbesondere, durch Vorschläge, Gutachten und Berichte die Behörden zu unterstützen und zu beraten sowie für Wahrung von Anstand und Sitte des ehrbaren Kaufmanns zu wirken.
Die Industrie- und Handelskammern können Anlagen und Einrichtungen, die der Förderung der

gewerblichen Wirtschaft oder einzelner Gewerbezweige dienen, begründen, unterhalten und unterstützen sowie Maßnahmen zur Förderung und Durchführung der kaufmännischen und gewerblichen Berufsausbildung unter Beachtung der geltenden Rechtsvorschriften treffen.
Den Industrie- und Handelskammern obliegt die Ausstellung von Ursprungszeugnissen und anderen dem Wirtschaftsverkehr dienenden Bescheinigungen, soweit nicht Rechtsvorschriften diese Aufgaben anderen Stellen zuweisen.

Industrie- und Handelskammer zu Flensburg
2390 Flensburg, Heinrichstr 34; F (04 61) 8 06-1
Präsident: Dr Hans A Rossen
Hauptgeschäftsführer: Dr Detlev Burchardi
Kammerbezirk: Kreise Flensburg-Stadt, Schleswig-Flensburg, Nordfriesland, Dithmarschen
mit
Verbindungsstelle Dithmarschen
2240 Heide, Postelweg 4; F (04 81) 6 20 06
Geschäftsführer: Peter Eggers

Industrie- und Handelskammer zu Kiel
2300 Kiel, Lorentzendamm 24; F (04 31) 5 90 41
Präsident: Wolfgang Jenne
Hauptgeschäftsführer: Dr Hendrik Genth
Kammerbezirk: Städte Kiel und Neumünster, Kreise Pinneberg, Plön, Rendsburg-Eckernförde, Steinburg

mit den Geschäftsstellen:

Zweigstelle Elmshorn
2200 Elmshorn, Kaltenweide 6; F (0 41 21) 86 67
Geschäftsführer: Heinz Meyer

Zweigstelle Neumünster
2350 Neumünster, Am Teich 1-3; F (0 43 21) 4 54 25/26
Geschäftsführer: Dr Wolfgang Krickhahn

Zweigstelle Rendsburg
2370 Rendsburg, Thormannplatz 2-4; F (0 43 31) 53 49
Geschäftsführer: Dr Wolfgang Krickhahn

Industrie- und Handelskammer zu Lübeck
2400 Lübeck 1, Breite Str 6-8; F (04 51) 13 51
Präses: Klaus Richter
Hauptgeschäftsführer: Dr Dr Jürgen Pratje
Kammerbezirk: Hansestadt Lübeck, Kreise Herzogtum Lauenburg, Ostholstein, Segeberg und Stormarn
mit
Außenstelle Ahrensburg
2070 Ahrensburg, Hamburger Str 2; F (0 41 02) 5 31 30
Leiter: Dietrich Janzen

50

11 Handwerkskammern

— Körperschaften des öffentlichen Rechts —

Rechtsgrundlage und Aufgabenkreis:
Handwerksordnung vom 28. Dezember 1965 (BGBl I 2966 Seite 2)
Zur Vertretung der Interessen des Handwerks werden Handwerkskammern errichtet; sie sind Körperschaften des öffentlichen Rechtes.
Aufgabe der Handwerkskammer ist insbesondere,

1. die Interessen des Handwerks zu fördern und für einen gerechten Ausgleich der Interessen der einzelnen Handwerke und ihrer Organisationen zu sorgen,
2. die Behörden in der Förderung des Handwerks durch Anregungen, Vorschläge und durch Erstattung von Gutachten zu unterstützen und regelmäßig Berichte über die Verhältnisse des Handwerks zu erstatten,
3. die Handwerksrolle zu führen,
4. die Berufsausbildung der Lehrlinge zu regeln, Vorschriften hierfür zu erlassen und ihre Durchführung zu überwachen sowie eine Lehrlingsrolle zu führen,
5. Vorschriften für Prüfungen im Rahmen einer beruflichen Fortbildung oder Umschulung zu erlassen und Prüfungsausschüsse hierfür zu errichten,
6. Gesellenprüfungsordnungen für die einzelnen Handwerke zu erlassen, Prüfungsausschüsse für die Abnahme der Gesellenprüfungen zu errichten oder Handwerksinnungen zu der Errichtung von Gesellenprüfungsausschüssen zu ermächtigen und die ordnungsmäßige Durchführung der Gesellenprüfungen zu überwachen,
7. Meisterprüfungsordnungen für die einzelnen Handwerke zu erlassen und die Geschäfte des Meisterprüfungsausschusses zu führen,
8. die technische und betriebswirtschaftliche Fortbildung der Meister und Gesellen zur Erhaltung und Steigerung der Leistungsfähigkeit des Handwerks in Zusammenarbeit mit den Innungsverbänden zu fördern, die erforderlichen Einrichtungen hierfür zu schaffen oder zu unterstützen und zu diesem Zweck eine Gewerbeförderungsstelle zu unterhalten,
9. Sachverständige zur Erstattung von Gutachten über die Güte der von Handwerkern gelieferten Waren oder bewirkten Leistungen und über die Angemessenheit der Preise zu bestellen und zu vereidigen,
10. die wirtschaftlichen Interessen des Handwerks und die ihnen dienenden Einrichtungen, insbesondere das Genossenschaftswesen zu fördern,

11. Vermittlungsstellen zur Beilegung von Streitigkeiten zwischen selbständigen Handwerkern und ihren Auftraggebern einzurichten,

12. Ursprungszeugnisse über in Handwerksbetrieben gefertigte Erzeugnisse und andere dem Wirtschaftsverkehr dienende Bescheinigungen auszustellen, soweit nicht Rechtsvorschriften diese Aufgaben anderen Stellen zuweisen,

13. Maßnahmen zur Unterstützung notleidender Handwerker und Gesellen zu treffen oder zu unterstützen.

Handwerkskammer Flensburg
2390 Flensburg, Johanniskirchhof 1-7; F (04 61) 1 75 73
Präsident: Walter Keßler
Hauptgeschäftsführer: Dipl-Volksw Jürgen Schriewer
Kammerbezirk: Kreise Schleswig-Flensburg, Rendsburg-Eckernförde, Nordfriesland und Dithmarschen, Stadt Flensburg

Handwerkskammer Lübeck
2400 Lübeck, Breite Str 10-12; F (04 51) 7 17 41-44
Präsident: Nikolaus Lang
Hauptgeschäftsführer: Peter Kober
Kammerbezirk: Städte Lübeck, Kiel, Neumünster; Kreise Herzogtum Lauenburg, Ostholstein, Pinneberg, Plön, Segeberg, Steinburg und Stormarn

12 Sparkassen- und Giroverband für Schleswig-Holstein
— Körperschaft des öffentlichen Rechts —
2300 Kiel, Holstenstr 98; F (04 31) 9 00-1; Telex 292 625 sgvki
Präsident: Dr Jürgen Miethke
Verbandsdirektor: Wolfgang Stut

13 Landesbank Schleswig-Holstein — Girozentrale —
— Anstalt des öffentlichen Rechts —
2300 Kiel, Martensdamm 6; F (04 31) 9 00-1
Rechtsgrundlage und Aufgabenkreis:
§ 40 des Sparkassengesetzes für das Land Schleswig-Holstein in der Fassung vom 29. März 1971 (GVOBl Schl-H Seite 138) und Satzung der Landesbank Schleswig-Holstein Girozentrale.
Wahrnehmung bankmäßiger Geschäfte jeder Art.
Vorstand: Gerd Lausen (Vors), Dr Werner Heller, Peter Pahlke, Fritz Pätzold, Dr Rembert von Rehren, Friedrich-Wilhelm Stieper

14 Brandkasse — Provinzial — Versicherungsgruppe —
— Anstalt des öffentlichen Rechts —
2300 Kiel 1, Sophienblatt 33; F (04 31) 60 31
Aufgabenkreis:
Die Anstalt betreibt im Lande Schleswig-Holstein und in der Hansestadt Hamburg die Lebensversicherung sowie die Haftpflicht-, Unfall-, Kraftverkehrs- und Kraftverkehrs-Strafrechtsschutzversicherungen; sie schließt ferner für die Gemeinschaft des Deutschen Luftpools alle Arten von Luftfahrtversicherungen ab, als Landesdirektion der ORAG Rechtsschutzversicherungs-Aktiengesellschaft Düsseldorf übernimmt die Anstalt alle Arten der Rechtsschutzversicherung.
Vorstand: Klaus R Uschkoreit Dir (Vors); Hans Georg Bergmann Dir; Joachim Rieder Dir; Franz Breindl Dir; Gerhard Schikalla Dir

VIII Der Minister für Ernährung, Landwirtschaft und Forsten

des Landes Schleswig-Holstein

2300 Kiel, Düsternbrooker Weg 104-108 u Sophienblatt 12; F (04 31) 5 96-1 u 6 08-1; Telex 02-92 751

Aufgabenkreis:
Landwirtschaft, Ernährungswirtschaft, Verbesserung der Agrarstruktur, ländliche Siedlung und Flurbereinigung, Landschaftspflege, Forst- und Holzwirtschaft, Veterinärwesen, Wasserwirtschaft, Küstenschutz, Fischereiwesen, Abfallbeseitigung, Umweltschutz.

Minister: Günter Flessner

Parlamentarischer Vertreter des Ministers: Heinz-Wilhelm Fölster Landwirt

Amtschef: Dr Sönke Traulsen Staatssekretär

Abt VIII 1 Allgemeine Abteilung
Leiter: Dr Wilfried Brandt MinDirig

Ref VIII 100: **Büroleitender Beamter, Automation** Sick RR
Ref VIII 110: **Personalangelegenheiten, Organisation** Otten RR
Ref VIII 120: **Leitender Justitiar; Bundesrats-, Bundestags- und Kabinettsangelegenheiten** Dr Johannsen MinR
Ref VIII 130: **Koordinierung der Gemeinschaftsaufgabe „Verbesserung der Agrarstruktur und des Küstenschutzes", generelle Fragen der EG** Kummer RLandwDir
Ref VIII 140: **Planungsbeauftragter, Landtagsverbindungsreferent, Koordinierung der Raumordnungs- und Landesplanung** Rusch RDir
Ref VIII 150: **Beauftragter für den Haushalt** Dr Kleiner MinR
Ref VIII 151: **Haushalts-, Kassen- u Rechnungswesen** Petersen OAR
Ref VIII 152: **Prüfungen im Rahmen von Förderungsprogrammen, Vorprüfung des Bundeshaushalts** Dipl-Kfm Worm
Ref VIII 160: **Agrar- und Ernährungsstatistik** Dr Burchardi RLandwDir
Ref VIII 170: **Presseangelegenheiten, Öffentlichkeitsarbeit** Rabius ORLandwR
Ref VIII 171: **Vorbereitung und Koordinierung von Reden, Schriftenreihe der Landesregierung, Sonderveranstaltungen** Dr Beyer RLandwR z A
Ref VIII 180: **Katastrophen- und Zivilschutz** Rusch RDir

Abt VIII 2 Abteilung Wasserwirtschaft
Leiter: Prof Dr-Ing Fritz Zitscher MinDirig

Ref VIII 200: **Generelle Fragen der Wasserwirtschaft, Finanzierung wasserwirtschaftlicher Maßnahmen, Ölalarmplan** Kesting MinR
Ref VIII 210: **Wasserrecht, Gesetzgebung und Verordnung** Kollmann RDir
Ref VIII 211: **Planfeststellungsverfahren, Bewilligungs- und Erlaubnisverfahren im Wasserrecht, Wasserverbandsrecht** Naucke RDir
Ref VIII 212: **Gemeingebrauch an Gewässern, Sondernutzungen** Bolz RDir
Ref VIII 220: **Küstenschutz, Fachnormenausschuß Wasserwesen** Scherenberg MinR
Ref VIII 230: **Vorflutregelung, Hydrologie** Dr Gäbler RBauDir
Ref VIII 240: **Abfallbeseitigung** Ernst RBauDir
Ref VIII 241: **Abwasserbeseitigung, Wasserversorgung** Jürgensen RBauR
Ref VIII 242: **Wasserhaushalt, Gewässernutzung, Gewässerschutz** Schell RBauDir

Abt VIII 3 Abteilung Agrarstruktur
Leiter: Brar Roeloffs MinDirig

Ref VIII 300: **Bauliche Maßnahmen, Aussiedlungen, generelle Fragen der einzelbetrieblichen Förderung** Dr Petersen MinR
Ref VIII 310: **Rechtsangelegenheiten der Abteilung, Grundstücks- u Höferecht** Dr Herzog RDir
Ref VIII 320: **Ländliche Siedlung, Finanzierung der Flurbereinigung und des Wirtschaftswegebaues** Hauschild MinR
Ref VIII 330: **Landwirtschaftliche Betriebswirtschaft, einzelbetriebliche Förderung** Dr Lautzas RLandwDir
Ref VIII 340: **Programm Nord, Dorferneuerung, Agrarstrukturelle Rahmen- und Vorplanung** von Reinersdorff MinR
Ref VIII 350: **Generelle Fragen und Gesamtplanung der Flurbereinigung** Schöne-Warnefeld MinR
Ref VIII 351: **Flurbereinigungsverwaltung, Prüfung von Flurbereinigungs- und Zusammenlegungsplänen** Schöne-Warnefeld MinR
Ref VIII 360: **Spruchstelle für Flurbereinigung, Kleingartenwesen** Strehk RDir
Ref VIII 370: **Erarbeitung von Grundlagen für die Entwicklung der Agrarstruktur** Dr Kahlert RLandwDir

Abt VIII 4 Abteilung Landwirtschaft
Leiter: Dr Reinhard von Spreckelsen MinDirig

Ref VIII 400: **Pflanzenbau, Gartenbau, Landtechnik** Rickert RLandwDir
Ref VIII 410: **Bildung und Ausbildung, Schulaufsicht, Hochschulwesen** Dr Klipphahn MinR
Ref VIII 411: **Betriebshilfedienste, landwirtschaftliche Sozialpolitik** Schmidt RVwDir

Ref VIII 420: **Baumaßnahmen in der Tierproduktion** Dr Janßen RLandwDir
Ref VIII 430: **Tierische Erzeugung, Tierzucht** Dr Tode MinR
Ref VIII 440: **Leitender Veterinärbeamter, Fragen des Veterinärwesens, tierärztliches Berufsrecht** Dr Amelung MinR
Ref VIII 441: **Tierseuchenbekämpfung, Ein-, Durch- u Ausfuhr lebender Tiere und tierischer Teile** Dr Hoppe RVetDir
Ref VIII 442: **Tierärztliche Aufgaben im Katastrophenschutz, Tierschutz, Viehseuchenfonds** Dr Merkel RVetDir
Ref VIII 443: **Verkehr mit Lebensmitteln tierischer Herkunft, Tierarzneimittelwesen** Dr Dilbat RVetDir
Ref VIII 444: **Tierkörperbeseitigung, Schlachttier- und Fleischbeschau** Dr Günther RVetDir
Ref VIII 450: **Fischproduktion, Fischereischutz, Fischereiaufsicht, Steuern** Böttger MinR
Ref VIII 460: **Pflanzenschutz, Leiter des Pflanzenschutzamtes des Landes Schl-Holst** Schmidt Dir des Pflanzenschutzamtes
Ref VIII 470: **Rechtsangelegenheiten der Abteilung** Rusch RDir

Abt VIII 5 Abteilung Ernährungswirtschaft
Leiter: Dr Heinrich Hausberg MinDirig

Ref VIII 500: **Koordinierung der Marktstrukturmaßnahmen, ernährungswirtschaftliche Förderungsmaßnahmen, Rechtsangelegenheiten** Tresselt MinR
Ref VIII 510: **Große Hochseefischerei, Fischwirtschaft, Vermarktung, Be- und Verarbeitung** Böttger RDir
Ref VIII 520: **Wirtschaftsförderung; innerdeutsche Wirtschaftsbeziehungen, Außenhandel, Zivilverteidigung, Ernährungssicherstellung** Schöffel RVwDir
Ref VIII 530: **Vieh-, Fleisch-, Eier- u Geflügelwirtschaft** Ludloff RLandwDir
Ref VIII 540: **Milchwirtschaft, zugleich Leiter der Überwachungsstelle für Milcherzeugnisse u Handelsklassen** Muus MinR
Ref VIII 550: **Getreide- u Futtermittelwirtschaft, pflanzliche Fette, amtliche Futtermittelkontrolle** Drewing RLandwDir
Ref VIII 560: **Zucker-, Kartoffel-, Stärke-, Obst-, und Gemüsewirtschaft, Brennerei-, Spirituosen- und Getränkewirtschaft** Dr Temme RLandwR z A
Ref VIII 570: **Verbraucher- und Ernährungsfragen, Koordinierung der Ernährungsberatung, Ernährungsberatung** Stechert Angestellte
Ref VIII 580: **Qualitäts- und Absatzförderung, Werbungen, Messen und Ausstellungen** Roggenbau RLandwDir

Abt VIII 6 Abteilung Forstwirtschaft
Leiter: Dr Georg Volquardts MinDirig (Landesforstmeister)

Ref VIII 600: **Mitwirkung in Haushalts- und Organisationsangelegenheiten, forstliches Berufs- und Versuchswesen, Waldbau** Eggert MinR
Ref VIII 601: **Forsteinrichtung, Standortkunde, Forsterschließung** Boucsein FoR z A
Ref VIII 610: **Mitwirkung in Personalangelegenheiten, Walderhaltung und -fortbildung, forstwirtschaftliche Förderungsprogramme und Zusammenschlüsse, Mitwirkung bei der Öffentlichkeitsarbeit** Emeis OFoR
Ref VIII 611: **Grundstücksverkehr und Gebäudeverwaltung, Entschädigungsfragen** Friedrichsdorf FoR z A
Ref VIII 620: **Waldfunktionspläne, raumbezogene Planungen** von Freier RDir
Ref VIII 630: **Waldarbeiterwesen, oberste Jagdbehörde, Forsttechnik, Holzmarkt** von Eichel-Streiber OFoR
Ref VIII 640: **Rechtsangelegenheiten der Abteilung und der Forstämter** Dr Johannsen MinR

Abt VIII 7 Abteilung Umweltschutz und Landschaftspflege
Leiter: Dr Conrad MinR

Ref VIII 700: **Rechts- und Organisationsangelegenheiten der Abteilung und der oberen Landschaftspflege, Recht der Naturnutzung, des Naturschutzes und der Landschaftspflege** Carlsen MinR
Ref VIII 710: **Generelle Fragen und Planungen des Umweltschutzes, Umweltministerkonferenz der Länder, Umweltschutzkonferenz Norddeutschland, Recht der Umweltchemikalien, Koordinierung umweltbedeutsamer Vorschriften, Bundesrats- und Bundestagsvorlagen** NN
Ref VIII 720: **Mitwirkung bei Fachplänen und landschaftspflegerischen Begleitplänen für Straßenbau, Küstenschutz, Wasserwirtschaft und Agrarstruktur, Eingriffe in Natur und Landschaft, Landschaftspflege** Dr Clauß RLandwir
Ref VIII 730: **Mitwirkung bei Fachplänen und landschaftspflegerischen Begleitplänen bei der Abfallbeseitigung und Anlagen nach dem Bundesimmissionsschutzgesetz, Umweltdokumentation und -bericht** Dr Boysen RLandwDir
Ref VIII 740: **Natur- und Landschaftsschutzgebiete, Naturparke, Artenschutz, Tiergehege** Dr Lux MinR
Ref VIII 750: **Landschaftsplanung, Landschaftsrahmenplanung, Stellungnahmen zu Bauleitplänen der Gemeinden der Planungsräume I, II und III (teilweise), Erholungs-, Zelt- und Campingwesen, Sportboothäfen, Koordinierung der Stel-

lungnahmen zu Raumordnungs- und Kreisentwicklungsplänen Scharrel RLandwDir
Ref VIII 751: **Landschaftsplanung, Landschaftsrahmenplanung, Stellungnahmen zu Bauleitplänen der Gemeinden der Planungsräume III (teilw), IV und V** Stellet RBauR z A

Zum Geschäftsbereich des Ministeriums für Ernährung, Landwirtschaft u Forsten gehören:

1 Veterinäruntersuchungsamt

Schleswig-Holstein

2350 Neumünster, Max-Eyth-Str 5; F (0 43 21) 50 17

Aufgabenkreis:
Das Aufgabengebiet des Veterinäruntersuchungsamtes, daß eine Landesoberbehörde ist, umfaßt vor allem diagnostische Untersuchungen bakteriologischer, virologischer, hämatologischer, serologischer und histologischer Art im Rahmen der staatlichen Bekämpfung von Tierkrankheiten, der amtlichen Schlachttier- und Fleischbeschau, der staatlichen tierärztlichen Lebensmittel- und Futtermittelüberwachung einschließlich der amtlichen Milchkontrolle und Tierarzneimittelüberwachung.

Leiter: Dr Theodor Zimmermann LtdRDir

Pathologische Anatomie, diagnostische Bakteriologie bzw Parasitologie Dr Nebel ORVetR

Serologie, Hämatologie, Lebensmittelbakteriologie u Futtermitteluntersuchungen Dr Jentzen RVetR

Diagnostische Virologie Dr Steinhagen RVetDir

Fleisch- u Milchhygiene Dr Rieve RVetR

Allgemeine Lebensmittelhygienische Untersuchungen Dr Schulze RVetR

Lebensmittelanalyse u Rückstandsanalytik Graebner ChemieR

Tierarzneimittelüberwachung Dr Wriedt ORVetR

2 Fischereiamt

Schleswig-Holstein

2300 Kiel, Wischhofstr 1-3; F (04 31) 72 30 85/86

Staatsrechtliche Grundlage u Aufgabenkreis:
Zu den Aufgaben des Fischereiamtes, das nach der Landesverordnung vom 26. Januar 1968 (GVOBl Schl-H Seite 32) eine untere Landesbehörde im Sinne von § 7 Nr 3 LVwG ist, gehören u a:
Die Fischereiaufsicht in den schleswig-holsteinischen Küstengewässern; hierzu sind 6 Außenstellen des Fischereiamtes in Büsum, Heiligenhafen,

Husum, Kappeln, Kiel und Travemünde eingerichtet.
Die Durchführung des Fischereigesetzes, des Bundesfischgesetzes und die Erstellung von Gutachten in allen Fragen der Binnenfischerei sowie die Bearbeitung von Strafangelegenheiten auf dem Gebiete der Fischerei. Vergabe und Verwaltung von Landes- und Bundesfischereidarlehen.

Leiter: Dr Heinrich Hoffmeister RFischDir

Außenstellen

2242 Büsum, Wilhelm Külper Str 29; F (0 48 34) 25 67
Leiter: Gerhard Korinth AI

2447 Heiligenhafen, Emanuel Geibel Weg; F (0 43 62) 82 09
Leiter: Friedrich Ulrich FischHptSekr

2250 Husum, Norderheverstr 5; F (0 48 41) 34 23
Leiter: Manfred Radloff AI

2340 Kappeln/Schlei, Kiekut 21; F (0 46 42) 21 09
Leiter: Olaf Grunau FischHptSekr

2300 Kiel, Wischhofstr 1-3; F (04 31) 72 30 85
Leiter: Reinhold Joppien FischSekr

2407 Lübeck-Travemünde, Fischereihafen; F (0 45 02) 25 67
Leiter: Knuth Fischer FischSekr

3 Landesamt für Wasserhaushalt und Küsten

Schleswig-Holstein

2300 Kiel, Saarbrückenstr 38; F (04 31) 6 60 98; Telex 02-92 751

Staatsrechtliche Grundlage u Aufgabenkreis:
Errichtet durch Landesverordnung vom 23. Juli 1970 mit Wirkung vom 1. Juni 1970 als Landesoberbehörde (GVOBl Schl-H Seite 212), geändert durch Landesverordnung vom 31. Mai 1978 (GVOBl Schl-H Seite 164). Siehe hierzu auch Organisationserlaß vom 22. März 1971 (Amtsbl Schl-H Seite 271) u vom 8. Mai 1972 (Amtsbl Schl-H Seite 377).
Das Landesamt ist zuständig für die Erarbeitung der technischen und naturwissenschaftlichen Grundlagen für 1. die Ordnung des Wasserhaushaltes, 2. das Küsteningenieurwesen, 3. die Abfallwirtschaft.

Leiter: Dipl-Ing Peter Petersen RBauDir
Vertreter: Dipl-Ing Uwe Carow RBauDir

Dez LW 100: **Büroleitender Beamter** Flohr RAmtm

Dez LW 200: **Wassermengenhaushalt der Kü-**

stengewässer, Datenverarbeitung Schulz-Kosel RBauDir

Dez LW 201: **Wassermengenhaushalt der Binnengewässer** Carow RBauDir

Dez LW 202: **Wassermengenhaushalt des Grundwassers** Dr Schekorr WissOR

Dez LW 203: **Eiderregulierung und Formänderung von Watten und Gezeitenrinnen** Dr-Ing Renger

Dez LW 300: **Gewässerüberwachung, Wasserwirtschaftliches Zentrallabor** Dr Brandt RChemDir

Dez LW 301: **Gewässerschutz** Dr Biernath-Wüpping RR

Dez LW 302: **Verfahrenstechnik** NN

4 Landesamt für Tierzucht

Schleswig-Holstein
2300 Kiel, Steenbeker Weg 151; F (04 31) 33 38 48

Staatsrechtliche Grundlage u Aufgabenkreis:
Das Landesamt wurde durch Gesetz vom 24. Februar 1973 (GVOBl Schl-H Seite 67) als Landesoberbehörde errichtet. Die Aufgaben bestehen insbesondere im Vollzug des Tierzuchtgesetzes einschließlich der dazu ergangenen Durchführungsverordnungen u Verwaltungsvorschriften, der Planung von Datenverarbeitungssystemen für die organisierte Tierzucht, der Durchführung von Leistungsprüfungen, der Zuchtwertschätzung und der Beratung.

Leiter: Dr Skalweit LtdRDir
Vertreter: Dr O-F Riggert RLandwDir

Abt 1 Allgemeine Verwaltung u EDV
Leiter: Dr O-F Riggert RLandwDir

Dez 10: **Verwaltungs-, Personal- u Haushaltsangelegenheiten** Dr Riggert RLandwDir

Dez 11: **EDV in der Tierzucht** Dr Riggert RLandwDir

Dez 12: **Programmierung u Datensicherung** Dr Bergmann RLandwR

Dez 13: **Zuchtwertschätzung** Dr Bergmann RLandwR

Abt 2 Zucht u Beratung
Leiter: G Gramann RLandwDir

Dez 20: **Vollzug des Tierzuchtgesetzes im Bereich der Pferdezucht** Gramann RLandwDir

Dez 21: **Vollzug des Tierzuchtgesetzes im Bereich der Rinderzucht** Dr Skalweit LtdRDir

Dez 22: **Vollzug des Tierzuchtgesetzes im Bereich der Schweinezucht** Schwabe ORLandwR

Dez 23: **Vollzug des Tierzuchtgesetzes im Bereich der Schafzucht** Dr Brodersen ORLandwR

Dez 24: **Förderung der Kleintierzucht** Dr Brandt ORLandwR

Dem Landesamt für Tierzucht Schleswig-Holstein nachgeordnet:

4.1 Außenstellen
des Landesamtes für Tierzucht Schleswig-Holstein

Aufgabenkreis:
Durchführung der Körungen von Bullen sowie die Überwachung der Vatertierhaltung innerhalb des jeweiligen Amtsbezirks.

Landesamt für Tierzucht — Außenstelle — 2400 Lübeck, Bei der Lohmühle 11 a; F (04 51) 4 32 63
Leiter: Dr D Skalweit RLandwDir
Amtsbezirk: Kreise Herzogtum Lauenburg, Stormarn, Segeberg, Ostholstein, Plön sowie die Kreisfreie Hansestadt Lübeck.

Landesamt für Tierzucht — Außenstelle — 2350 Neumünster, Rendsburger Str 22/24; F (0 43 21) 1 20 71
Leiter: Dr G Gätgens RLandwDir
Amtsbezirk: Kreise Pinneberg, Steinburg, Dithmarschen, Rendsburg-Eckernförde sowie die kreisfreien Städte Kiel u Neumünster.

5 Forstämter

Aufgabenkreis:
Bewirtschaftung der 43 900 ha umfassenden Landesforsten, forstliche und jagdliche Nutzung sowie Aufgaben des Erholungsverkehrs.

Staatliches Forstamt Barlohe
2371 Barlohe, Post Todenbüttel; F (0 48 75) 3 07
Leiter: Christian von Buchwaldt OFoR
Zum Amtsbezirk gehören: Die Staatlichen Förstereien Drage, Schenefeld, Mörel, Haale, Bargstedt sowie Christianslust

Staatliches Forstamt
2420 Eutin, Oldenburger Landstr; F (0 45 21) 21 96
Leiter: Dr Lüdemann FoDir
Zum Amtsbezirk gehören: Die Staatlichen Förstereien Kellinhusen, Scharbeutz, Wüstenfelde, Malente, Neudorf u Liensfeld

Staatliches Forstamt Flensburg
2392 Glücksburg (Ostsee); F (0 46 31) 5 42
Leiter: Karl-Jochen Rave OFoR
Zum Amtsbezirk gehören: Die Staatlichen Förstereien Handewitt, Glücksburg, Langenberg, Süderlügum u Wallsbüll

Staatliches Forstamt Neumünster
2351 Großkummerfeld, An der Papiermühle;
F (0 43 21) 7 72 22
Leiter: Heinrich Wilhelm Barfod FoDir
Zum Amtsbezirk gehören: Die Staatlichen Förstereien Daldorf, Rickling, Braak, Friedrichswalde, Iloo u Bordesholm

Staatliches Forstamt Rantzau
2201 Bullenkuhlen; F (0 41 23) 24 42
Leiter: Hans-Albrecht Hewicker FoR
Zum Amtsbezirk gehören: Die Staatlichen Förstereien Hasloh, Tangstedt, Kummerfeld, Großendorf in Barmstedt, Hasselbusch in Mönkloh, Schierenwald in Lockstedt
mit
Kontrollstelle für forstliches Saat- und Pflanzgut des Landes Schleswig-Holstein
2084 Rellingen
Leiter: Möhler FoOAR

Staatliches Forstamt
2067 Reinfeld (Holstein); F (0 45 33) 15 01
Leiter: Werner von Eichel-Streiber OFoR
Zum Amtsbezirk gehören: Die Staatlichen Förstereien Sattenfelde, Fohlenkoppel in Reinfeld, Schwartau, Ahrensbök, Westerrade u Pansdorf

Staatliches Forstamt
2370 Rendsburg, Adolf-Steckel-Str 22;
F (0 43 31) 2 27 65
Leiter: Max von Arnim FoDir
Zum Amtsbezirk gehören: Die Staatlichen Förstereien Sehestedt, Hütten, Lohe, Kropp, Elsdorf u Sören

Staatliches Forstamt
2380 Schleswig, Flensburger Str 13; F (0 46 21) 2 55 92
Leiter: Peter Loets FoDir
Zum Amtsbezirk gehören: Die Staatlichen Förstereien Langenhöft, Idstedtwege, Satrup, Drelsdorf sowie Tiergarten in Schleswig

Staatliches Forstamt Segeberg
2362 Wahlstedt-Glashütte; F (0 43 20) 10 31
Leiter: Harry Jänike FoDir
Zum Amtsbezirk gehören: Die Staatlichen Förstereien Winsen, Bockhorn, Buchholz, Glashütte, Heidmühlen u Wittenborn

Staatliches Forstamt
2077 Trittau; F (0 41 54) 22 34
Leiter: Bernd Friz OFoR
Zum Amtsbezirk gehören: Die Staatlichen Förstereien Hohenfelde, Hahnheide, Lütjensee, Beimoor sowie Reinbek

Kommunal- und Privatforstämter

Stadtforstamt Lübeck
2400 Lübeck, Fischstr 1; F (04 51) 12-2 82 00
Leiter: Herbert Gross FoOR

Amt für Kreisforsten
2418 Ratzeburg, Barlachstr 2; F (0 45 41) 1 24 85 u 1 24 89
Leiter: Dr Gerhard Riehl FoDir

Fürstlich von Bismarcksche Forstverwaltung
2055 Friedrichsruh, Bez Hamburg; F Aumühle (0 41 04) 30 03 u 30 13
Leiter: Dr Lutz Fähser Privater FoDir

Herzoglich Oldenburgische Forstverwaltung Güldenstein
2432 Güldenstein; F (0 43 63) 13 21
Leiter: Andreas Mylius FoR

Graf von Westphalen's sches Forstamt
4791 Fürstenberg; F (0 29 53) 7 08
Leiter: Dr Helmut Meyer FoDir

6 Pflanzenschutzamt

Schleswig-Holstein
2300 Kiel, Westring 383; F (04 31) 56 20 15/16

Staatsrechtliche Grundlage:
Aufgrund eines Kabinettbeschlusses vom 1. April 1955 wurden die Aufgaben des Pflanzenschutzamtes von der Landwirtschaftskammer Schleswig-Holstein übernommen.
Aufgabenkreis:
Dem Pflanzenschutzamt, einer Landesoberbehörde, obliegt mit den in Heide, Husum, Kappeln, Kiel, Lübeck und Rellingen gelegenen Abteilungen Pflanzenschutz der Ämter für Land- und Wasserwirtschaft (untere Landesbehörden) die Durchführung des Pflanzenschutzgesetzes. Dabei nehmen Beratung, Versuche und Untersuchungen einen bedeutenden Anteil der Arbeitskapazität ein.

Direktor des Pflanzenschutzamtes: Dr Hans Schmidt
Vertreter: Dr Christian Bauers RLandwDir

Prüfung von Pflanzenbehandlungsmitteln, Versuchswesen, Virustest an Kartoffeln Dr Bauers RLandwDir

Pflanzenbeschau, Anwendungsverbote u -beschränkungen. Bisambekämpfung Dr Büring WissAng

Phytosanitäre Einzel- und Reihenuntersuchungen, Meldedienst, Holzschutz Dr Rudnick ORLandwR

Rückstandsuntersuchungen Dr Rexilius WissAng

7 Überwachungsstelle für Milcherzeugnisse und Handelsklassen

2300 Kiel, Ringstr 19/21; F (04 31) 60 81

Staatsrechtliche Grundlage und Aufgabenkreis:
Landesverordnung vom 15. April 1971 — GVOBl Schl-H Nr 10/1971 Seite 203 —
Der Überwachungsstelle, einer unteren Landesbehörde, obliegen die Überwachung und Durchführung der gesetzlichen Vorschriften auf dem Gebiete der Milchwirtschaft und des Handelsklassengesetzes.

Leiter: Jürgen Muus MinR
Vertreter: Jens Gloyer RLandwDir

8 Ämter für Land- und Wasserwirtschaft

Staatsrechtliche Grundlage u Aufgabenkreis:
Die Ämter für Land- u Wasserwirtschaft wurden durch das Gesetz einer Neuordnung der landwirtschaftlichen Staats- und Selbstverwaltung vom 24. Februar 1973 (GVOBl Schl-H Seite 67) als untere Landesbehörden zur Durchführung der staatlichen u landwirtschaftlichen Verwaltung errichtet. Ihre Aufgaben sind insbesondere:
Planung und Durchführung überbetrieblicher Vorhaben zur Verbesserung der Agrarstruktur und zur Entwicklung des ländlichen Raumes, Durchführung von Förderungsmaßnahmen für Einzelbetriebe und deren Zusammenschlüsse, Schutz der Küsten gegen Hochwasser und Sturmfluten, Ausbau und Unterhaltung der Wasserläufe des Landes, Wasserversorgung, Abwässerbeseitigung und Abfallbeseitigung, Überwachung des Verkehrs mit landwirtschaftlichen Grundstücken, Wahrnehmung der Befugnisse nach dem Landeswaldgesetz und entsprechenden Vorschriften, Durchführung des amtlichen Pflanzenschutzes.
Die Ämter für Land- u Wasserwirtschaft sind gegliedert in die Abteilungen Wasserwirtschaft, Flurbereinigung, Landwirtschaft u Pflanzenschutz.

Amt für Land- und Wasserwirtschaft
2240 Heide, Berliner Str 19; F (04 81) 92-1
Leiter: Dr Tarnow LtdRDir
Amtsbezirk: Kreis Dithmarschen

Amt für Land- und Wasserwirtschaft
2250 Husum, Herzog-Adolf-Str 1; F (0 48 41) 20 83; Telex 028 512
Leiter: Schettler LtdRDir
Amtsbezirk: Kreis Nordfriesland

Amt für Land- und Wasserwirtschaft
2210 Itzehoe, Breitenburger Str 37 a; F (0 48 21) 50 66/7/8; Telex 28 226 alwitz d
Leiter: Grüttner LtdRBauDir
Amtsbezirk: Kreise Pinneberg, Segeberg, Steinburg und kreisfreie Stadt Neumünster

Amt für Land- und Wasserwirtschaft Kiel
2300 Kiel 1, Sophienblatt 50 a, Postfach 2980; F (04 31) 6 08-1
Leiter: Dr Gerd Osterkamp LtdRDir
Amtsbezirk: Kreise Plön, Rendsburg-Eckernförde und Landeshauptstadt Kiel

Amt für Land- und Wasserwirtschaft
2400 Lübeck, Am Bahnhof 12/14 (Handelshof); F (04 51) 8 85-1
Leiter: Affeldt LtdRDir
Amtsbezirk: Kreise Herzogtum Lauenburg, Ostholstein, Stormarn und Hansestadt Lübeck

Amt für Land- und Wasserwirtschaft
2390 Flensburg, Schiffsbrücke 66; F (04 61) 8 04-1
Leiter: Gerdes LtdRBauDir
Amtsbezirk: Kreis Schleswig-Flensburg und kreisfreie Stadt Flensburg

9 Landesamt für Naturschutz und Landschaftspflege

Schleswig-Holstein
2300 Kiel 14, Hansaring 1; F (04 31) 71 10 69

Staatsrechtliche Grundlage u Aufgabenkreis:
Das Landesamt wurde nach der Landesverordnung vom 22. Mai 1973 (GVOBl Schl-H Seite 223) als Landesoberbehörde errichtet. Ihm obliegen die Wahrnehmung der ihm durch § 56 Abs 2 des Landschaftspflegegesetzes vom 16. April 1973 (GVOBl Schl-H Seite 122) übertragenen Aufgaben, insbesondere die Erstellung von landschaftsökologischen Gutachten als Grundlage und Entscheidungshilfe für die Aufstellung von Landschaftsrahmenplänen und Landschaftsplänen, für die Ausweisung oder Sicherung von Naturschutz- und Landschaftsschutzgebieten, für die Beurteilung von Eingriffen in den Naturhaushalt und für einzelne Maßnahmen des Naturschutzes und der Landschaftspflege; die Erstellung von Gutachten für den Arten- und Biotopschutz und die Dokumentation über alle Probleme und Maßnahmen des Naturschutzes und der Landschaftspflege.

Leiter: Horst-Ekkehart Höhne LtdFoDir
Vertreter: Dr Arnd Rüger WissDir

Dez LN 10: **Allgemeine Verwaltung** Krieger ROI
Dez LN 20: **Verwaltungsgerichtliches Vorverfahren** Höhne LtdFoDir

Ref LN 30: **Tierökologie, Tierartenschutz** Dr Rüger WissDir
Dez LN 40: **Pflanzenökologie, Pflanzenarten-schutz** Dr Eigner ORR
Dez LN 50: **Landschaftsökologie, Landschaftspflege** Becker-Birck ORLandwR
Dez LN 60: **Landschaftsökologie, Landschaftsinformation** Mehl WissAng

10 Staatliche Vogelschutzwarte

Schleswig-Holstein

2300 Kiel, Olshausenstr 40-60 (Neue Universität);
F (04 31) 8 80 45 02/03
Aufgabenkreis:
Wissenschaftliche Grundlagen des Vogelschutzes
Leiter: Prof Dr Wolfhart Schultz

Der Rechtsaufsicht des Ministers für Ernährung, Landwirtschaft und Forsten unterstehen:

11 Landwirtschaftskammer Schleswig-Holstein

— Körperschaft des öffentlichen Rechts —
2300 Kiel, Holstenstr 106-108; F (04 31) 9 92-1

Rechtsgrundlage und Aufgabenkreis:
Durch das Gesetz über die Landwirtschaftskammer Schleswig-Holstein in der Fassung vom 9. März 1973 (GVOBl Seite 72) wurde in Schleswig-Holstein als Vertretung der Landwirtschaft und der Fischerei eine Landwirtschaftskammer errichtet. Sie ist eine Körperschaft des öffentlichen Rechts und hat ihren Sitz in Kiel.
Die Landwirtschaftskammer hat die Aufgabe, die Landwirtschaft und die Fischerei und die in ihnen Berufstätigen fachlich zu fördern und zu betreuen. Insbesondere hat sie auf diesen Gebieten
1. die Erzeugung durch geeignete Maßnahmen und Einrichtungen zu verbessern, bei der Verwertung der landwirtschaftlichen Erzeugnisse und der Regelung des Absatzes zu beraten sowie bei der Preisnotierung an Produktenbörsen und Märkte mitzuwirken,
2. die praktische Berufsausbildung und Berufsfortbildung zu regeln und die fachschulmäßige Aus- und Fortbildung sowie die Wirtschaftsberatung, soweit sie nicht von der Landwirtschaftskammer durchgeführt wird, zu fördern,
3. den freiwilligen Zusammenschluß zu Vereinigungen, die den zu Nummer 1 und 2 genannten Zwecken dienen, zu fördern,
4. gutachtlich bei den Aufgaben der Landeskultur und Landentwicklung mitzuwirken,
5. für Behörden und Gerichte Gutachten zu erstatten, Beisitzer für die Landwirtschaftsgerichte und Mitglieder für Schiedsgerichte vor-

zuschlagen sowie geeignete Personen als landwirtschaftliche Sachverständige anzuerkennen und zu vereidigen,
6. den Angehörigen der Landwirtschaft und der Fischerei Rechtsberatung zu gewähren,
7. alle in der Landwirtschaft Arbeitenden fachlich zu betreuen, wirtschaftliche Maßnahmen zur Verbesserung und Erleichterung der Arbeit in der Landwirtschaft zu treffen und zu fördern und
8. die Entwicklung der landwirtschaftlichen Technik und des landwirtschaftlichen Bauwesens zu fördern.

Präsident: Graf zu Rantzau
Kammerdirektor: Dr Kurt Zühlke

Rechtswesen Schmidt stellv Dir; **Personalverwaltung** Harmsen OAR; **Finanz- und Vermögensverwaltung** Struve OLandwR; **Öffentlichkeitsarbeit** Dipl-Landw v Gevenich; **Rechnungsprüfungsstelle** Drückhammer AR

Abteilungen:
Allgemeine Agrarwirtschaft Dr Cnotka LandwDir; **Acker- u Pflanzenbau** Brandenburger LandwDir; **Tierische Produktion** Rutzen LtdLandwDir; **Gartenbau** Opitz OLandwR; **Forst** Christiansen LtdFoDir; **Landtechnik u landwirtschaftliches Bauwesen** Dr Traulsen OLandwR; **Landeskultur u Agrarstruktur** Joh Peters LtdLandwDir; **Fischerei** Ruoff LandwDir; **Landwirtschaftliches Schul- u Ausbildungswesen** Dr Ziesemer LtdLandwDir; **Betriebswirtschaft und Beratung** Dipl-Landw Dr Hildebrandt; **Landarbeit** Hinrich Peters LtdLandwDir; **Landfrauenberatung** Jäger LandwDirektorin; **Absatzförderung** Vageler LandwDir

12 Tierärztekammer Schleswig-Holstein

— Körperschaft des öffentlichen Rechts —
2240 Heide, Hans-Böckler-Str 23; F (04 81) 55 42

Rechtsgrundlage und Aufgabenkreis:
Durch Gesetz über die Tierärztekammer Schleswig-Holstein in der Fassung vom 7. März 1978 (GVOBl Seite 103) wurde in Schleswig-Holstein eine Tierärztekammer als Körperschaft des öffentlichen Rechts errichtet. Ihr Wirkungsbereich erstreckt sich auf alle Tierärzte, die in Schleswig-Holstein ihren Beruf als Tierarzt ausüben oder, falls sie ihren Beruf als Tierarzt nicht ausüben, ihren Wohnsitz haben, es sei denn, daß sie durch eine andere Tierärztekammer oder eine entsprechende Einrichtung im Bundesgebiet bereits erfaßt sind.
Die Tierärztekammer hat das Recht und die Pflicht,

1. an der Erhaltung einer sittlich und wissenschaftlich hochstehenden Tierärzteschaft mitzuwirken;
2. die zuständigen Behörden bei der Erfüllung ihrer Aufgaben auf dem Gebiete der Tierheilkunde zu unterstützen, zu Gesetz- und Verordnungsentwürfen Stellung zu nehmen und in allen den Tierarztberuf und die Tierheilkunde betreffenden Fragen Vorschläge zu unterbreiten und Gutachten zu erstatten;
3. die Berufspflichten der Tierärzte in einer Berufsordnung und die Weiterbildung der Tierärzte in einer Weiterbildungsordnung zu regeln und die Erfüllung der Berufspflichten der Tierärzte zu überwachen;
4. die beruflichen Belange der Tierärzte wahrzunehmen;
5. auf ein gedeihliches Verhältnis der Tierärzte untereinander und der Tierärzte zu Dritten hinzuwirken.

Präsident: Dr Werner Maaß
Geschäftsführer: NN

13 Landesverband der Landeskulturverbände

— Körperschaft des öffentlichen Rechts —
2300 Kiel, Holstenstr 108; F (04 31) 99 21

Vorsitzender: Peter Nissen
Geschäftsführer: Johs Peters LtdLandwDir

14 Schleswig-Holsteinische Landschaft

— Körperschaft des öffentlichen Rechts —
2300 Kiel, Martensdamm 2; F (04 31) 9 96-1;
Telex 02 92 415 lands d
Generallandschaftsdirektor: Dr Harro Grotsch
Generallandschaftssyndikus: Rainer von Bülow

15 Eiderverband

— Körperschaft des öffentlichen Rechts —
2370 Rendsburg, Lornsenstr 1; F (0 43 31) 7 23 22
Vorsitzender: NN

16 Stiftung Naturschutz Schleswig-Holstein

— Stiftung des öffentlichen Rechts —
2300 Kiel, Düsternbrooker Weg 104; F (04 31) 5 96-1
Vorsitzender: NN

IX Der Sozialminister
des Landes Schleswig-Holstein

2300 Kiel 1, Brunswiker Str 16-22; F (04 31) 59 61

Aufgabenkreis:
Zum Geschäftsbereich des Sozialministers gehören die Aufgabengebiete:
Öffentliches Gesundheitswesen,
Grundsatzfragen des Umweltschutzes,
Sozialhilfe, Kriegsopferfürsorge und Wohlfahrtswesen,
Vertriebene, Flüchtlinge und ehemalige politische Häftlinge,
Kriegsopferversorgung,
Arbeitswesen einschließlich Gewerbeaufsicht,
Familienpolitik,
Freizeit und Erholung.

Minister: Prof Dr Walter Braun

Parlamentarische Vertreterin des Ministers und Parlamentarische Staatssekretärin für Familie und soziale Verbände: Annemarie Schuster MdL

Persönlicher Referent des Ministers: Schloer ORR

Amtschef: Dr Fritz Beske Staatssekretär

Ständiger Vertreter des Amtschefs: Ciszewski MinDirig

Dem Parlamentarischen Vertreter des Ministers unmittelbar unterstellt:

Ref PSt B: **Büro, Koordinierung** Buhs AR
Ref PSt 100: **Frauenpolitik** Falkenstein Angestellte
Ref PSt 200: **Familienpolitik** Brunkert MinR

Abt IX 1 — Allgemeine Abteilung —
Leiter: Ciszewski MinDirig

Ref IX 100: **Büroleitender Beamter des Ministeriums, Organisationsreferent** Lawrenz OAR

Ref IX 110: **Haushaltsreferent, Beauftragter für den Haushalt, Vorprüfungsstelle** Großer RR

Ref IX 120: **Personalreferent** Meyer-Bergatt MinR

Ref IX 130: **Grundsatzangelegenheiten der Planung, Planungsbeauftragter des Hauses** Wilhelmy MinR

Ref IX 140: **Justitiar, Bundesrats-, Landtags- u Kabinettsangelegenheiten, Europäische Gemeinschaften, Entwicklungshilfe** Qualen RDir

Ref IX 150: **Zivile Verteidigung u Katastrophenschutz, Ordensangelegenheiten** Hochhaus ORR

Abt IX 2 — Vertriebene, Arbeit und Sozialordnung —
Leiter: Fiedler MinDirig

Ref IX 200: **Allgemeine Angelegenheiten der Abteilung, Grundsatzfragen der Sozialversicherung, Krankenversicherung, Kassenarztrecht, Koordinierung von Rehabilitationsangelegenheiten, Arbeits- und Sozialministerkonferenz** Dr Kruse MinR

Ref IX 210: **Rentenversicherung, Unfallversicherung, Selbstverwaltungs- und Dienstrecht, Kindergeldrecht** Harfst ORR

Ref IX 220: **Berufliche Bildung, Jugendaufbauwerk Schl-H (JAW)** Dr Stritzel MinR

Ref IX 230: **Arbeitsrecht, Arbeitsgerichtsbarkeit (einschließlich Dienstaufsicht), Arbeitsmarktpolitik, Arbeitsverfassung** Schmidt-Wegmann MinR

Ref IX 240: **Kriegsopferversorgung** Frank MinR

Abt IX 2 LBVF Landesbeauftragter für Vertriebene und Flüchtlinge
Landesbeauftragter: Prof Schlee MinR

Ref IX 250: **Allgemeine Angelegenheiten der Vertriebenen und Flüchtlinge** Prof Schlee MinR

Ref IX 260: **Rechts- und Statusfragen der Vertriebenen, Flüchtlinge und politischen Häftlinge, ost- und mitteldeutsche Kulturpflege** Dr von Götz ORR

Ref IX 270: **Aufnahme u Eingliederung der Vertriebenen u Flüchtlinge** Schur Ang

Abt IX 3 — Gewerbeaufsicht —
Leiter: Dr Mumm MinDirig

Ref IX 300: **Allgemeine Angelegenheiten der Abteilung, Rechtsangelegenheiten der Gewerbeaufsicht, sozialer Arbeitsschutz** Mutke MinR

Ref IX 310: **Gewerbeaufsicht u Arbeitsschutz** Klingelhöfer MinR

Ref IX 320: **Spezieller Arbeitsschutz, Sprengstoffwesen** Janke RGwDir

Ref IX 330: **Immissionsschutz, Lärmabwehr** Gehrig MinR

Ref IX 340: **Strahlenschutz beim Umgang mit radioaktiven Stoffen u bei energiereicher Strahlung** Wendorff RDir

Referatsgruppe IX 35: **Sicherheit u Strahlenschutz in der Kerntechnik, Atomanlagen** Dr Backheuer MinR

Ref IX 350: **Projektübergreifende Verfahrensfragen, Koordination u Grundsatzfragen der atomrechtlichen Genehmigungs- u Aufsichtsverfahren** Dr Backheuer MinR

Ref IX 351: Rechtsangelegenheiten der atomrechtlichen Genehmigungs- u Aufsichtsverfahren Schattke ORR

Ref IX 352: Atomrechtliche Genehmigungs- u Aufsichtsverfahren für Kernkraftwerke Dr-Ing Kirsch Ang

Ref IX 353: Atomrechtliche Genehmigungs- u Aufsichtsverfahren für Kernkraftwerke, Objektschutz Wihlfahrt ORBauR

Ref IX 353 A: Atomrechtliche Genehmigungs- u Aufsichtsverfahren für Kernkraftwerke Kriespien ORGwR

Ref IX 354: Atomrechtliche Genehmigungs- u Aufsichtsverfahren für Kernkraftwerke, Forschungs-, Unterrichts- u Versuchsreaktoren Dr Wolter RDir

Ref IX 354 A: Atomrechtliche Genehmigungs- u Aufsichtsverfahren für Kernkraftwerke sowie Forschungs-, Unterrichts- u Versuchsreaktoren, KFÜ Dr Zöllner Ang

Ref IX 355: Wissenschaftlich-technische Grundsatzangelegenheiten der atomrechtlichen Genehmigungs- u Aufsichtsverfahren bei kerntechnischen Anlagen, Katastrophenschutz Dr Wirth RDir

Ref IX 356: Atomrechtliche Genehmigungs- u Aufsichtsverfahren für Kernkraftwerke Schmidt RGwR

Referatsgruppe IX 36: Arbeitsmedizin u Industriehygiene Dr Deubel MinR

Ref IX 360: Landesgewerbearzt, allgemeine u grundsätzliche Angelegenheiten der Arbeitsmedizin u Industriehygiene, Personalarzt Dr Deubel MinR

Ref IX 361: Landesgewerbearzt, ärztliche Fragen des Arbeitsschutzes, Personalarzt Dr Westphal MinR

Ref IX 362: Landesgewerbearzt, ärztliche Fragen des Arbeitsschutzes, Personalarzt Dr Beschorner MinR

Abt IX 4 — Gesundheitsabteilung —
Leiter: Dr Zur MinDirig

Ref IX 400: Allgemeine Angelegenheiten der Abteilung, Grundsatzfragen des Gesundheitsrechts, Mitwirkung in Fragen der Gesundheitspolitik Dr Frost MinR

Ref IX 410: Justitiar der Abteilung, Aufsicht über den Verwaltungsbereich der Landeskrankenhäuser Classen RDir

Ref IX 420: Volks- und betriebswirtschaftliche Angelegenheiten, Krankenhausfinanzierung, Pflegesätze der Krankenhäuser NN

Ref IX 430: Allgemeines Krankenhauswesen NN

Ref IX 440: Lebensmittel- und Giftwesen, Betäubungsmittelwesen, Amtliche Weinkontrolle, Fachaufsicht über chemische Untersuchungsämter Meister MinRätin

Ref IX 450: Koordinierung der Fachaufsicht über die Kreisgesundheitsbehörden, Kur- und Erholungsorte, Allgemeine Fragen des Gesundheitswesens, Landesprüfungsamt für Medizin und Pharmazie Dr Hübener RMedDirektorin

Ref IX 460: Apotheken- und Arzneimittelwesen, Gesundheitswesen im Zivilschutz, Abnahmebeauftragter für in Schl-H hergestelltes Sanitätsmaterial, Aufsicht über die Arzneimittelüberwachungsstelle Kress MinR

Ref IX 470: Seuchenhygiene, Verhütung und Bekämpfung übertragbarer Krankheiten, Umwelthygiene, Fachaufsicht über die Medizinaluntersuchungsämter und die Untersuchungsstelle für Umwelttoxikologie Dr Staack MinR

Ref IX 480: Psychiatrie und Psychohygiene, Aufsicht über den ärztlich-pflegerischen Bereich der Landeskrankenhäuser, Rauschmittelsuchtbekämpfung Dr Boroffka MinR

Ref IX 490 A: Notfallmedizin, Rettungswesen, medizinischer Strahlenschutz, Gesundheitserziehung, Gesundheitshilfe, medizinische Rehabilitation, medizinisch-gutachtliche Stellungnahmen zu Personalvorgängen Dr Waldvogel ORMedRätin

Ref IX 490 B: Berufe des Gesundheitswesens, Aufsicht über das Landesseminar für Krankenpflege NN

Abt IX 5 — Sozialabteilung —
Leiter: Dr Wolff MinDirig

Ref IX 500: Allgemeine Angelegenheiten der Abteilung, Grundsatzfragen des Sozialwesens, Koordinierung der Sozialplanung Görner MinR

Ref IX 510: Sozialhilfe, Kriegsopferfürsorge, Eingaben Seifert RDir

Ref IX 520: Familien- u Frauenfragen, ambulante soziale Dienste Lorenzen MinR

Ref IX 530: Rehabilitation NN

Ref IX 540: Kindergärten, soziale Berufe, Gefährdetenhilfe Scharff RDir

Ref IX 550: Altenhilfe, Heimangelegenheiten, Schwerbehindertenrecht Konze ORRätin

Ref IX 560: Grundsatzfragen der Entschädigung nach dem Bundesentschädigungsgesetz und Wiedergutmachung Peters Ang

Ausschüsse, Beiräte u sonstige Gremien, deren sich der Sozialminister bei Durchführung seiner Aufgaben bedient:

Rentenausschuß der Ausführungsbehörde für Unfallversicherung
Landesbeirat für das Jugendaufbauwerk
Tarifausschuß
Feststellungsausschüsse für Kriegsgefangenenentschädigung
Beschwerdeausschuß für Kriegsgefangenenentschädigung beim Landesversorgungsamt Schleswig-Holstein
Landesausschuß für Rehabilitation
Beratender Ausschuß beim Versorgungsamt Kiel (HHG)
Ausschuß für das Widerspruchverfahren beim Landesversorgungsamt Schleswig-Holstein (HHG)
Ausschuß für Jugendarbeitsschutz
Beirat für Vertriebenen- und Flüchtlingsfragen
Widerspruchsausschuß bei der Hauptfürsorgestelle
Beratender Ausschuß für Behinderte bei der Hauptfürsorgestelle
Beirat bei der Hauptfürsorgestelle in Angel der Kriegsopferfürsorge
Beirat „Sozial erfahrene Personen" (§ 114 Abs 1 BSHG)
Beirat „Sozial erfahrene Personen" (§ 114 Abs 2 BSHG)
Ausschuß „Beendigung der Inanspruchnahme von Rechten und Vergünstigungen" (§ 13-3 BVFG)
Ausschuß im Widerspruchsverfahren auf Anerkennung als SBZ-Flüchtling (§ 20-2 BVFG)
Ausschuß im Widerspruchsverfahren auf Anerkennung als politischer Häftling (§ 10 a HHG)
Familienpolitischer Beirat
Kommission für Frauenfragen

Dem Sozialministerium des Landes Schleswig-Holstein im Sinne von § 5 Abs 2 Landesverwaltungsgesetz zugeordnet:

1 Sozialminister des Landes Schleswig-Holstein
— Amt für Wohlfahrt und Sozialhilfe —

2300 Kiel, Brunswiker Str 16-22; F (04 31) 59 61
Leiter: Dr Wolff MinDirig
Vertreter: Görner MinR

Dez IX S 100: **Verwaltungsangelegenheiten, Koordinierung in grundsätzlichen Angelegenheiten des Amtes** Görner MinR
Dez IX S 101: **Allgemeine Verwaltungsangele-**

genheiten, Haushalts- u Rechnungswesen Duus OAR
Dez IX S 200: **Hilfe in besonderen Lebenslagen für Körperbehinderte, Seh-, Hör- u Sprachbehinderte** Gräper RDir
Dez IX S 300: **Hilfe in besonderen Lebenslagen für geistig oder seelisch Behinderte, Anfalls- u Suchtkranke** Graunke ORR
Dez IX S 400: **Tuberkulosehilfe, Landesblindengeld, Hilfen für Krebskranke, Deutsche im Ausland u zur Überwindung besonderer sozialer Schwierigkeiten, Blindenhilfe** Gräper RDir
Dez IX S 500: **Hauptfürsorgestelle — Überörtlicher Träger der Kriegsopferfürsorge —, Aufgaben nach dem Schwerbehindertengesetz** Müller-Boysen RDir

Dem Sozialminister des Landes Schleswig-Holstein — Amt für Wohlfahrt und Sozialhilfe — unmittelbar unterstellt:

1.1 Staatliche Internatsschulen für Behinderte

Staatliche Internatsschule für Hörgeschädigte
2380 Schleswig, Lutherstr 14;
F (0 46 21) 2 50 25
Leiter: Tanski Dir

mit

Pädoaudiologischer Beratungsstelle

Staatliche Internatsschule für Körperbehinderte
2301 Raisdorf, Henry-Dunant-Str;
F (0 43 07) 50 75
Leiter: Borkowsky Dir

Staatliche Internatsschule für Sprachbehinderte
2057 Wentorf, Golfstr 5; F (0 40) 7 20 10 36/37
Leiter: Cremer Dir

Staatliche Schule für Körperbehinderte
2335 Damp 2, Kurklinik; F (0 43 52) 80 64 68
Leiter: Werner Matz Sonderschulrektor

Zum Geschäftsbereich des Sozialministeriums gehören:

2 Gewerbeaufsichtsämter

Staatsrechtliche Grundlage u Aufgabenkreis:
Die Gewerbeaufsichtsämter sind untere Verwaltungsbehörden des Landes und Sonderordnungsbehörden im Sinne des Allgemeinen Verwaltungsgesetzes für das Land Schleswig-Holstein (LVwG) in der Fassung vom 19. März 1979 (GVOBl Schl-H S 182). Ihnen obliegen die durch Rechts- und Verwaltungsvorschriften des Bundes und des Landes zugewiesenen Aufgaben auf dem Gebiete des technischen und sozialen Arbeitsschutzes, des Nachbarschutzes und auf sonstigen

technischen und sozialen Gebieten, wie z B des Strahlenschutzes und der Heimarbeit sowie die im Einzelfalle durch die oberste Landesbehörde übertragenen Aufgaben.

Gewerbeaufsichtsamt
2210 Itzehoe, Große Paaschburg 66; F (0 48 21) 6 20 91-97
Leiter: Dipl-Ing Günther Heinze LtdRGwDir
Amtsbezirk: Die Kreise Dithmarschen, Pinneberg u Steinburg

Gewerbeaufsichtsamt
2300 Kiel, Sophienblatt 50 b; F (04 31) 6 08-1
Leiter: Dipl-Phys Walter Borisch LtdRGwDir
Amtsbezirk: Die kreisfreien Städte Kiel u Neumünster sowie die Kreise Plön u Rendsburg-Eckernförde

Gewerbeaufsichtsamt
2400 Lübeck, Glashüttenweg 44/48; F (04 51) 3 20 72/76
Leiter: Dipl-Ing Frank Siebert RGwDir
Amtsbezirk: Die kreisfreie Hansestadt Lübeck sowie die Kreise Herzogtum Lauenburg, Ostholstein, Segeberg u Stormarn

Gewerbeaufsichtsamt
2380 Schleswig, Gottorfstr 3; F (0 46 21) 3 40 34
Leiter: Dipl-Ing Werner Hempel RGwDir
Amtsbezirk: Die kreisfreie Stadt Flensburg sowie die Kreise Schleswig-Flensburg u Nordfriesland.

3 Ausführungsbehörde für Unfallversicherung
Schleswig-Holstein

2300 Kiel, Schulstr 29; F (04 31) 70 41

Staatsrechtliche Grundlage u Aufgabenkreis:
Der Ausführungsbehörde für Unfallversicherung, einer unteren Landesbehörde, obliegen nach der Reichsversicherungsordnung die Aufgaben der gesamten Unfallversicherung der Mitarbeiter der Landesregierung Schleswig-Holstein und für Schüler staatlicher Schulen des Landes Schleswig-Holstein sowie für Hochschüler und Kinder in Kindergärten der Träger der freien gemeinnützigen Jugendpflege im Lande Schleswig-Holstein.
Geschäftsführer: Dipl-Ing Werner Christophersen RGwR aD

4 Gerichte der Arbeitsgerichtsbarkeit
Nähere Angaben hierzu siehe Abschnitt d „Organe der Rechtspflege", Seiten 89 u 98

5 Aufsichtsamt für Sozialversicherung
Schleswig-Holstein

2300 Kiel 1, Sophienblatt 50 b; F (04 31) 60 81

Staatsrechtliche Grundlage u Aufgabenkreis:
Gesetz über die Aufsichtsführung in der Sozialversicherung vom 16. Juni 1958 (GVOBl Schl-H S 213) u Landesverordnung über Zuständigkeiten nach dem Berufsbildungsgesetz in der Fassung vom 14. Januar 1972 (GVOBl Schl-H S 12).
Dem Aufsichtsamt für Sozialversicherung, einer Landesoberbehörde, obliegt die Aufsichtsführung über die Sozialversicherungsträger, deren Zuständigkeitsbereich sich nicht über das Gebiet des Landes Schleswig-Holstein hinaus erstreckt (landesunmittelbare Sozialversicherungsträger) u die Wahrnehmung der übrigen Aufgaben u Befugnisse, die das frühere Reichsversicherungsamt oder sein Präsident nach den gesetzlichen oder sonstigen Vorschriften auf dem Gebiete der Verwaltung gegenüber den landesunmittelbaren Sozialversicherungsträgern hatte u für die nach dem Bundesversicherungsamtsgesetz nicht die Bundesregierung, der Bundesminister für Arbeit und Sozialordnung oder das Bundesversicherungsamt zuständig sind.
Das Aufsichtsamt für Sozialversicherung ist Oberversicherungsamt im Sinne der Reichsversicherungsordnung (RVO).
Das Aufsichtsamt für Sozialversicherung ist zuständige Stelle im Sinne des § 84 des Berufsbildungsgesetzes vom 14. August 1969 (BGBl I S 1112)
Leiter: Dr Pietsch RDir

6 Landeskrankenhäuser/Landesklinik
— untere Landesbehörden —

Aufgabenkreis:
Vollzug der Unterbringung nach dem Gesetz über die Unterbringung von psychisch Kranken und Süchtigen; beim Landeskrankenhaus Schleswig außerdem Krankenanstalt für Kinder- und Jugendpsychiatrie; die Landesklinik für ihren Amtsbezirk.

Landeskrankenhaus
2380 Schleswig, Postfach 1309; F (0 46 21) 83-1
Direktor der Verwaltung: Helmut Hirschmann LandesVwDir
Amtsbezirk:
Kreisfreie Städte Kiel und Neumünster, Kreise Ostholstein (nördlicher Teil), Plön, Pinneberg, Segeberg (ohne Stadt Norderstedt)

mit

Krankenhaus für Psychiatrie und Neurologie
2980 Schleswig-Stadtfeld, Postfach 1309;
F (0 46 21) 83-1
Leiter: Prof Dr Friedrich Eckmann LtdMedDir

Krankenhaus für Kinder und Psychiatrie
2380 Schleswig-Hesterberg, Postfach 1309;
F (0 46 21) 83-1
Leiter: Prof Dr Hermann Meyerhoff LtdMedDir

Landeskrankenhaus
2430 Neustadt in Holstein; F (0 45 61) 6 11-1
Leiter: Dr Bernhard Schulze LtdMedDir
Direktor der Verwaltung: Stachuletz LandesVw-Dir
Amtsbezirk:
Kreisfreie Stadt Lübeck, Kreise Herzogtum Lauenburg, Ostholstein (südlicher Teil), Stormarn, Stadt Norderstedt (Kreis Segeberg)

Landeskrankenhaus
2447 Heiligenhafen; F (0 43 62) 51-1
Leiter: Dr Brakelmann LtdMedDir
Direktor der Verwaltung: Struck OAR
Amtsbezirk:
Kreisfreie Stadt Flensburg, Kreise Dithmarschen, Nordfriesland, Rendsburg-Eckernförde, Steinburg, Schleswig-Flensburg. Für Kinder- und Jugendpsychiatrie auch die übrigen Landesteile

Landesklinik (Entwöhnungsklinik) Kiel-Elmschenhagen
2300 Kiel 14, Tiroler Ring 621; F (04 31) 78 40 01
Leiter: Dr Gerhard Hackstein RMedDir
Amtsbezirk: Land Schleswig-Holstein

7 Arzneimittelüberwachungsstelle

Schleswig-Holstein
2300 Kiel, Holzkoppelweg 5; F (04 31) 54 14 24, 54 14 80

Staatsrechtliche Grundlage u Aufgabenkreis:
Gemäß § 64 Arzneimittelgesetz Überwachung von Pharmaherstellern, Großhandels- u Abfüllbetrieben und Krankenhaus-Apotheken. Untersuchung u Beurteilung der anfallenden Proben
Leiter: Dr Uwe Amschler RPharmDir

8 Untersuchungsstelle für Umwelttoxikologie

des Landes Schleswig-Holstein
2300 Kiel, Fleckenstr; F (04 31) 5 97/29 21

Staatsrechtliche Grundlage:
Die Untersuchungsstelle für Umwelttoxikologie ist eine unselbständige Einrichtung ohne behördlichen Charakter im Geschäftsbereich des Sozialministers des Landes Schleswig-Holstein
Aufgabenkreis:
Datensammlung: Umweltchemikalien, Belastung des Menschen; Schwerpunkte: Chlorierte Kohlenwasserstoffe, Schwermetalle
Leiter: Prof Dr O Wassermann

9 Zentralstelle für Beratung bei Vergiftungsfällen

des Landes Schleswig-Holstein
2300 Kiel, Schilttenhelmstraße; F (04 31) 5 97-24 44/45
Leiter: NN

10 Landesseminar für Krankenpflege

Aus- und Fortbildungsinstitut für Berufe des Gesundheitswesens
2300 Kiel, Kronshagener Weg 130 a; F (04 31) 1 30 61
Schulleiterin: Christiane Konrad Master of Science

11 Durchgangsunterkünfte für Aussiedler und Flüchtlinge

— Einrichtungen des Landes Schleswig-Holstein —

Durchgangsunterkunft für Aussiedler und Flüchtlinge
2400 Lübeck 1, Meesenring 13; F (04 51) 6 88 58
Dienststellenleiter: NN

Durchgangsunterkunft für Aussiedler und Flüchtlinge
2300 Kiel, Jägersluft; F (0 43 41) 3 95
Dienststellenleiter: NN

12 Landesversorgungsamt

Schleswig-Holstein

— Landesoberbehörde —

2350 Neumünster, Steinmetzstr 1-11; F (0 43 21) 1 20 51
Staatsrechtliche Grundlage:
Gesetz über die Errichtung der Verwaltungsbehörden der Kriegsopferversorgung vom 12. März 1951 (BGBl I S 169). Bekanntmachung des Landesministers für Arbeit, Soziales und Vertriebene — V/A 4/402.05.53 — (Amtsbl Schl-H 1951 S 228).
Aufgabenkreis:
Fach- u Dienstaufsicht über die Versorgungsämter des Landes, die für die Versorgung der Kriegsbe-

schädigten u -hinterbliebenen (BVG), für die Soldatenversorgung (SVG) u Versorgung der Impfgeschädigten (BSeuchG), Opfer von Gewalttaten (OEG) u politischer Haft (HHG) sowie für Feststellungen der Schwerbehinderteneigenschaft (Schwbg) zuständig sind. Zuständig für die Entscheidungen über Anträge auf Gewährung von Badekuren, Heilstättenbehandlungen u Kapitalabfindungen (§ 1 VO über die sachliche Zuständigkeit in der Kriegsopferversorgung vom 20. Mai 1963 BGBl I S 367).

Leiter: Harald Petersen Präs des Landesversorgungsamts
Vertreter: Willi Flisik LtdRDir

Aufgabengebiet I Verwaltung
Leiter: Harald Petersen Präs

Aufgabengebiet II Kassen- u Rechnungswesen, Vorprüfungsstelle (VPSt)
Leiter: Schumacher OAR

Aufgabengebiet III Rechtsabteilung
Leiter: Willi Flisik LtdRDir

Aufgabengebiet IV Versorgung
Leiter: Rempe RDir

Aufgabengebiet V Ärztlicher Dienst
Leiter: Prof Dr med Dietze LtdMedDir

Der Dienst- u Fachaufsicht des Landesversorgungsamtes unterstehen:

12.1 Orthopädische Versorgungsstelle

— untere Landesbehörde —

2350 Neumünster, Steinmetzstr 1-11; F (0 43 21) 1 20 51
Aufgabenkreis:
Orthopädische Versorgung nach dem Bundesversorgungsgesetz und den Gesetzen, die dieses Gesetz für anwendbar erklären (SVG, ZDG, KgfUnterhBeihG, HHG, BSeuchG, OEG); Bereich: Schleswig-Holstein und skandinavische Länder.
Leiter: Dr med Wolfgang Kuttig RMedDir

12.2 Versorgungsärztliche Untersuchungsstelle

— untere Landesbehörde —

2350 Neumünster, Steinmetzstr 1-11; F (0 43 21) 1 20 51-53

Aufgabenkreis:
Fachärztliche Untersuchung und Begutachtung Versorgungsberechtigter und Antragsteller.
Leiter: Dr Georg Cimbal LtdMedDir

12.3 Versorgungsämter

— untere Landesbehörden —

Versorgungsamt
2240 Heide, Neue Anlage 9; F (04 81) 6 20 31-35
Leiter: Helmut Griesbach RDir
Amtsbezirk: Kreise Dithmarschen, Nordfriesland, Pinneberg u Steinburg

Versorgungsamt
2300 Kiel, Gartenstr 7; F (04 31) 5 11 51
Leiter: Rudolf Petereit RDir
Amtsbezirk: Die kreisfreien Städte Kiel u Neumünster sowie der Kreis Plön

Versorgungsamt
2400 Lübeck, Gr Burgstr 4; F (04 51) 14 61
Leiter: Schmidt-Gehnke LtdRDir
Amtsbezirk: Die kreisfreie Hansestadt Lübeck sowie die Kreise Herzogtum Lauenburg, Ostholstein, Segeberg u Stormarn

Versorgungsamt
2380 Schleswig, Seminarweg (Moltkekaserne); F (0 46 21) 2 30 96
Leiter: Rohloff RDir
Amtsbezirk: Die kreisfreie Stadt Flensburg sowie die Kreise Rendsburg-Eckernförde u Schleswig-Flensburg und skandinavische Länder

Der Rechtsaufsicht des Sozialministers unterstehen:

13 Ärztekammer Schleswig-Holstein

— Körperschaft des öffentlichen Rechts —
2360 Bad Segeberg, Bismarckallee 8-12; F (0 45 51) 89-1

Rechtsgrundlage und Aufgabenkreis:
Gesetz über die Ärztekammer Schleswig-Holstein in der Fassung vom 20. März 1978 (GVOBl Schl-H Seite 83)
Die Ärztekammer hat das Recht und die Pflicht
1. an der Erhaltung einer sittlich und wissenschaftlich hochstehenden Ärzteschaft mitzuwirken;
2. den öffentlichen Gesundheitsdienst bei der Erfüllung seiner Aufgaben auf dem Gebiet der Heilkunde zu unterstützen, zu Gesetz- und Verordnungsentwürfen Stellung zu nehmen und in allen den Arztberuf und die Heilkunde betreffenden Fragen Vorschläge zu unterbreiten und Gutachten zu erstatten;
3. die Berufspflichten der Ärzte in einer Berufsordnung die Weiterbildung der Ärzte in einer Weiterbildungsordnung zu regeln u die Erfül-

lung der Berufspflichten der Ärzte zu überwachen;
4. die beruflichen Belange der Ärzte wahrzunehmen;
5. auf ein gedeihliches Verhältnis der Ärzte untereinander und der Ärzte zu Dritten hinzuwirken.

Präsident: Prof Dr med Egon Grabener
Geschäftsführender Arzt: Dr med Karl-Werner Ratschko

14 Zahnärztekammer Schleswig-Holstein

— **Körperschaft des öffentlichen Rechts** —
2300 Kiel, Wrangelstr 16; F (04 31) 4 87 35

Rechtsgrundlage und Aufgabenkreis:
Gesetz über die Zahnärztekammer Schleswig-Holstein vom 18. Dezember 1953 (GVOBl Seite 168)
Die Zahnärztekammer hat das Recht und die Pflicht,
1. an der Erhaltung einer sittlich und wissenschaftlich hochstehenden Zahnärzteschaft mitzuwirken;
2. den öffentlichen Gesundheitsdienst bei der Erfüllung seiner Aufgaben auf dem Gebiet der Zahnheilkunde zu unterstützen, zu Gesetz- und Verordnungsentwürfen Stellung zu nehmen und in allen den Zahnarztberuf und die Zahnheilkunde betreffenden Fragen Vorschläge zu unterbreiten und Gutachten zu erstatten;
3. die Berufspflichten der Zahnärzte in einer Berufsordnung festzulegen und ihre Erfüllung zu überwachen;
4. auf ein gedeihliches Verhältnis der Zahnärzte untereinander und der Zahnärzte zu Dritten hinzuwirken.
Präsident: Dr Horst Bremer
Geschäftsführer: Dr Nicol-Curt Döhler

15 Apothekerkammer Schleswig-Holstein

— **Körperschaft des öffentlichen Rechts** —
2300 Kiel, Düsterbrooker Weg 75; F (04 31) 56 10 73

Rechtsgrundlage und Aufgabenkreis:
Gesetz über die Apothekerkammer Schleswig-Holstein vom 18. Dezember 1953 (GVOBl Seite 175)
Die Apothekerkammer hat das Recht und die Pflicht,
1. an der Erhaltung einer sittlich und wissenschaftlich hochstehenden Apothekerschaft mitzuwirken;
2. den öffentlichen Gesundheitsdienst bei der Erfüllung seiner Aufgaben auf dem Gebiete der Arzneimittelversorgung zu unterstützen, zu Gesetz- und Verordnungsentwürfen Stellung zu nehmen und in allen den Apothekerberuf und die Pharmazie betreffenden Fragen Vorschläge zu unterbreiten und Gutachten zu erstatten;
3. die Berufspflichten der Apotheker in einer Berufsordnung (§ 27) zu regeln und die Erfüllung der Berufspflichten der Apotheker zu überwachen;
4. die beruflichen Belange der Apotheker wahrzunehmen;
5. auf ein gedeihliches Verhältnis der Apotheker untereinander und der Apotheker zu Dritten hinzuwirken.
Präsident: Dr Heinrich Morf
Syndikus: Dr Axel Kortüm

16 Kassenärztliche Vereinigung Schleswig-Holstein

— **Körperschaft des öffentlichen Rechts** —
2360 Bad Segeberg, Bismarckallee 1-3; F (0 45 51) 89-1

Rechtsgrundlage und Aufgabenkreis:
§ 368 der Reichsversicherungsordnung
1. Vorsitzender: Dr Rudolf Reichert
Geschäftsführer: Berthold Schüttrumpf

17 Kassenzahnärztliche Vereinigung Schleswig-Holstein

— **Körperschaft des öffentlichen Rechts** —
2300 Kiel, Wrangelstr 16; F (04 31) 4 87 35

Rechtsgrundlage und Aufgabenkreis:
§ 368 der Reichsversicherungsordnung
Vorsitzender: Kurt Grobe
Geschäftsführer: Dr Nicol-Curt Döhler

18 Landesversicherungsanstalt Schleswig-Holstein

— **Körperschaft des öffentlichen Rechts** —
2400 Lübeck 1, Kronsforder Allee 2-6; F (04 51) 7 90 01

Rechtsgrundlage und Aufgabenkreis:
Arbeiterrentenversicherung; Erhaltung, Wiederherstellung und Besserung der Erwerbsfähigkeit eines Versicherten und die Zahlung von Renten an den Versicherten oder an seine Hinterbliebenen
Vorsitzende: Dr Wolfgang de Haan, Olaf Thomas (im jährlichen Wechsel)
Geschäftsführer: Dr Gerhard Bluhm EDir

19 Landesverband der Ortskrankenkassen Schleswig-Holstein

— **Körperschaft des öffentlichen Rechts** —
2080 Pinneberg, Hindenburgdamm 60;
F (0 41 01) 2 40 67

Rechtsgrundlage und Aufgabenkreis:
§§ 414 ff Reichsversicherungsordnung (RVO)
Vorsitzender: Martin Felsch
Geschäftsführer: Günter Meyer

20 Landesverband der Innungskrankenkassen Schleswig-Holstein

— **Körperschaft des öffentlichen Rechts** —
2300 Kiel 1, Hamburger Chaussee 90; F (04 31)
68 70 65/6
Aufgabenkreis:
Verband der gesetzlichen Krankenversicherung
Vorsitzender: Bernhard Wroblewski
Geschäftsführer: Klaus Krüger

21 Landesverband der Betriebskrankenkassen Nordmark

— **Körperschaft des öffentlichen Rechts** —
2000 Hamburg 26, Wendenstr 279; F (0 40)
25 50 08

Rechtsgrundlage und Aufgabenkreis:
§ 414 ff RVO; Unterstützung der Mitgliedskassen
durch z B Beratung u Unterrichtung, Abschluß
von Verträgen, Mitarbeit in Ausschüssen, Vertretung vor Gerichten
Vorsitzender: Hans Hinrich Mehrkens
Geschäftsführer: Günter Schmitt

22 Schleswig-Holsteinische landwirtschaftliche Krankenkasse

— **Körperschaft des öffentlichen Rechts** —
2300 Kiel 14, Schulstr 29; F (04 31) 70 41

Rechtsgrundlage und Aufgabenkreis:
Gewährung von Leistungen zur Früherkennung
und Verhütung von Krankheiten, bei Krankheit,
Mutterschaft und Tod nach Maßgabe der Bestim-
mungen des Gesetzes über die Krankenversiche-
rung der Landwirte vom 10. August 1972.
Vorsitzender: Sönke Paulsen
Geschäftsführer: Werner Christophersen

23 Schleswig-Holsteinische Landwirtschaftliche Alterskasse

— **Körperschaft des öffentlichen Rechts** —
2300 Kiel 14, Schulstr 29; F (04 31) 70 41
Vorsitzender: Sönke Paulsen
Geschäftsführer: Werner Christophersen

X Der Kultusminister
des Landes Schleswig-Holstein

2300 Kiel, Düsternbrooker Weg 64, Landeshaus, Gebäude A; F (04 31) 59 61; Telex 02-99 871

Aufgabenkreis:
Schulwesen,
Kirchen und Religionsgesellschaften,
Hochschulen (Universität, Medizinische Hochschule Lübeck, Pädagogische Hochschulen, Musikhochschule Lübeck, Fachhochschulen) und wissenschaftliche Einrichtungen außerhalb der Universität.
Kulturpflege, Denkmalschutz, Öffentliches Büchereiwesen und Erwachsenenbildung,
Jugendhilfe,
Sport,
Lehraus- und -fortbildung,

Minister: Dr Peter Bendixen

Parlamentarischer Vertreter und Parlamentarischer Staatssekretär des Kultusministers: Otto Bernhardt MdL

Amtschef: Dr Kurt Boysen Staatssekretär

Vertreter des Amtschefs: Dr Janus MinDirig

Persönlicher Referent des Ministers: Clefsen ORR

Pressereferent: Zykla RR

Abt X 1 Allgemeine Abteilung
Leiter: Dr Janus MinDirig
Vertreter: Denkmann MinR

Ref X 100: **Büroleitung, Aufstellung des Haushaltsvoranschlages und Bewirtschaftung der Haushaltsmittel, Nachrichtenblatt des Kultusministers, Aktenordnung, Schriftgutverwaltung, Geheimschutzbeauftragter** Ipsen OAR
Ref X 110: **Landtags- u Kabinettsangelegenheiten, Kirchenangelegenheiten, Planungsbeauftragter, Angelegenheiten der Konferenz der Kultusminister der Länder, Angelegenheiten der auswärtigen Kulturpolitik, der ständigen Vertragskommission u zwischenstaatlichen Organisationen** NN
Ref X 120: **Dienstrecht, Laufbahnrecht, Verbindung zu den Personalvertretungen, Disziplinarsachen** Dr Benske RDir
Ref X 130: **Personal, Organisation, Ordensangelegenheiten** Denkmann MinR
Ref X 131: **Organisationsprüfungen, Aufsicht, Aus- u Fortbildung der Mitarbeiter, Geschäftsverteilung, Beurteilungswesen** Pannier OAR
Ref X 140: **Haushalts- u Finanzangelegenheiten, Beauftragter für den Haushalt** Jaekel MinR

Ref X 141: **Hochschulhaushalte** Jürgensen OAR
Ref X 150: **Schulbau, Generalschulbauplan, Technische Bundesfinanzierung** Girnus MinR
Ref X 151: **Kommunaler Schulbau** Bibow RDir
Ref X 160: **Ausbildungsförderung, Gesetzgebung, Widersprüche** Jaron RDir
Ref X 170: **Statistik, Bedarfsberechnungen im Schulbereich** Seidel RSchulDir
Ref X 180: **Statistik, Bedarfsberechnungen im Hochschulbereich, Datenschutz Automationskommission** Neumaier RDir
Ref X 190: **Prozeßangelegenheiten, Schadenersatzforderungen gegen Dienstkräfte, Unfallfürsorge, Unfallverhütung** Schwager ORR

Abt X L Landesschuldirektor
Leiter: Schäfer LSchulDir

Ref X L 100: **Schulpolitische Grundsatzfragen, Bildungs- und Erziehungsziele, Redaktion der Schulzeitung, Kommission für internationale Angelegenheiten der KMK** Dr Zöllner MinR
Ref X L 110: **Schulversuche, Schulgestaltung für besondere Versuchsschulen, Modellversuche im Bildungswesen im Rahmen der BLK** Speck RSchulDir
Ref X L 120: **Lehrpläne der allgemeinbildenden Schulen, Regelung der Schulbuchzulassung, Sicherheitsbestimmungen für den Unterricht** Czeczatka MinR
Ref X L 130: **Lehrpläne der berufsbildenden Schulen, Schulbuchzulassung und Lernprogramme an berufsbildenden Schulen** Holland MinR

Abt X 2 Grund-, Haupt- und Sonderschulen
Leiter: Dr Kuhn MinDirig
Vertreter: Richter MinR

Ref X 200: **Grundsatzfragen der Grundschulen** Schuld Rektor
Ref X 201: **Fragen auswärtige Bildungsnachweise** Backen MinR
Ref X 210: **Grundsatzfragen Orientierungsstufe, Hauptschulen** Schumacher MinR
Ref X 220: **Grundsatzfragen der Sonderschulen** Mohr MinR
Ref X 230 A: **Schulaufsicht Grund- und Hauptschulen I** Manzey MinR
Ref X 230 B: **Schulaufsicht Grund- und Hauptschulen II** Richter MinR
Ref X 230 C: **Schulaufsicht Grund- und Hauptschulen III** Pflughaupt MinR
Ref X 230 D: **Schulaufsicht Grund- und Hauptschulen IV** Delfs MinR
Ref X 240: **Schulaufsicht Sonderschulen** Jacobsen MinR
Ref X 250: **Schulrecht** Lorentzen MinR

Ref X 260: **Lehrerbildungsrecht** Frhr von Bredow MinR
Ref X 270: **Personal der Grund-, Haupt- u Sonderschulen** Callies OAR
Ref X 280: **Einzelfälle des Dienst- und Schulrechts** Dr Kratzmann ORR

Abt X 3 Realschulen
Leiter: Heß MinDirig
Vertreter: Scheer MinR

Ref X 300: **Grundsatzfragen der Realschulen** NN
Ref X 310 A: **Schul- und Dienstaufsicht Realschulen** Schwarz MinR
Ref X 310 B: **Schul- und Dienstaufsicht Realschulen II** Hiller MinR
Ref X 310 C: **Schul- und Dienstaufsicht Realschulen III** Marenholtz MinR
Ref X 310 D: **Schulaufsicht über besondere Versuchsschulen** Dr Martens MinR
Ref X 320: **Schulpsychologie** Rickers ORR
Ref X 330: **Bildungsberatung** Arnhold ORR
Ref X 340: **Personalangelegenheiten Realschulen** Foth RSchulDir
Ref X 350: **Einzelfälle des Dienst- und Schulrechts** Pfautsch RDir
Schülerbeauftragter Arnhold ORR

Abt X 4 Gymnasien
Leiter: Dr Weimar MinDirig
Vertreter: Dr Bonsen MinR

Ref X 400: **Grundsatzfragen der Gymnasien** Dr Bonsen MinR
Ref X 410 A: **Schulaufsicht Gymnasien I** Dr Peinert MinR
Ref X 410 B: **Schulaufsicht Gymnasien II** Brünn MinR
Ref X 410 C: **Schulaufsicht Gymnasien III** Heilig MinR
Ref X 410 D: **Schulaufsicht Gymnasien IV** Krüger MinR
Ref X 410 E: **Schulaufsicht Gymnasien V** Küster MinR
Ref X 410 F: **Schulaufsicht Gymnasien VI** Carstensen MinR
Ref X 410 G: **Schulaufsicht Gymnasien VII** Roese MinR
Ref X 410 H: **Schulaufsicht Gymnasien VIII** Scheid MinRätin
Ref X 420: **Grundsatzfragen des Schulsports** Utermann MinR
Ref X 430: **Personalangelegenheiten Gymnasien** Alsen MinR
Ref X 440: **Personalangelegenheiten Gymnasien** Gaschke OStudR
Ref X 450: **Einzelfälle des Dienst- und Schulrechts** Ufer RR

Abt X 5 Berufliche Bildung
Leiter: Schütt MinDirig
Vertreter: Kesseböhmer MinR

Ref X 500: **Grundsatzfragen der beruflichen Bildung** Kesseböhmer MinR
Ref X 510: **Wirtschaftliche Fachrichtung, Fachgymnasien** Focks MinR
Ref X 520: **Gewerblich-technische Fachrichtung, Berufsschulen** Dunker RSchulDir
Ref X 530: **Sozialpflegerische Fachrichtungen, Berufs- und Fachschulen** Kiene MinRätin
Ref X 540 A: **Schulaufsicht Berufsbildende Schulen I** Jaques MinR
Ref X 540 B: **Schulaufsicht Berufsbildende Schulen II** Wegener MinR
Ref X 540 C: **Schulaufsicht Berufsbildende Schulen III** Randzio MinRätin
Ref X 540 D: **Schulaufsicht Berufsbildende Schulen IV** Dr Klipphahn MinR
Ref X 540 E: **Schulaufsicht Berufsbildende Schulen V** Vahlbruch MinR
Ref X 550: **Personalangelegenheiten berufliche Schulen** Kuhnke OStudR
Ref X 560: **Einzelfälle des Dienst- und Schulrechts** Schulze RDir

Abt X 6 — Hochschulen und Wissenschaft
Leiter: Dr von Scheliha MinDirig
Vertreter: Dr Voß MinR

Ref X 600: **Universität Kiel, Musikhochschule Lübeck, Hochschulausschuß** Lindenmann MinRätin
Ref X 610: **Gemeinschaftsaufgabe Hochschulbau, Medizinische Hochschule Lübeck, Grundsätze der Rahmenplanung** Schröder MinR
Ref X 611: **Rahmenplan für den Hochschulbau, Grunderwerbsangelegenheiten, Planung und Betreuung der Hochschulbauten** Doose ORR
Ref X 620: **Hochschulrecht, Hochschulgesetzgebung, Hochschulpolitische Grundsatzfragen, Hochschulplanung** Dr Voß MinR
Ref X 630: **Studentische Angelegenheiten, Studentenwerk** Carstensen RDir
Ref X 640: **Forschungsförderung, Forschungsinstitute** Koehler MinR
Ref X 650: **Fachhochschulen, Technischer Hochschulbereich** Schoepke RDir
Ref X 660: **Hochschulpersonalien** NN
Ref X 670: **Angelegenheiten der Hochschulklinika** Dipl-Volksw Wechselmann
Ref X 680: **Pädagogische Hochschulen, Studien- und Prüfungsordnungen, Studienreform** NN

Abt X 7 Kunst, Volksbildung, Jugend und Sport
Leiter: Dr Scheel MinDirig
Vertreter: Kubitza MinR

Ref X 700: **Kunst- und Kulturpflege** Dr Neumann MinR

Ref X 701: **Künstlerförderung** Einbrodt RSchul-Dir

Ref X 710: **Sport- und Hochschulsport** Backhaus MinR

Ref X 720: **Volksbildung und Jugendpflege** Mosberg RDir

Ref X 730: **Jugendfürsorge** Seemann MinR

Ref X 740: **Sportstättenbau** Kubitza MinR

Ref X 750: **Europafragen** Dr Hessenauer Dir

Ausschüsse, Beiräte und sonstige Gremien, deren sich der Kultusminister bei Durchführung seiner Aufgaben bedient:

Landesschulbeirat

Dem Kultusministerium des Landes Schleswig-Holstein im Sinne von § 5 Abs 2 Landesverwaltungsgesetz zugeordnet:

1 Der Kultusminister des Landes Schleswig-Holstein — Amt für staatsbürgerliche Bildung —

2300 Kiel, Kleiner Kuhberg 4; F (04 31) 5 96 48 80-82, 5 96 46 44

Aufgabenkreis:
Durchführung u Förderung von politischen Bildungsmaßnahmen (Seminare, Tagungen, Vortragsveranstaltungen, politische Studienreisen, Verteilung von Publikationen u Verleih von Filmen).
Leiter: Dr Ernst Hessenauer Dir des Amtes für staatsbürgerliche Bildung
Vertreter: Dr Karl-Heinz Harbeck RDir

2 Der Kultusminister des Landes Schleswig-Holstein — Landesmuseumsdirektor —

2380 Schleswig, Schloß Gottorf; F (0 46 21) 3 20 95/96

Aufgabenkreis:
Koordinierung der gesamten Museumsarbeit des Landes Schleswig-Holstein
Amtsleiter: Prof Dr Gerhard Wietek

Zum Geschäftsbereich des Kultusministeriums gehören:

3 Landesjugendamt

Schleswig-Holstein
2300 Kiel-Ellerbek, Klausdorfer Weg 167; F (04 31) 72 30 21

Staatsrechtliche Grundlage u Aufgabenkreis:
Gesetz über Jugendwohlfahrt (JWG) i d F der Bekanntmachung vom 25. April 1977 (BGBl I S 633) i V m d Gesetz zur Ausführung des Gesetzes für Jugendwohlfahrt (AG/JWG), zuletzt geändert durch Gesetz vom 18. November 1977 (GVOBl S-H, 490) Gesetz über die Vermittlung der Annahme als Kind — Adoptionsvermittlungsgesetz — (Ad VermiG) vom 2. Juli 1976 — BGBl I 1762.
Das Landesjugendamt, eine Landesoberbehörde, hat Aufgaben der öffentlichen Erziehung. Gefördert werden außerdem die außerschulische Jugendbildung u der Jugendschutz.

Leiter: Rolf Gallinat Dir des Landesjugendamtes
Vertreter: Dieter Krellenberg LVwDir

Dez 100: **Büroleitung, Personal, Haushalt** Herold OAR

Dez 110: **Öffentliche Erziehung, Rechtsangelegenheiten, Heimaufsicht** Harten RDir

Dez 111: **Durchführung der Heimaufsicht u Fürsorgeerziehung, Vormundschaftsangelegenheiten, Adoptionsvermittlung** Reimer OAR

Dez 112: **Gewährung u Durchführung der Freiwilligen Erziehungshilfe** Koll AR

Dez 120: **Jugendfürsorge im Vorfeld der öffentlichen Erziehung, Planungskoordinierung** Pahl OAR

Dez 130: **Außerschulische Jugendbildung — Jugendpflege** — Krellenberg LVwDir

Dez 131: **Außerschulische Jugendbildung im Bereich der offenen Jugendarbeit** Edelmann RR

Dez 132: **Außerschulische Jugendbildung im Bereich der Jugendverbandsarbeit** Burmeister VAng

Der Dienst- u Fachaufsicht des Landesjugendamtes unterstehen:

3.1 Landesjugendheime

Aufgabenkreis:
Als landeseigene Einrichtungen dienen die Landesjugendheime Schleswig und Selent mit der Außenstelle Oelixdorf der Durchführung der Fürsorgeerziehung und Freiwilligen Erziehungshilfe. Letztere wird auch in Familien, privaten Heimen und Heimen der freien Wohlfahrtsverbände durchgeführt.

Landesjugendheim
2309 Selent; F (0 43 84) 7 53
Leiter: Herbert Genz Dir

Außenstelle
2210 Oelixdorf; F (0 48 21) 38 18
Leiter: Karsten Egge VwAng

Landesjugendheim
2380 Schleswig, Paulihof; F (0 46 21) 2 30 69
Leiter: Roland Jurgenowski Dir

4 Gemeinsame Zentrale Adoptionsstelle der Länder Freie Hansestadt Bremen, Freie und Hansestadt Hamburg, Niedersachsen und Schleswig-Holstein

2000 Hamburg 36, Kaiser-Wilhelm-Str 100;
F (0 40) 3 49 12-1

Staatsrechtliche Grundlage und Aufgabenkreis:
Die Länder Freie Hansestadt Bremen, Freie und Hansestadt Hamburg, Niedersachsen und Schleswig-Holstein haben durch Abkommen vom 1. Juni 1979 (GVOBl Schl-H 1980 Seite 57) die Errichtung einer Gemeinsamen Zentralen Adoptionsstelle beschlossen. Sie wird bei der in der Freien und Hansestadt Hamburg für die Aufgaben der Jugendhilfe zuständigen Fachbehörde eingerichtet.

Die Gemeinsame Zentrale Adoptionsstelle erfüllt alle Aufgaben, die den zentralen Adoptionsstellen durch die §§ 10 bis 12 des Adoptionsvermittlungsgesetzes zugewiesen sind.
Sie hat insbesondere

1. im Rahmen des § 10 schwer zu vermittelnde Kinder sowie die Adoptionsbewerber, denen die Adoptionsvermittlungsstellen kein Kind vermitteln konnten, zu erfassen und nach geeigneten Adoptionsbewerbern und geeigneten Kindern zu suchen,
2. im Rahmen des § 11 die Adoptionsvermittlungsstellen in tatsächlich oder rechtlich schwierigen Fällen zu unterstützen,
3. im Rahmen des § 12 unbeschadet der Verantwortlichkeit der Jugendämter in Zusammenarbeit mit den Landesjugendämtern und ihren für die Heimaufsicht zuständigen Stellen zu prüfen, für welche Kinder in den Heimen ihres Bereichs die Annahme als Kind in Betracht kommt.

Die sachdienlichen Ermittlungen und Untersuchungen werden durch die Landesjugendämter oder die örtlichen Stellen durchgeführt.
Die Gemeinsame Zentrale Adoptionsstelle hat darüber hinaus in Abstimmung mit den Landesjugendämtern der beteiligten Länder

1. Richtlinien für die Tätigkeit der Adoptionsvermittlungsstellen und der Landesjugendämter im Rahmen des Adoptionsvermittlungsgesetzes zu erarbeiten, deren Erlaß den zuständigen Behörden der beteiligten Länder vorbehalten bleibt,
2. Fortbildungsveranstaltungen für die mit der Durchführung des Adoptionsvermittlungsgesetzes befaßten Mitarbeiter der in den Ländern zuständigen Stellen durchzuführen.

Leiter: Rolf P Bach ORR

5 Institut für die Pädagogik der Naturwissenschaften

an der Universität Kiel
2300 Kiel, Düsternbrooker Weg 120-122;
F (04 31) 8 84-1

Aufgabenkreis:
Das Institut für die Pädagogik der Naturwissenschaften entwickelt und fördert durch seine Forschungen die Pädagogik der Naturwissenschaften.
Präsident: NN

6 Institut für Weltwirtschaft

an der Universität Kiel
2300 Kiel, Düsternbrooker Weg 120-122; F (04 31) 8 84-1

Aufgabenkreis:
Das Institut für Weltwirtschaft widmet sich der Forschung auf dem Gebiet der Weltwirtschaft sowie der Sammlung und Erschließung der einschlägigen Materialien in Bibliothek und Wirtschaftsarchiv.
Präsident: Prof Dr Dr hc Herbert Giersch
Stellvertreter: Prof Dr Gerhard Fels

7 Institut für Meereskunde

an der Universität Kiel
2300 Kiel, Düsternbrooker Weg 20; F (04 31) 5 97-1

Aufgabenkreis:
Das Institut für Meereskunde widmet sich der Lehre, Forschung und meßtechnischen Entwicklungstätigkeit auf nahezu allen ozeanographischen und meeresbiologischen Teilbereichen.
Vorsitzender des Leitungsgremiums: Prof Dr Bernt Zeitzschel

Abteilung für Regionale Ozeanographie
Leiter: Prof Dr John Woods

Abteilung für Theoretische Ozeanographie
Direktor: Prof Dr Wolfgang Krauß

Abteilung für Meeresphysik
Vorstand: Prof Dr Gerold Siedler

Abteilung für Maritime Meteorologie
Direktor: Prof Dr Lutz Hasse

Abteilung für Meereschemie
Vorstand: Prof Dr Klaus Graßhoff

Abteilung für Meeresbotanik
Vorstand: Prof Dr Heinz Schwenke

Abteilung für Meereszoologie
Direktor: Prof Dr Dieter Adelung

Abteilung für Fischereibiologie
Direktor: Prof Dr Gotthilf Hempel

Abteilung für Marine Planktologie
Direktor: Prof Dr Bernt Zeitzschel

Abteilung für Marine Mikrobiologie
Vorstand: Prof Dr Gerhard Rheinheimer

8 Landesamt für Denkmalpflege

2300 Kiel, Schloß; F (04 31) 9 40 58

Staatsrechtliche Grundlage u Aufgabenkreis:
Gesetz zum Schutz der Kulturdenkmale vom
18. September 1972 (GVOBl Schl-H S 164).
Das Landesamt für Denkmalpflege, eine Landesoberbehörde, ist zuständig für den Vollzug des
Denkmalschutzgesetzes, die allgemeine Denkmalpflege sowie die wissenschaftliche Inventarisierung u Bearbeitung der Kulturdenkmale aus
historischer Zeit
Leiter: Dr Hartwig Beseler Landeskonservator
Amtsbezirk: Land Schleswig-Holstein ohne Stadt
Lübeck

Dem Landesamt für Denkmalpflege zugeordnet:

Verwaltung des Kieler Schlosses
2300 Kiel, Schloß; F (04 31) 9 40 55-59
Leiter: Hans Vietor Ang

9 Landesamt für Vor- und Frühgeschichte

2380 Schleswig, Schloß Gottorf; F (0 46 21)
3 23 47

Staatsrechtliche Grundlage:
Gesetz zum Schutz der Kulturdenkmale vom
18. September 1972 (GVOBl Schl-H S 164), geändert durch Art 37 des schleswig-holsteinischen
Anpassungsgesetzes vom 9. Dezember 1974
Aufgabenkreis:
Das Landesamt, eine obere Denkmalschutzbehörde, befaßt sich mit Denkmalschutz (archäologische Denkmäler), archäologischer Landesaufnahme, Planübernahme, Grabungswesen, wissenschaftlichen Publikationen im Land Schleswig-Holstein (ohne Stadt Lübeck).
Leiter: Prof Dr phil K W Struve LtdMuseumsDir
Ständiger Vertreter des Leiters u Geschäftsführer:
Dr J Reichstein

*In Personalunion mit dem Landesamt für Vor- und
Frühgeschichte verbunden:*

9.1 Landesmuseum für Vor- und Frühgeschichte der Universität Kiel

2380 Schleswig, Schloß Gottorf; F (0 46 21)
3 30 21

Staatsrechtliche Grundlage und Aufgabenkreis:
Hochschulgesetz vom 1. März 1979 (GVOBl
Schl-H Seite 123); Museale Präsentation der Vor-
und Frühgeschichte des Landes Schl-H; Konservierung archäologischen Fundstoffs; wissenschaftliche Forschung.
Direktor: Prof Dr phil K W Struve LtdMuseums-
Dir
Ständiger Vertreter des Direktors: Dr J Reichstein

10 Landesbüchereistelle

Schleswig-Holstein
2390 Flensburg, Deutsches Haus, Postfach 641;
F (04 61) 1 79 77

Staatsrechtliche Grundlage u Aufgabenkreis:
Die Landesbüchereistelle fördert die Büchereiarbeit im Lande Schleswig-Holstein mit dem Ziel
einer gleichmäßigen Versorgung der Bevölkerung
in allen Teilen des Landes und berät Behörden, Institutionen und Organisationen in bibliothekarischen Sachfragen (siehe Erlaß des Kultusministeriums des Landes Schleswig-Holstein vom 28. Mai
1970, veröffentlicht im „Nachrichtenblatt des Kultusministers des Landes Schleswig-Holstein vom
20. Juli 1970, Nr 14, S 245 und Erlaß des Kultusministeriums des Landes Schleswig-Holstein vom
28. September 1979, Nr 18/1979, Seite 333).
Leiter: Dr Volker Weimar LtdBiblDir

11 Landesarchiv

2380 Schleswig, Schloß Gottorf; F (0 46 21)
3 25 06
Aufgabenkreis:
Übernahme, Aufbewahrung u Erschließung archivwürdigen Schriftgutes
Direktor: Prof Dr Wolfgang Prange LtdArchDir

12 Schleswig-Holsteinische Landesbibliothek

2300 Kiel, Schloß; F (04 31) 9 40 57
Aufgabenkreis:
Veröffentlichungen, Handschriftgut u Sachdokumentation des Landesbereichs
Leiter: Prof Dr Klaus Friedland LtdBiblDir
Vertreter des Leiters: Dr Hans F Rothert OBiblR

Bibliothek Dr Rothert OBiblR
Landesgeschichtliche Sammlung NN
Handschriften- u Nachlaßabteilung Dr Andrea
Boockmann

Schulwesen

*Staatsrechtliche Grundlage, Organisation und
Aufgabenkreis:*
Nach dem Schleswig-Holsteinischen Schulgesetz
vom 2. August 1978 (GVOBl Schl-H Seite 255),
geändert durch Gesetz vom 8. November 1979
(GVOBl Schl-H Seite 392) gliedern sich die öffentlichen Schulen in folgende Arten:
1. die Grundschule;
2. die weiterführenden allgemeinbildenden
   Schulen:
   a) die Hauptschule,
   b) die Realschule,
   c) das Gymnasium;
3. die berufsbildenden Schulen: ·
   a) die Berufsschule,
   b) die Berufsfachschule,
   c) die Berufsaufbauschule,
   d) die Fachoberschule,
   e) das Fachgymnasium,
   f) die Berufsakademie,
   g) die Fachschule;
4. die Sonderschulen.

Das private Schulwesen, darunter das dänische
Schulwesen im Lande, untersteht der Schulaufsicht
des Kultusministers.
Die Privatschulen und die Schulen der dänischen
Minderheit sowie das deutsche Schulwesen in
Nordschleswig werden mit Zuschüssen gefördert.

Die **Grundschule** vermittelt den Schülern, die
schulpflichtig und schulreif sind, Grundkenntnisse
und Grundfertigkeiten und entwickelt die verschiedenen Begabungen in einem für alle Schüler
gemeinsamen Bildungsgang.
Die Grundschule hat vier Klassenstufen. In
Grundschulen soll wenigstens eine Klasse je
Klassenstufe vorhanden sein.
Mit der Grundschule kann ein Schulkindergarten
verbunden werden, der auf dem Wege über das
Spielen schulpflichtige, aber noch nicht schulreife
Kinder in eine größere Gruppe einführt und sie auf
das Lernen in der Grundschule vorbereitet.

Die **Hauptschule** vermittelt Schülern im Anschluß
an die Grundschule eine ihrer Begabung und Leistung entsprechende allgemeine Bildung mit
einem Abschluß, der im Regelfall den Anforderungen für eine Berufsausbildung in einem anerkannten Ausbildungsberuf entspricht und daneben weitere schulische Bildungsgänge eröffnet.
Die Hauptschule hat fünf Klassenstufen. Haupt-

schulen sollen mindestens eine Klasse je Klassenstufe umfassen.

Die **Realschule** vermittelt nach Begabung und
Leistung geeigneten Schülern im Anschluß an die
Grundschule eine allgemeine Bildung, die Grund-
lage für eine Berufsausbildung mit gesteigerten
Anforderungen ist und daneben weitere schu-
lische Bildungsgänge eröffnet.
Die Realschule hat sechs Klassenstufen. Mit der
Versetzung in die zehnte Klassenstufe wird ein
Schulabschluß erreicht, der dem Hauptschul-
abschluß gleichwertig ist. Die Realschule schließt
mit einer Prüfung ab.
Realschulen sollen mindestens zwei Klassen je
Klassenstufe umfassen. Realschulen mit einer
Klasse je Klassenstufe können in organisatori-
scher Verbindung mit anderen Schularten beste-
hen.

Das **Gymnasium** vermittelt nach Begabung und
Leistung geeigneten Schülern im Anschluß an die
Grundschule eine allgemeine Bildung, die den Anforderungen für die Aufnahme eines Hochschulstudiums und einer vergleichbaren Berufsausbildung entspricht.
Das Gymnasium umfaßt neun Schulleistungsjahre
(sechs Klassenstufen und eine anschließende
Oberstufe). Mit der Versetzung in die zehnte Klassenstufe wird ein Schulabschluß erreicht, der dem
Hauptschulabschluß gleichwertig ist. Mit der Versetzung in die Oberstufe wird ein Schulabschluß
erreicht, der dem Realschulabschluß gleichwertig
ist. Im Gymnasium können schulische Voraussetzungen für den Zugang zur Fachhochschule vermittelt werden. Das Gymnasium schließt mit der
Abiturprüfung ab. Die bestandene Abiturprüfung
enthält die Hochschulzugangsberechtigung.
In der Oberstufe werden die Schüler nach einer
Einführungszeit in einem Kurssystem unterrichtet,
in dem sie nach ihrer Neigung durch Wahl von
Grund- und Leistungskursen aus einem bestimmten Fächerangebot Schwerpunkte in ihrer schuli-
schen Bildung setzen.
Gymnasien sollen drei Klassen je Klassenstufe
umfassen und müssen eine Oberstufe haben.

Die **Berufsschule** vermittelt Jugendlichen in
einem Ausbildungsverhältnis gemeinsam mit ausbildenden Betrieben eine Berufsausbildung in
einem anerkannten Ausbildungsberuf.
Die Berufsschule bereitet Jugendliche ohne Ausbildungsverhältnis, die berufsschulpflichtig sind,
auf eine Berufsausbildung oder die Aufnahme
einer beruflichen Tätigkeit vor.
Der Berufsschulbesuch setzt die Erfüllung der
Vollzeitschulpflicht voraus. Der Unterricht erfolgt
an einem oder zwei Wochentagen (Teilzeitunterricht) oder in zusammenhängenden Teilabschnit-
ten (Blockunterricht) und führt zum Berufsschul-

abschluß. Das erste Jahr kann als Berufsgrundbildungsjahr mit Vollzeitunterricht an den Berufsschulen oder in Zusammenarbeit mit den ausbildenden Betrieben oder überbetrieblichen Berufsbildungsstätten erfolgen. Für Jugendliche ohne Ausbildungsverhältnis kann Vollzeitunterricht erteilt werden. Die Berufsschule vermittelt fachbezogene Kenntnisse und Fertigkeiten, die für die angestrebte Berufsausbildung erforderlich sind, und erweitert die allgemeine Bildung. Jugendliche ohne Hauptschulabschluß können einen diesem Abschluß gleichwertigen Schulabschluß erwerben.

Die Berufsschule wird in Fachklassen für Einzelberufe, Berufsgruppen oder Berufsfelder verwandter Berufe, vom zweiten Jahr an für Einzelberufe oder Berufsgruppen gegliedert. Lassen sich Fachklassen an einer Berufsschule nicht bilden, sollen sie für die Einzugsbereiche mehrerer Berufsschulen als Bezirksfachklassen oder für das ganze Land als Landesberufsschulen gebildet werden.

Die **Berufsfachschule** vermittelt in bestimmten Fachrichtungen durch Vollzeitunterricht eine erste berufliche Bildung.

Die Berufsfachschule kann zu einer abgeschlossenen Berufsausbildung führen. Der Unterricht kann durch betriebliche Praxis ergänzt werden. Die Aufnahme in die Berufsfachschule setzt mindestens den Hauptschulabschluß voraus. Die Berufsfachschule vertieft und erweitert die allgemeine Bildung und kann — gegebenenfalls durch zusätzlichen Unterricht — zu einem Schulabschluß führen, der dem Realschulabschluß oder dem Abschluß der Fachoberschule gleichwertig ist. Die Berufsfachschule schließt mit einer Prüfung ab.

Die Berufsfachschule kann ein- und mehrjährige Bildungsgänge enthalten, für die auch der Realschulabschluß als Aufnahmevoraussetzung vorgeschrieben werden kann.

Die **Berufsaufbauschule** vermittelt Schülern mit Hauptschulabschluß während oder nach einer Berufsausbildung einen Abschluß, der dem Realschulabschluß gleichwertig ist.

Die Berufsaufbauschule umfaßt eine Klassenstufe mit Vollzeitunterricht, bei Teilzeitunterricht einen entsprechend längeren Zeitraum. Sie schließt mit einer Prüfung ab.

Die **Fachoberschule** vermittelt Schülern mit Realschulabschluß und abgeschlossener Berufsausbildung durch einjährigen Vollzeitunterricht eine Bildung, die den Anforderungen für die Aufnahme eines Studiums an einer Fachhochschule entspricht. Die Fachoberschule ist in Fachrichtungen gegliedert. Die Fachoberschule schließt mit einer Prüfung ab.

Das **Fachgymnasium** vermittelt Schülern mit einem überdurchschnittlichen Realschulabschluß durch berufsbezogene und allgemeinbildenden Unterrichtsinhalte eine Bildung, die den Anforderungen für die Aufnahme eines Hochschulstudiums und einer vergleichbaren Berufsausbildung entspricht.

Das Fachgymnasium umfaßt drei Schulleistungsjahre. Am Fachgymnasium können schulische Voraussetzungen für den Zugang zur Fachhochschule vermittelt werden. Das Fachgymnasium schließt mit der Abiturprüfung ab. Die bestandene Abiturprüfung enthält die Hochschulzugangsberechtigung.

Im Fachgymnasium werden die Schüler nach einer Einführungszeit in einem Kurssystem unterrichtet, in dem sie nach ihrer Neigung durch Wahl von Grund- und Leistungskursen aus einem bestimmten Fächerangebot einen sozialwirtschaftlichen, technischen oder wirtschaftlichen Schwerpunkt in ihrer Bildung setzen.

Die **Berufsakademie** vermittelt gemeinsam mit ausbildenden Betrieben Schülern, die die Anforderungen für die Aufnahme eines Studiums an einer wissenschaftlichen Hochschule erfüllen, eine wissenschaftsbezogene und praxisorientierte Berufsausbildung.

Die Ausbildung an der Berufsakademie dauert insgesamt sechs Halbjahre und schließt mit einer Prüfung ab. Nach vier Halbjahren kann ein erster Ausbildungsabschnitt mit einer Prüfung abgeschlossen werden.

Die **Fachschule** vermittelt nach einer abgeschlossenen Berufsausbildung und mehrjähriger Berufserfahrung durch Weiterbildung vertiefte berufliche Fachkenntnisse.

Voraussetzung für die Aufnahme ist der Hauptschulabschluß oder der Realschulabschluß. Durch ergänzenden Unterricht kann ein weiterer schulischer Abschluß erreicht werden. Die Fachschule schließt mit einer Prüfung ab.

Die Fachschule wird in Fachrichtungen gegliedert; sie umfaßt ein oder mehrere Schulleistungsjahre mit Vollzeitunterricht, bei Teilzeitunterricht einen entsprechend längeren Zeitraum.

In den **Sonderschulen** werden Kinder und Jugendliche unterrichtet und erzogen, die wegen körperlicher, geistiger oder seelischer Behinderung dauernd oder vorübergehend in den anderen Schularten nicht ausreichend gefördert werden können. Die Sonderschule soll die Behinderung beheben oder deren Folgen mildern und dabei eine allgemeine oder berufliche Bildung vermitteln, soweit es die Behinderung zuläßt.

Sonderschulen sind insbesondere Schulen für Blinde, für Sehbehinderte, für Geistigbehinderte, für Hörgeschädigte, für Körperbehinderte, für

Lernbehinderte, für Sprachbehinderte, für Verhaltensgestörte und für Mehrfachbehinderte. In Sonderschulen können auch behinderte Schüler anderer Schularten sowie noch nicht schulpflichtige oder nicht schulreife Kinder betreut werden. Die Sonderschule hat, soweit die Behinderung es zuläßt, auf die Eingliederung der Schüler in Schulen anderer Schularten hinzuwirken. Sie kann zu den in anderen Schularten vorgesehenen Abschlüssen führen.
Schulen für Lernbehinderte sollen mindestens eine Klasse je Klassenstufe umfassen. Kleinere Schulen sollen, einzelne Sonderschulklassen müssen mit Grund- oder Hauptschulen oder mit anderen Sonderschulen organisatorisch verbunden sein. Schulen für Geistigbehinderte sollen fünf bis zehn Klassen umfassen.

Im Lande sind an öffentlichen Schulen vorhanden:
651 Grund- und Hauptschulen,
    davon
  18 Grund- und Hauptschulen mit Sonderschulklassen,
  75 Grund- und Hauptschulen mit Schulkindergärten,
115 Grund- und Hauptschulen mit zusammen 287 Vorklassen,
160 Sonderschulen,
    davon 1 Sonderschule mit Schulkindergarten,
144 Realschulen,
    davon 5 Abendrealschulen,
  29 Realschulen mit Grund- und Hauptschulteil, bzw mit Hauptschulteil,
100 Gymnasien,
    davon 3 Abendgymnasien,
  67 Berufsschulen,
    davon 32 Landesberufsschulen u Berufsaufbauschulen,
  27 Fachgymnasien,
  13 Fachoberschulen,
  61 Berufsfachschulen,
  17 Fachschulen.

Das Land ist Dienstherr aller Lehrkräfte an den öffentlichen Schulen außer den Lehrkräften an den landwirtschaftlichen Fachschulen der Landwirtschaftskammer.
Er ist Schulträger
von 22 Gymnasien,
von 2 Internatsschulen,
der staatlichen beruflichen Schulen — Sozialwirtschaft und Sozialpädagogik — Flensburg,
der Staatlichen Fachschulen für Technik, Flensburg für Seefahrt, Lübeck, und für Sozialpädagogik, Schleswig,
der Sonderschulen und der Berufsschulklassen in den Landesjugendheimen Selent und Schleswig.
Außerdem ist das Land Träger des Internats am staatlichen Internatsgymnasium Plön.

Aufsicht über das Schulwesen:
Das Schulwesen untersteht der Aufsicht des Landes (Artikel 7 Abs 1 des Grundgesetzes). Die Aufsicht umfaßt die Gesamtheit der staatlichen, organisatorischen und planerischen Gestaltung (Schulgestaltung) sowie die Beaufsichtigung der Schulen (Schulaufsicht).
Die Schulgestaltung erstreckt sich insbesondere auf
1. die Festlegung der Inhalte und die Organisation des Unterrichts,
2. die zentrale Planung der Schulstandorte und
3. die Zulassung der Lehr- und Lernmittel.
Die Schulaufsicht umfaßt bei den öffentlichen Schulen
1. die Beratung der Schulen bei der Erfüllung ihrer Aufgaben,
2. die Fachaufsicht über Erziehung und Unterricht in den Schulen,
3. die Dienstaufsicht über die Schulen,
4. die Rechtsaufsicht über die Schulträger bei der Erfüllung ihrer Aufgaben.
Nach § 11 4 des Schleswig-Holsteinischen Schulgesetzes vom 2. August 1978 (GVOBl Schl-H Seite 255), geändert durch Gesetz vom 8. November 1979 (GVOBl Schl-H Seite 392) ist der Kultusminister oberste Schulaufsichtsbehörde und nimmt zugleich die Aufgaben der oberen Schulaufsichtsbehörde wahr. Untere Schulaufsichtsbehörde ist das Schulamt. Das Schulamt ist untere Landesbehörde und besteht in den Kreisen aus dem Landrat und einem oder mehreren Schulräten; das Schulamt in den kreisfreien Städten besteht aus einem oder mehreren Schulräten. Die Schulräte sind Landesbeamte.
Die Schulämter sind zuständig für die Schulaufsicht hinsichtlich der Grundschulen, Hauptschulen, Realschulen und Sonderschulen.

13 Schulämter

Schulamt des Kreises Dithmarschen
2240 Heide, Stettiner Str 30; F (04 81) 9 71
Landrat: Karl-Heinrich Buhse
Schulrat: Helmut Petersen-Schmidt SchulR

Schulamt des Kreises Herzogtum Lauenburg
2418 Ratzeburg, Barlach Str 2; F (0 45 41) 1 21
Landrat: Günter Kröpelin
Schulräte: Reimer Böttger SchulR, Carl-Peter Schlottmann SchulR

Schulamt des Kreises Nordfriesland
2250 Husum, Kreishaus, Marktstr; F (0 48 41) 6 71
Landrat: Dr Klaus Petersen
Schulräte: Hans-Peter Corinth SchulR, Franz Fechner SchulR, Hans Hohe SchulR

Schulamt des Kreises Ostholstein
2420 Eutin, Lübecker Str 41; F (0 45 21) 8 31
Landrat: Dr Wolfgang Clausen
Schulräte: Hermann Dietz SchulR, Bernhard Klein SchulR, Ilse Bahl Schulrätin

Schulamt des Kreises Steinburg
2210 Itzehoe, Viktoriastr 16-18; F (0 48 21) 6 91
Landrat: Dr Helmut Brümmer
Schulräte: Otto Grams SchulR, Friedmund Wieland SchulR

Schulamt des Kreises Stormarn
2060 Bad Oldesloe, Stormarnhaus; F (0 45 31) 80 00
Landrat: Dr Hans-Henning Becker-Birck
Schulräte: Rudolf Rohweder SchulR, Winrich Benecken SchulR

Schulamt des Kreises Pinneberg
2080 Pinneberg, Lindenstr 13; F (0 41 01) 21 21
Landrat: Winfried Hebisch
Schulräte: Heinz Rohwedder SchulR, Wulf Krützfeldt SchulR, Theodor Voigt SchulR

Schulamt des Kreises Plön
2320 Plön, Hamburger Str; F (0 45 22) 81
Landrat: Dr Wolf-Rüdiger von Bismarck
Schulräte: Lothar Lamb SchulR, Gerd Wiborg SchulR

Schulamt des Kreises Rendsburg-Eckernförde
2370 Rendsburg, Berliner Str 1; F (0 43 31) 20 21
Landrat: Geerd Bellmann
Schulräte: Luise Harms Schulrätin, Wolf-Dietrich Jägel SchulR, Georg Hornberger SchulR

Schulamt des Kreises Schleswig-Flensburg
2380 Schleswig, Flensburger Str 7; F (0 46 21) 8 71
Landrat: Dr Gernot Korthals
Schulräte: Jürgen Bennöhr SchulR, Hans-Werner Jürgensen SchulR, Fritz Werner Dehncke SchulR

Schulamt des Kreises Bad Segeberg
2360 Bad Segeberg, Hamburger Str 30; F (0 45 51) 5 11
Landrat: Anton Graf Schwerin von Krosigh
Schulräte: Günther Hartmann SchulR, Wilhelm Liley SchulR, Helmut Landt SchulR

Schulamt der Stadt Flensburg
2390 Flensburg, Bahnhofstr 28, Postfach 730; F (04 61) 8 55 60
Schulrat: Heinz Schrader SchulR

Schulamt der Landeshauptstadt Kiel
2300 Kiel, Markt 7; F (04 31) 9 01
Schulräte: Günter Filter SchulR, Werner Schröder SchulR, Horst Klotz SchulR

Schulamt in der Hansestadt Lübeck
2400 Lübeck, Rathaushof; F (04 51) 7 04 11
Schulräte: Heinz Krott SchulR, Rudi Witzke SchulR, Wolfgang Scholz SchulR

Schulamt der Stadt Neumünster
2350 Neumünster, Kaiserstr 2/6; F (0 43 21) 4 03-1/3 98
Schulrat: Heinz Schliep SchulR

14 Landesinstitut Schleswig-Holstein für Praxis und Theorie der Schule (IPTS)

2300 Kronshagen, Schreberweg 5; F (04 31) 5 43 45 u 5 43 61

Staatsrechtliche Grundlage u Aufgabenkreis:
Bekanntmachung des Kultusministers vom 21. August 1975 (Amtsbl für Schleswig-Holstein S 1033).
Dem IPTS obliegen Berufseinführung, Fortbildung und Weiterbildung der Lehrer sowie Unterrichtsfachberatung und technologische Pädagogik im Lande Schleswig-Holstein. Dem Institut können vom Kultusministerium weitere Aufgaben übertragen werden.
Die Aufgabe der Berufseinführung wird in Seminaren durchgeführt.
Das IPTS ist eine Einrichtung des Landes.
Die Aufsicht obliegt dem Kultusminister.
Das IPTS gliedert sich in die Verwaltung, die zentralen Einrichtungen und die Seminare.

Direktor: Dr Hans Dohm
Vertreter: Alfred Schmidt LtdRDir
Arbeitsgruppe Verwaltung

IPTS 100: **Verwaltungs-, Rechts-, Haushalts- u Personalangelegenheiten, Organisationsfragen, Angelegenheiten der Zentralstelle für Information u Arbeitsplanung, Schulrecht** Schmidt LtdRDir
Arbeitsgruppe Pädagogik

IPTS 200: **Mathematik, Informatik, Angelegenheiten der Seminare für Gymnasien** Wolgast OStudDir

IPTS 210: **Gesamtplanung von Fort- u Weiterbildungsmaßnahmen, Angelegenheiten der Grund-, Haupt- u Sonderschulen, Schulbuchangelegenheiten, Elementar- u Primarstufenbereich, Verkehrserziehung, Schulleitung u -verwaltung, Religion, Eltern und Schule** Kolbeck OStudDir

IPTS 220: **Grundsatzfragen der technologischen Pädagogik, Buchprogramme** Eschenfelder OStudDir

IPTS 221: **Visuelle Medien (Schulfernsehen, Film, Video-Bereich)** Felsberg StudDir

IPTS 222: Auditive Medien (Sprachlehranlagen, Schallplatten, Tonbänder, Schulfunk) König StudDirektorin

IPTS 230: Naturwissenschaften, Fernstudium Dr Nolof StudDir

IPTS 240: Deutsch u Fremdsprachen Keudel StudDir

IPTS 250: Geschichte, politische Wissenschaften, Geographie, Philosophie, Verbindung zur Bundeswehr Dr Freytag StudDir

IPTS 260: Sport, Musik, Allgemeine Fragen der Weiterbildung, Schulwandern Oppe StudDir

IPTS 270: Angelegenheiten der Fachschulen, Technikwissenschaften, Angelegenheiten des Seminars für berufsbildende Schulen Gruel StudDir

IPTS 280: Wirtschaftswissenschaften u Recht, Berufsgrundbildungsjahr, Allgemeine Angelegenheiten der Berufsschulen u Berufsfachschulen Wiethaup OStudR

IPTS 290: Erziehungswissenschaften u Sozialwirtschaft, Fachgymnasien, Öffentlichkeitsarbeit des IPTS Frenzel OStudDir

IPTS 300: Angelegenheiten der Realschulen, Weiterbildung zum Realschullehrer, Kunst, Technisches Werken, Verbindungen zu Einrichtungen der Erwachsenenbildung Schott OStud-Rätin

Seminare

Seminarbereich Mitte

IPTS 41: Seminar Kiel für Gymnasien
2300 Kiel, Feldstr 19; F (04 31) 56 63 42
Leiter: Brummack OStudDir

IPTS 42: Seminar Kiel für Realschulen
2300 Kronshagen, Schreberweg 5; F (04 31) 5 43 45 u 5 43 61
Leiter: Nolte StudDir

IPTS 43: Seminar Kiel für berufsbildende Schulen
2300 Kronshagen, Schreberweg 5; F (04 31) 5 43 45 u 5 43 61
Leiter: Ihlenfeldt OStudDir

IPTS 44: Seminar Kiel für Sonderschulen
2300 Kronshagen, Schreberweg 5; F (04 31) 5 43 45 u 5 43 61
Leiter: Klauke StudDir

IPTS 45: Seminar Kiel für Grund- u Hauptschulen
2300 Kronshagen, Schreberweg 5; F (0 31) 5 43 45 u 5 43 61
Leiter: Mohr StudDir

Seminar Kiel für Grund- u Hauptschulen
— Außenstelle Rendsburg —
2370 Rendsburg, Kaiserstr 23
Leiter: Wagner StudDir

Seminarbereich Nord

IPTS 51: Seminar Flensburg für Gymnasien
2390 Flensburg, Lütke-Namens-Weg 2; F (04 61) 2 62 52
Leiter: Dr Meyer OStudDir

IPTS 52: Seminar Flensburg für Realschulen
2390 Flensburg, Wrangelstr 18; F (04 61) 5 58 89
Leiter: Harm StudDirektorin

IPTS 55: Seminar Flensburg für Grund- u Hauptschulen
2390 Flensburg, Wrangelstr 18; F (04 61) 5 58 99
Leiter: Aye StudDir

IPTS 56: Seminar Husum für Grund- u Hauptschulen
2250 Husum, Schloß; F (0 48 41) 6 76 60
Leiter: Klinghammer StudDir

Seminarbereich Ost

IPTS 61: Seminar Lübeck für Gymnasien
2400 Lübeck, Musterbahn 2; F (04 51) 1 22 45 75/76
Leiter: Dr Höppner OStudDir

IPTS 62: Seminar Lübeck für Realschulen
2400 Lübeck, Hinter der Burg 2-6; F (04 51) 1 22 45 78/80
Leiter: Fischer StudDir

IPTS 65: Seminar Lübeck für Grund- u Hauptschulen
2400 Lübeck, Hinter der Burg 2-6; F (04 51) 1 22 45 83/84
Leiter: Hentsch StudDir

Seminar Lübeck für Grund- u Hauptschulen
— Außenstelle Eutin —
2420 Eutin, Plönerstr 27; F (0 45 21) 37 45

IPTS 67: Seminar Ahrensburg für Grund- u Hauptschulen
2070 Ahrensburg, Schulstr 4; F (0 41 02) 4 29 28
Leiter: Kohls OStudR

Seminarbereich West

IPTS 71: Seminar Neumünster für Gymnasien
2350 Neumünster, Mühlenhof 49; F (0 43 21) 4 74 44
Leiter: Dr Renken OStudDir

IPTS 72: Seminar Heide für Realschulen
2240 Heide, Ziegehofweg 4; F (04 81) 20 36
Leiter: Werchau StudDir

IPTS 75: Seminar Heide für Grund- u Hauptschulen
2240 Heide, Ziegehofweg 4; F (04 81) 20 37
Leiter: Schmoll StudDir

IPTS 76: **Seminar Neumünster-Itzehoe für Grund- u Hauptschulen**
2210 Itzehoe, Vor dem Delftor 5 a
Leiter: Grossmann StudDir

Seminarbereich Süd
IPTS 81: **Seminar Elmshorn für Gymnasien**
2200 Elmshorn, Zum Krückaupark 7; F (0 41 21)
7 53 13
Leiterin: Dr Petersen StudDirektorin

IPTS 82: **Seminar Pinneberg für Realschulen**
2080 Pinneberg, Rübekamp 2; F (0 41 01)
2 91 61
Leiter: Weinreich StudDir

IPTS 85: **Seminar Pinneberg für Grund- u Hauptschulen**
2080 Pinneberg, Rübekamp 2; F (0 41 01)
2 91 77
Leiter: Költze StudDir

Zentrale Einrichtungen
IPTS 91: **Zentralstelle für Information und Arbeitsplanung**
2300 Kronshagen, Schreberweg 5; F (04 31)
5 43 45 u 5 43 61
Leiter: Dr Saß OStudDir

IPTS 92: **Zentralstelle für technologische Pädagogik (Landesbildstelle)**
2300 Kiel, Schloß; F (04 31) 9 40 55
Leiter: Müller StudR

IPTS 93: **Zentralstelle für Physik**
2390 Flensburg, Lütke-Namens-Weg 2; F (04 61)
2 62 52
Leiter: Glunde StudDir

Der Rechtsaufsicht des Kultusministers unterstehen:

15 Staatliche Hochschulen
— Körperschaften des öffentlichen Rechts —

Staatsrechtliche Grundlage u Aufgabenkreis:
Hochschulgesetz in der Fassung vom 1. März 1979
(GVOBl Schl-H Seite 123)

Staatliche Hochschulen des Landes Schleswig-Holstein sind:

Christian-Albrechts-Universität Kiel
Medizinische Hochschule Lübeck
Pädagogische Hochschule Flensburg
Pädagogische Hochschule Kiel
Musikhochschule Lübeck
Fachhochschule Flensburg
Fachhochschule Kiel
Fachhochschule Lübeck

Rechtliche Stellung:
Die Hochschulen sind Körperschaften des öffentlichen Rechts ohne Gebietshoheit nach Maßgabe des Gesetzes. Sie haben das Recht der Selbstverwaltung im Rahmen der Gesetze. Die Hochschulen unterstehen der Aufsicht durch den Kultusminister.

Aufgaben:
Das Hochschulwesen dient der Pflege und Entwicklung der Wissenschaften und der Künste durch Forschung, Lehre und Studium. Die Hochschulen sollen so auf eine berufliche Tätigkeit vorbereiten, daß sie die Anwendung wissenschaftlicher Erkenntnisse und Methoden oder die Fähigkeit zu künstlerischer Gestaltung vermitteln und zu verantwortlichem Handeln in einem freiheitlichen und sozialen Rechtsstaat befähigen. Die Hochschulen dienen auch dem weiterbildenden Studium; sie beteiligen sich an Veranstaltungen der Weiterbildung.

Die **Christian-Albrechts-Universität** und die **Medizinische Hochschule** sind wissenschaftliche Hochschulen und nehmen obige Aufgaben in ihren jeweiligen Fachrichtungen wahr.
Der Christian-Albrechts-Universität sind das Institut für Weltwirtschaft, das Institut für Meereskunde und das Institut für Pädagogik der Naturwissenschaften angegliedert.
Die **Pädagogischen Hochschulen** sind wissenschaftliche Hochschulen und nehmen obige Aufgaben auf dem Gebiet der Erziehungswissenschaften und der Fachdidaktiken wahr; ihre Lehraufgabe umfaßt die fachwissenschaftlichen Grundlagen.
Die **Musikhochschule Lübeck** ist eine Hochschule mit künstlerischen und wissenschaftlichen Aufgaben, die sie in ihren jeweiligen Studiengängen wahrnimmt.
Die **Fachhochschulen** nehmen die Aufgaben als Hochschule in ihren jeweiligen Fachrichtungen wahr, indem sie durch anwendungsbezogene Lehre eine auf wissenschaftlicher oder künstlerischer Grundlage beruhende Bildung vermitteln, die zu selbständiger Tätigkeit im Beruf befähigt.

15.1 Fachhochschulen

15.1.1 Fachhochschule Kiel

2300 Kiel, Breiter Weg 10; F (04 31) 56 10 44
Präsident: Prof Erwin Chinnow
Vizepräsident: Prof Dr Jürgen Daniels
Kanzler: Jürgen Hoffmann

Fachbereich Bauwesen
2330 Eckernförde, Lorenz-von-Stein-Ring 1-5;
F (0 43 51) 40 18

Fachbereich Betriebswirtschaft u Landwirtschaft

Abteilung Betriebswirtschaft
2300 Kiel, Universität, Gebäude 38, 7. Stock, Olshausenstr 40-60; F (04 31) 8 80 21 57

Abteilung Landwirtschaft
2370 Rendsburg/Osterrönfeld, Am Kamp 9;
F (0 43 31) 81 16

Fachbereich Gestaltung
2300 Kiel, Lorentzendamm 6-8; F (04 31) 5 14 17

Fachbereich Sozialwesen
2300 Kiel, Diesterwegstr 20; F (04 31) 68 27 87

Fachbereich Technik
2300 Kiel, Legienstr 35; F (04 31) 5 15 61

15.1.2 Fachhochschule Lübeck

2400 Lübeck 1, Stephensonstr 3; F (04 51)
5 00-50 01
Präsident: Prof Dipl-Ing Günther Ehlies
Vizepräsident: Prof Dipl-Ing Hans-Helmke Goosmann
Kanzler: Horst Drewello

Fachbereiche

Fachbereich Angewandte Naturwissenschaften

Fachbereich Bauwesen

Fachbereich Technik

15.1.3 Fachhochschule Flensburg

2390 Flensburg, Kanzleistr 91-93; F (04 61) 80 51
Präsident: Prof Dr Hans Georg Hasler
Vizepräsident: Prof Dipl-Ing Wilhelm Püttjer
Kanzler: Helmut Matzen

Fachrichtungen
Fachrichtung Schiffsbetriebstechnik

Fachrichtung Maschinenbau

Fachrichtung Elektrische Energietechnik

Fachrichtung Nachrichtentechnik (geplant)

Fachrichtung Meß-, Steuerungs- u Regelungstechnik (geplant)

Fachrichtung Technische Informatik

angegliedert:

Institut für Schiffsbetriebsforschung
2390 Flensburg, Kanzleistr 91-93; F (04 61)
80 52 28

15.1.4 Staatlich anerkannte Fachhochschule für Physikalische Technik, Technische Informatik und Wirtschaftsinformatik

2000 Wedel (Holstein), Feldstr 143; F (0 41 03)
8 20 08/9
Präsident: Prof Dr H Harms, Prof Dr D Harms

Fachbereiche
Physikalische Technik

Technische Informatik

Wirtschaftsinformatik

15.2 Musikhochschule Lübeck

2400 Lübeck, Am Jerusalemsberg 4 u 7/8, Travemünder Allee 6a; F (04 51) 3 20 82/3
Präsident: Dr Manfred Tessmer
Vizepräsident: Prof Peter Roggenkamp
Kanzler: Hans Klose

Wissenschaftliche Einrichtungen
Institut für allgemeine künstlerische Ausbildung
Institut für Bühnen- u Konzertgesang
Institut für Musikerziehung
Institut für Kirchenmusik
Institut für Schulmusik

15.3 Pädagogische Hochschulen

15.3.1 Pädagogische Hochschule Kiel

2300 Kiel, Olshausenstr 75; F (04 31) 5 43 31
Präsident: Prof Dr Klaus Detering, App 2 32
Vizepräsident: Prof Dr Helmut Dahncke, App 2 31
Kanzler: Werner Fiesel, App 2 33

Fächer

Pädagogik, Psychologie, Philosophie, Soziologie, Biologie, Chemie, Dänisch (im Zusammenwirken mit der Christian-Albrechts-Universität), Deutsch/Sprache, Deutsch/Literatur, Deutsch/ Deutsch für Ausländer, Englisch, Französisch, Geographie, Geschichte, Kunstpädagogik, Leibeserziehung (im Zusammenwirken mit der Christian-Albrechts-Universität), Mathematik, Musik, Physik, Evangelische Religion, Katholische Religion, Technik (Technisches Werken), Textiles Werken, Wirtschaft/Politik

Zentrale Einrichtungen

Hochschultechnologisches Zentrum (HTZ)

Institut für Heilpädagogik

15.3.2 Pädagogische Hochschule Flensburg

2390 Flensburg, Mürwiker Str 77; F (04 61) 3 50 53
Präsident: Prof Dr Arnold Stenzel
Vizepräsident: Prof Dr Walter Mertineit
Kanzler: Dieter Hass

Erziehungswissenschaften

Allgemeine Pädagogik, Schulpädagogik, Philosophie, Psychologie, Soziologie

Fachdidaktiken

Biologie, Chemie, Dänisch, Deutsch, Englisch, Geographie, Geschichte, Hauswirtschaft, Kunst, Mathematik, Musik, Fachgebiet Naturwissenschaftlicher Sachunterricht, Sozialwissenschaftlicher Sachunterricht, Physik, Politik, Evangelische Religion, Sport, Technik, Textiles Werken, Wirtschaft

angegliederte Einrichtung gemäß § 119 Hochschulgesetz:

Forschungsstelle für Regionale Landeskunde
2390 Flensburg, Waitzstr 5; F (04 61) 2 43 34
Leiter: Prof Dr Karl Weigand

15.4 Wissenschaftliche Hochschulen

15.4.1. Medizinische Hochschule Lübeck

2400 Lübeck, Ratzeburger Allee 160 u Kronsforder Allee 71-73; F (04 51) 5 00-1
Präsident: Erhard D Klinke MinR a D, App 30 00
Vizepräsident: Prof Dr med Herbert Haug, App 30 01 u 40 00
Kanzler: Wolf-Dieter von Detmering, App 30 03
Verwaltungsdirektor des Klinikums: Manfred Dörnbrack LVwDir, App 31 00

Fachbereiche

Fachbereich Vorklinisch-Naturwissenschaftliche Medizin
Fachbereich Klinische Medizin

Wissenschaftliche Einrichtungen

Fachbereich Vorklinisch-Naturwissenschaftliche Medizin

Institut für Anatomie
Institut für Physiologie
Institut für Biochemie
Institut für Medizinische Molekularbiologie

Institut für Biologie
Institut für Chemie
Institut für Physik

Fachbereich Klinische Medizin

Klinisch-Theoretisches Zentrum I
Institut für Pharmakologie
Institut für Toxikologie
Institut für Klinische Chemie
Institut für Biochemische Endokrinologie
Institut für Pathologie
Institut für Rechtsmedizin

Klinisch-Theoretisches Zentrum II
Institut für Hygiene
Institut für Medizinische Mikrobiologie
Institut für Immunologie und Transfusionsmedizin
Institut für Anaesthesiologie
Institut für Medizinische Statistik und Dokumentation

Zentrum Innere Medizin
Klinik für Innere Medizin
Klinik für Angiologie und Geriatrie
Klinik für Kardiologie
Klinik für Psychosomatik und Psychotherapie
Klinik für Innere Medizin (Medizinische Klinik des Städtischen Krankenhauses)

Zentrum Kinderheilkunde
Klinik für Pädiatrie
Klinik für Neuropädiatrie
Klinik für Neonatologie
Klinik für Kinderchirurgie
Institut für Humangenetik

Operatives Zentrum I
Klinik für Chirurgie
Klinik für Plastische Chirurgie
Klinik für Urologie
Klinik für Neurochirurgie
Klinik für Frauenheilkunde und Geburtshilfe I
Klinik für Frauenheilkunde und Geburtshilfe II

Operatives Zentrum II
Klinik für Orthopädie
Klinik für Augenheilkunde
Klinik für Hals-, Nasen- und Ohrenheilkunde
Klinik für Kiefer- und Gesichtschirurgie

Medizinisches Zentrum
Klinik für Dermatologie und Venerologie
Klinik für Psychiatrie
Klinik für Neurologie
Institut für Nuklearmedizin
Institut für Radiologie

15.4.2 Christian-Albrechts-Universität zu Kiel

2300 Kiel, Olshausenstr 40-60, Haus S 10 (Hochhaus); F (04 31) 8 80(1); Telex Institut für Reine u Angewandte Kernphysik: 292 979 ifkki, Universitätsbibliothek Kiel: 292 656 ubkie d, Institut für Weltwirtschaft: 292 479 weltw d
Staatsrechtliche Grundlage: Hochschulgesetz in der Fassung vom 1. März 1979 (GVOBL S 123)

Präsident: Prof Dr Gerd Griesser, App 30 00

Vizepräsident: Prof Dr Werner Kaltefleiter, App 30 01

Vizepräsident: Prof Dr Otmar Wassermann, App 30 02

Kanzler: Horst Neumann, App 30 03

Fakultäten

Theologische Fakultät
Rechtswissenschaftliche Fakultät
Wirtschafts- und Sozialwissenschaftliche Fakultät
Medizinische Fakultät
Philosophische Fakultät
Mathematisch-Naturwissenschaftliche Fakultät
Agrarwissenschaftliche Fakultät

Fakultätseinrichtungen (Seminare, Institute)

Theologische Fakultät

Institut für Alttestamentliche Wissenschaft u Biblische Archäologie
Institut für Neutestamentliche Wissenschaft u Judaistik
Institut für Kirchengeschichte u Kirchliche Archäologie
Institut für Systematische Theologie u Sozialethik
Institut für Praktische Theologie
Schleiermacher-Forschungsstelle

Rechtswissenschaftliche Fakultät

Juristisches Seminar
Institut für Internationales Recht
Kriminologisches Seminar
Institut für Recht, Politik u Gesellschaft der sozialistischen Staaten

Wirtschafts- und Sozialwissenschaftliche Fakultät

Institut für Theoretische Volkswirtschaftslehre
Institut für Wirtschaftspolitik
Institut für Finanzwissenschaft
Institut für Betriebswirtschaftslehre
Institut für Statistik u Ökonometrie
Institut für Soziologie

Institut für Politische Wissenschaft
Institut für Regionalforschung

Angeschlossene Institute und Einrichtungen:

Institut für Weltwirtschaft an der Universität Kiel
Lorenz-von-Stein-Institut für Verwaltungswissenschaften an der Universität Kiel

Medizinische Fakultät

Anatomisches Institut
Physiologisches Institut
Biochemisches Institut in der Medizinischen Fakultät
Institut für angewandte Physiologie u medizinische Klimatologie
Institut für Geschiche der Medizin u Pharmazie

Zentren und Abteilungen (Klinikum)
2300 Kiel, Hospitalstr 21-23; F 5 97(1)

Zentrum Konservative Medizin I
Abteilung Allgemeine Innere Medizin
Abteilung Spezielle Kardiologie
Abteilung Spezielle Nephrologie u Dialyse
Abteilung Dermatologie u Venerologie (Hautklinik)
Zentrum Konservative Medizin II
Abteilung Allgemeine Pädiatrie (Kinderklinik)
Abteilung Kinderkardiologie
Abteilung Neuropädiatrie
Abteilung für Humangenetik
Zentrum Operative Medizin I
Abteilung Allgemeine Chirurgie
Abteilung Kardiovasculäre Chirurgie
Abteilung Urologie
Abteilung Unfallchirurgie (Traumatologie)
Abteilung Frauenheilkunde (Frauenklinik)
Zentrum Operative Medizin II
Abteilung Hals-, Nasen- u Ohrenkrankheiten
Abteilung Stimm- u Sprachstörungen
Abteilung Ophthalmologie (Augenklinik)
Abteilung Orth- u Pleoptik
Abteilung Neurochirurgie
Abteilung Orthopädie
Zentrum Nervenheilkunde
Abteilung Psychiatrie
Abteilung Neurologie
Abteilung Kinder- u Jugend-Psychiatrie
Abteilung Psychotherapie u Psychosomatik
Abteilung Medizinische Psychologie
Zentrum Zahn-, Mund- u Kieferheilkunde
Abteilung Zahnerhaltung
Abteilung Kieferchirurgie
Abteilung Kieferorthopädie
Abteilung Prothetik
Zentrum für Interdisziplinäre Fächer
Abteilung Anaesthesiologie
Abteilung Radiologie

81

Abteilung Medizinische Statistik u Dokumentation
Abteilung Transfusionsmedizin
Zentrum Klinisch-Theoretische Medizin I
Abteilung Hygiene, Sozialhygiene und Gesundheitswesen
Abteilung Medizinische Mikrobiologie
Abteilung Immunologie
Abteilung Allgemeine Pathologie u pathologische Anatomie
Abteilung Zytopathologie
Abteilung Paidopathologie
Zentrum Klinisch-Theoretische Medizin II
Abteilung Pharmakologie
Abteilung Toxikologie
Abteilung Rechtsmedizin I (Allgemeine gerichtliche Medizin)
Abteilung Rechtsmedizin II (Spezielle gerichtliche und Versicherungs-Medizin)

Besondere Einrichtungen

II. Medizinische Klinik u Poliklinik der Universität im Städtischen Krankenhaus

Gemeinsame Einrichtungen
mit der Mathematisch-Naturwissenschaftlichen Fakultät
Anthropologisches Institut

mit der Philosophischen Fakultät
Institut für Sport- u Sportwissenschaften

Philosophische Fakultät

Philosophisches Seminar
Institut für Pädagogik
Institut für Psychologie
Historisches Seminar
Seminar für Osteuropäische Geschichte
Archäologisches Institut
Schleswig-Holsteinisches Landesmuseum für Vor- u Frühgeschichte
Kunsthistorisches Institut
Kunsthalle zu Kiel
Gemälde-Galerie u Graphische Sammlung
Antikensammlung
Musikwissenschaftliches Institut
Seminar für Volkskunde
Seminar für Allgemeine u Indogermanische Sprachwissenschaft
Institut für Phonetik
Institut für Klassische Altertumskunde
Seminar für Orientalistik
Germanistisches Seminar
Institut für Literaturwissenschaft
Nordisches Institut
angeschlossen:
Nordfriesische Wörterbuchstelle
Englisches Seminar

Romanisches Seminar
Slavisches Seminar

Gemeinsame Einrichtungen
mit der Mathematisch-Naturwissenschaftlichen Fakultät
Institut für Ur- u Frühgeschichte

mit der Medizinischen Fakultät
Institut für Sport u Sportwissenschaften

Mathemtisch-Naturwissenschaftliche Fakultät

Philosophisches Seminar
Institut für Ur- u Frühgeschichte
Mathematisches Seminar
Institut für Informatik u Praktische Mathematik einschließlich Rechenzentrum
Institut für Experimentalphysik
Institut für Angewandte Physik
Institut für Reine u Angewandte Kernphysik
Institut für Theoretische Physik u Sternwarte
Institut für Geophysik
Institut für Anorganische Chemie
Institut für Organische Chemie
Institut für Physikalische Chemie
Pharmazeutisches Institut
Institut für Pharmazeutische Biologie
Botanisches Institut u Botanischer Garten
Angeschlossen:
Landesstelle für Vegetationskunde
Institut für Allgemeine Mikrobiologie
Zoologisches Institut u Museum
Institut für Haustierkunde
Mineralogisch-Petrographisches Institut u Museum
Geologisch-Paläontologisches Institut u Museum einschließlich Wanderndes Museum der Universität Kiel
Geographisches Institut
Anthropologisches Institut

Angeschlossene Institute u Einrichtungen:

Institut für Meereskunde an der Universität Kiel
Max-Planck-Institut für Limnologie zu Plön
Institut für die Pädagogik der Naturwissenschaften (IPN) an der Universität Kiel

Agrarwissenschaftliche Fakultät

Institut für Pflanzenernährung u Bodenkunde
Institut für Pflanzenbau u Pflanzenzüchtung
Institut für Phytopathologie
Institut für Tierernährung und Futtermittelkunde
Institut für Tierzucht u Tierhaltung
Institut für Landwirtschaftliche Verfahrenstechnik
Institut für Wasserwirtschaft und Landschaftsökologie
Institut für Landwirtschaftliche Betriebs- u Arbeitslehre

Institut für Agrarpolitik u Marktlehre
Institut für Humanernährung und Lebensmittel-
kunde
Institut für Ernährungswirtschaft und Ver-
brauchslehre
Variationsstatistik
Bundesanstalt für Milchforschung mit
a) Institut für Milcherzeugung
b) Institut für Hygiene
c) Institut für Mikrobiologie
c) Institut für Chemie u Physik
d) Institut für Physiologie und Biochemie der Ernährung
e) Institut für Betriebswirtschaft und Marktfor-
schung
f) Institut für Verfahrenstechnik

Daten- und Informationszentrum

16 Studentenwerk Schleswig-Holstein

— Anstalt des öffentlichen Rechts —
2300 Kiel, Westring 385; F (04 31) 8 80-1

Rechtsgrundlage und Aufgabenkreis:
Studentenwerksgesetz vom 22. April 1971
(GVOBl Schl-H Seite 186).
Dem Studentenwerk obliegen
1. wirtschaftliche und soziale Förderung der Studenten
2. Durchführung des Bundesausbildungsförde-
rungsgesetzes als Amt für Ausbildungsförderung
für den Hochschulbereich
3. Bereitstellung und Unterhaltung wirtschaftli-
cher und sozialer Einrichtungen zur Betreuung der
Studenten (Wohnheime und Mensen)
4. Förderung kultureller Interessen der Studenten.
Geschäftsführer: Günther Schulz-Gärtner

XI Minister für Bundesangelegenheiten

des Landes Schleswig-Holstein
Bevollmächtigter des Landes beim Bund

2300 Kiel, Landeshaus, Düsterbrooker Weg 80;
F (04 31) 59 61
und **5300 Bonn,** Kurt-Schumacher-Str 17/18;
F (02 28) 21 30 51/55; Telex 8 869 382

Aufgabenkreis:
Dem Minister für Bundesangelegenheiten obliegt als Bevollmächtigtem des Landes beim Bund insbesondere die Verbindung zu den einzelnen Organen der Bundesrepublik Deutschland. Ihm ist die zum Geschäftsbereich des Ministerpräsidenten gehörende Vertretung beim Bund fachlich unmittelbar unterstellt. Für die Erledigung seiner Aufgaben in Kiel ist ihm der Chef der Staatskanzlei zugeordnet.

Minister für Bundesangelegenheiten: Dr Henning Schwarz

Persönlicher Referent: Dr Dany RDir

Ständiger Vertreter des Bevollmächtigten: Dr Ulrich Benner MinDirig

Ref B 100: **Büroleitender Beamter; Personalangelegenheiten und Haushalt, soweit der Vertretung übertragen; Hausverwaltung; Wohnungsangelegenheiten** Bormann OAR

Ref B 110: **Auswärtige und Verteidigungsangelegenheiten; Innerdeutsche Beziehungen; Europapolitik; Deutscher Bundestag** Müller-Stutzer MinR

Ref B 120: **Innere Angelegenheiten; Raumordnung, Bauwesen, Städtebau; Recht und Verfassung; Justitiar** von Hoff RR

Ref B 130: **Bildung und Wissenschaft; Forschung und Technologie; Kultusangelegenheiten einschließlich Jugend und Sport; Berufsbildungspolitik; Ständige Vertragskommission; Medienpolitik; Verbindung zur Bundespresse** Dr Hochbaum Ang

Ref B 140: **Wirtschaft; Verkehr; Wirtschaftliche Zusammenarbeit; Post- und Fernmeldewesen** Willen MinR

Ref B 150: **Finanzen und Steuern; Haushalt und Finanzplanung des Bundes und der Länder** NN

Ref B 160: **Ernährung, Landwirtschaft und Forsten; Umweltschutz** Böhling OFoR

Ref B 170: **Arbeit und Soziales; Jugend, Familie** und Gesundheit; Gewerbeaufsicht; Vorbereitung der Bundesratssitzungen von Hippel RDir

Ref B 180: **Ministerbüro Kiel; Vorbereitung der Landtags- und Kabinettssitzungen; Verbindung zur Landespresse; Angelegenheiten des Vermittlungsausschusses** Dr Dany RDir

Ref B 190: **Öffentlichkeitsarbeit; Veranstaltungen; Verbindung zu Parteien und Verbänden; politische Grundsatzfragen; Protokoll; Kieler Woche** Lambrecht RR

d Organe der Rechtspflege

Rechtspflege

Einführender Beitrag von
Heinrich M Granow
Richter am Amtsgericht Euskirchen

Die Rechtspflege ist die Tätigkeit staatlicher und staatlich anerkannter Organe, die dem Rechtsschutz, der Rechtsausübung und der Rechtsvorsorge dient, sei es durch Rechtsprechung, sei es in anderen Zweigen der Gerichtsbarkeit.

1.) Die rechtsprechende Gewalt wird nach dem Grundgesetz der Bundesrepublik Deutschland durch vom Staat eingesetzte unabhängige und nur dem Gesetz unterworfene Gerichte ausgeübt (Artikel 92, 97 GG). Aufgabe der Gerichte ist es, in einem geregelten Verfahren für einen konkreten Fall den wirklichen Sachverhalt festzustellen und hierbei das materielle Recht anzuwenden, d h die Vorschriften, welche die Rechtsverhältnisse der Privatpersonen regeln (Privatrecht), oder das Recht des Staates zu strafen (Strafrecht) oder die sich aus dem sonstigen öffentlichen Recht (insbesondere Staats- und Verwaltungsrecht) ergebenden Rechtsbeziehungen behandeln.

Träger der Gerichtsbarkeit sind der Bund und die Länder (vgl Artikel 92 GG).

Die Organisation der Gerichte und die Abgrenzung ihrer Geschäftsbereiche sind teils in der Verfassung, im übrigen in einer Gerichtsverfassung, im Land Schleswig-Holstein im einzelnen auch in der Landessatzung, Landesgesetzen und Landesverordnungen bestimmt.

a. Nach Artikel 37 der Landessatzung für Schleswig-Holstein vom 13. Dezember 1949 in der Fassung vom 15. März 1962 (GVOBl 1962 Seite 123) besteht für das Land Schleswig-Holstein kein eigenes Verfassungsgericht. Als Verfassungsgericht wird das Bundesverfassungsgericht in Karlsruhe tätig.

b. Die Organisation und Zuständigkeit sowie der Aufgabenbereich der
Gerichte der ordentlichen Gerichtsbarkeit
ergeben sich aus dem Gerichtsverfassungsgesetz in der Fassung vom 12. September 1950 mit späteren Änderungen (GVG) sowie für das Land Schleswig-Holstein aus verschiedenen Landesgesetzen und -verordnungen.

Die **Amtsgerichte**
sind in Zivilsachen allgemein zuständig für bürgerliche Rechtsstreitigkeiten vermögensrechtlicher

Art, deren Gegenstandswert die Summe von 3 000, — DM nicht übersteigt, weiterhin ohne Rücksicht auf den Wert des Streitgegenstandes in Mietstreitigkeiten; Streitigkeiten aus Beförderungs-, Transport und Gastwirtverträgen, soweit sie sich auf Wirtszechen, Fuhrlohn, Überfahrtsgelder, Beförderung der Reisenden und ihrer Habe und auf den Verlust und die Beschädigung der letzteren beziehen; Streitigkeiten wegen Viehmängel und Wildschäden; für Entscheidungen über Ansprüche aus einem mit der Überlassung eines Grundstückes in Verbindung stehenden Leibgedings-, Leibzuchts-, Altenteils- oder Auszugsvertrages; in Landwirtschaftssachen als Landwirtschaftsgericht (1 Richter, 2 landwirtschaftliche Beisitzer); in Vereinssachen; in der Führung des Handelsregisters; in Personenstandssachen; in Vormundschaftssachen als Vormundschaftsgericht; in Zwangsvollstreckungssachen; in Zwangsversteigerungs- und Zwangsverwaltungssachen; in Konkurssachen; in Familiensachen als Familiengericht (Scheidungssachen und damit in Zusammenhang stehende Vermögens-, Kindschafts- und Unterhaltsangelegenheiten).

In allen diesen Fällen entscheidet der Einzelrichter. In Strafsachen ist der Einzelrichter des Amtsgerichts zuständig (§ 25 GVG):

1.als Ermittlungsrichter außerhalb der Hauptverhandlung für alle Untersuchungshandlungen einschließlich Durchsuchung und Beschlagnahme, Haftbefehl, Rechtshilfe sowie beim Schöffengericht für alle Entscheidungen außerhalb der Hauptverhandlung, z B Eröffnungsbeschluß (§ 30 Abs 2 GVG);

2.als Spruchrichter bei Bußgeldverfahren, Privatklagedelikten, bei sonstigen Vergehen, die mit höchstens 6 Monaten Freiheitsstrafe bedroht sind, und bei Vergehen, bei denen die Staatsanwaltschaft Anklage vor dem Einzelrichter erhebt und keine höhere Strafe als 1 Jahr Freiheitsstrafe zu erwarten ist;

3.in Jugendsachen auf Antrag der Staatsanwaltschaft, wenn Zuchtmittel oder Erziehungsmaßregeln zu erwarten sind; Jugendstrafe darf der Jugendrichter nur bis zu einem Jahr verhängen (§ 39 JGG).

Das Schöffengericht beim Amtsgericht (§§ 28 ff GVG) entscheidet in allen zur Zuständigkeit des Amtsgerichts gehörigen Strafsachen, soweit nicht der Einzelrichter entscheidet (alle Verbrechen und Vergehen, falls nicht das Schwurgericht oder die Staatsschutzkammer beim Landgericht oder das Oberlandesgericht zuständig ist oder die Staatsanwaltschaft wegen der besonderen Bedeutung des Falles Anklage beim Landgericht erhebt; auch darf weder eine höhere Strafe als drei Jahre Freiheitsstrafe noch Sicherungsverwahrung oder Unterbringung in einem psychiatrischen Krankenhaus oder einer sozialtherapeutischen Anstalt zu erwarten sein (§ 24 GVG). Über Verfehlungen von Jugendlichen entscheidet diesbezüglich das Jugendschöffengericht beim Amtsgericht (§§ 33 ff JGG).

Das Schöffengericht besteht aus einem Berufsrichter als Vorsitzenden und zwei Schöffen (kleines Schöffengericht). Auf Antrag der Staatsanwaltschaft kann bei umfangreichen Sachen ein zweiter Richter zur Hauptverhandlung zugezogen werden (erweitertes oder großes Schöffengericht, §§ 28, 29 GVG). In Jugendsachen entscheidet ein Jugendrichter und zwei Jugendschöffen.

Die **Landgerichte**
Itzehoe, Flensburg, Kiel und Lübeck sind jeweils besetzt mit dem Präsidenten des Landgerichts, Vorsitzenden Richtern und weiteren Richtern (§ 59 GVG). Es bestehen

1. **Zivilkammern** (3 Berufsrichter) als erstinstanzliche Gerichte in bürgerlichen Rechtsstreitigkeiten, die nicht den Amtsgerichten zugewiesen sind und nicht auf Antrag an die Kammern für Handelssachen verwiesen sind, sowie ohne Rücksicht auf den Wert des Streitgegenstandes für Ansprüche gegen den Staat oder eine Körperschaft des öffentlichen Rechts, und als zweitinstanzliche Gerichte zur Entscheidung über Berufung und Beschwerde gegen amtsgerichtliche Urteile und Beschlüsse (§§ 71, 72, 75 GVG);

2. **Kammern für Handelssachen** (1 Berufsrichter, 2 ehrenamtliche Richter, die von der Industrie- und Handelskammer vorgeschlagen und für die Dauer von 3 Jahren ernannt werden, § 108 GVG), zuständig auf Antrag für Handelssachen anstelle der Zivilkammern (§§ 94 ff GVG). Je 1 Kammer besteht bei den Landgerichten Itzehoe, Flensburg und Lübeck. Von den 2 Kammern für Handelssachen beim Landgericht Kiel ist 1 auch zuständig für Wertpapierbereinigungssachen (Landesverordnung zur Übertragung der Aufgaben der Kammer für Wertpapierbereinigung auf die Kammer für Handelssachen bei dem Landgericht Kiel vom 21. 9. 1968);

3. 1 **Kammer für Baulandsachen** bei dem Landgericht Kiel (3 Richter des Landgerichts einschließlich des Vorsitzenden sowie 2 hauptamtliche Richter des Verwaltungsgerichtes, § 160 Bundesbaugesetz BBauG), zuständig für die Verhandlung und Entscheidung über Anträge gemäß §157 Abs 1 Satz 1 BBauG (Verordnung über die Zuständigkeit der Landgerichte nach dem Bundesbaugesetz vom 26. 10. 1960);

4. 1 **Wiedergutmachungskammer** bei dem Landgericht Kiel (3 Berufsrichter), zuständig für Ansprüche wegen Rückerstattung feststellbarer Vermögensgegenstände an Opfer der nationalsozialistischen Unterdrückungsmaßnahmen (1. Verordnung zur Durchführung des Gesetzes Nr 59 — Rückerstattung feststellbarer Vermögensgegenstände an Opfer der nationalsozialistischen Unterdrückungsmaßnahmen — vom 26. 9. 1949);

5. 1 **Entschädigungskammer** bei dem Landgericht Kiel (3 Berufsrichter), zuständig für Ansprüche gemäß dem Bundesentschädigungsgesetz und Entschädigung von Opfern nationalsozialistischer Verfolgung (Verordnung über die Zuständigkeit des Landgerichts (Entschädigungskammer) Kiel vom 22. 2. 1955);

6. 1 **Zivilkammer** des Landgerichts Kiel verhandelt und entscheidet in bürgerlichen Rechtsstreitigkeiten, für die nach § 87 des Gesetzes gegen Wettbewerbsbeschränkungen die Landgerichte ausschließlich zuständig sind (Verordnung über die Zuständigkeit der Landgerichte in Kartellsachen vom 11. 2. 1958);

7. **Große Strafkammern** (3 Berufsrichter und 2 Schöffen) zur Entscheidung in Strafsachen und zwar:

in erster Instanz für alle Verbrechen, die nicht zur Zuständigkeit des Amtsgerichts und des Oberlandesgerichts gehören, sowie für alle Straftaten, wenn mehr als 3 Jahre Freiheitsstrafe oder Unterbringung in einem psychiatrischen Krankenhaus oder einer sozialtherapeutischen Anstalt oder Sicherungsverwahrung zu erwarten ist oder wenn die Staatsanwaltschaft wegen der besonderen Bedeutung der Sache bei der Strafkammer Anklage erhebt (§ 74 GVG);

nachdem früher beim Landgericht nach Bedarf Schwurgerichte, bestehend aus 3 Richtern und 6 Schöffen gebildet wurden, die zuständig waren für Verbrechen gegen das Leben und bestimmte andere schwere Verbrechen (z B Raub, Diebstahl oder Erpressung jeweils mit Todesfolge, besonders schwere Brandstiftung), haben seit dem 1. 1. 1975 große Strafkammern diese Funktion übernommen;

in Bezug auf Wirtschaftsstrafsachen besteht eine ausschließliche Zuständigkeit des

Landgerichts Kiel für die Landgerichtsbezirke Flensburg und Kiel,

Landgerichts Lübeck für die Landgerichtsbezirke Itzehoe und Lübeck,

(Landesverordnung über die Zuweisung von Wirtschaftsstrafsachen an die Landgerichte Kiel und Lübeck vom 14. 12. 1972);

in zweiter Instanz entscheiden die großen Strafkammern als Berufungsgerichte gegen Entscheidungen des Schöffengerichts beim Amtsgericht;

8. **kleine Strafkammern** (1 Berufsrichter, 2 Schöffen) entscheiden über Berufungen gegen Urteile des Einzelrichters in Strafsachen beim Amtsgericht;

9. 1 **Staatsschutzkammer** bei dem Landgericht Flensburg, zuständig für leichtere Fälle von Friedensverrat, Gefährdung des demokratischen Rechtsstaates oder der Landesverteidigung, Verschleppung und politische Denunziation, § 74 a GVG);

10. **Kammern für Bußgeldverfahren;** die Zuständigkeit ergibt sich aus §§ 46 ff Ordnungswidrigkeitengesetz (OWiG), 464 b Strafprozeßordnung und 104 Zivilprozeßordnung (ZPO). Danach kann gegen den Kostenfestsetzungsbeschluß des Rechtspflegers beim Amtsgericht Erinnerung eingelegt werden, über die das Amtsgericht entscheidet, wenn der Beschwerdewert unter 100, – DM liegt (§§ 577, 567 ZPO), ansonsten diese als sofortige Beschwerde gilt und von der Strafkammer entschieden wird;

11. **Strafvollstreckungskammern** bei den Landgerichten Kiel für die Landgerichtsbezirke Flensburg und Kiel, sowie Lübeck für die Landgerichtsbezirke Itzehoe und Lübeck, zuständig für die nachträglichen gerichtlichen Entscheidungen bei der Vollstreckung von Freiheitsstrafen und freiheitsentziehenden sichernden und bessernden Maßregeln (§ 462 a StPO). Sie sind mit einem Richter besetzt, wenn der Entscheidung eine Freiheitsstrafe bis zu zwei Jahren zugrunde liegt, sonst stets mit 3 Richtern (§ 78 b GVG) (Landesverordnung über die Zuweisung von Zuständigkeiten der Strafvollstreckungskammern an die Landgerichte Kiel und Lübeck vom 16. 12. 1974).

12. Jeweils 1 Strafkammer der Landgerichte entscheidet in **Steuerberater- und Steuerbevollmächtigtensachen.** Sie ist besetzt mit 1 Berufsrichter, 2 Steuerberatern oder Steuerbevollmächtigten und ist zuständig in erster Instanz für berufsgerichtliche Verfahren wegen Pflichtverletzungen.

Beim Landgericht Kiel ist weiterhin das **Dienstgericht für Richter** errichtet (§ 53 Abs 2 Landesrichtergesetz vom 27. 6. 1966 mit späteren Änderungen). Es entscheidet in der Besetzung mit 1 Vorsitzenden und 1 ständigen Beisitzer, beide Richter abwechselnd alle 2 Jahre aus der ordentlichen Gerichtsbarkeit, Verwaltungsgerichtsbarkeit, Finanzgerichtsbarkeit, Arbeitsgerichtsbarkeit oder der Sozialgerichtsbarkeit, sowie 1 nichtständigen Beisitzer, Richter aus dem Gerichtszweig des betroffenen Richters (§§ 60, 61 LRiR) über Disziplinarverfahren gegen Richter, über die Versetzung im Interesse der Rechtspflege (§ 31 DRiG), bei Richtern auf Lebenszeit oder auf Zeit über die Nichtigkeit und Rücknahme einer Ernennung (§§ 18, 19 DRiG), Entlassung (§ 21 DRiG), Versetzung in den Ruhestand wegen Dienstunfähigkeit (§ 34 DRiG), bei

Anfechtung einer Maßnahme wegen Veränderung der Gerichtsorganisation (§ 32 DRiG), der Übertragung eines weiteren Richteramtes (§ 27 Abs 2 DRiG), der Abordnung eines Richters nach § 37 Abs 3 DRiG, einer Verfügung, durch die ein Richter auf Probe oder kraft Auftrages entlassen, durch die seine Ernennung zurückgenommen oder die Nichtigkeit seiner Ernennung festgestellt oder durch die er wegen Dienstunfähigkeit in den Ruhestand versetzt wird, der Heranziehung zu einer Nebentätigkeit, einer Maßnahme der Dienstaufsicht aus den Gründen des § 26 Abs 3 DRiG, einer Verfügung über die Teilzeitbeschäftigung und Beurlaubung von Richterinnen, sowie über Disziplinarverfahren gegen Staatsanwälte.

Das **Schleswig-Holsteinische Oberlandesgericht** hat seinen Sitz in Schleswig. Es ist besetzt mit einem Präsidenten, Vorsitzenden Richtern und weiteren Richtern. Es bestehen

1. 12 **Zivilsenate** (3 Berufsrichter), zuständig in bürgerlichen Rechtsstreitigkeiten für die Verhandlung und Entscheidung über die Rechtsmittel: der Berufung gegen Endurteile sowie der Beschwerde gegen Entscheidungen des Familiengerichts beim Amtsgericht; der Berufung gegen Endurteile sowie der Beschwerde gegen Entscheidungen der Landgerichte;

weitere Zuständigkeiten sind Bestimmung des zuständigen Gerichts, § 36 ZPO, Entscheidung über die Ablehnung eines Richters, wenn das Landgericht beschlußunfähig wird, § 45 Abs 1 ZPO, Entscheidung über die Verpflichtung zur Übernahme einer Entmündigungssache gemäß §§ 650, 651, 676 ZPO, Entscheidung über die Beschwerde gegen Verweigerung der Rechtshilfe, § 159 GVG, Entscheidung über die Beschwerde bei sitzungspolizeilichen Strafen, § 181 Abs 3 GVG, Entscheidung über die weitere Beschwerde in Konkurs- und Zwangsversteigerungssachen, Amtsenthebung eines ehrenamtlichen Richters, § 113 Abs 2 GVG, Entscheidung über die weitere Beschwerde in Sachen der Freiwilligen Gerichtsbarkeit, § 28 Gesetz über die Freiwillige Gerichtsbarkeit, sofortige Beschwerde in Landwirtschaftssachen (3 Richter des OLG, 2 landwirtschaftliche Beisitzer), gerichtliche Entscheidung über die Rechtmäßigkeit von Justizverwaltungsakten im Rahmen von § 23 EGGVG;

2. 1 **Senat für Baulandsachen** (3 Berufsrichter einschließlich des Vorsitzenden des OLG, 2 hauptamtliche Richter des Oberverwaltungsgerichtes in Lüneburg, § 169 BBauG), zuständig für Berufungen gegen Entscheidungen des Landgerichts Kiel in Baulandsachen;

3. 1 Kartellsenat (3 Berufsrichter), zuständig für Beschwerden gegen Verfügungen der Kartellbehörde, Festsetzung einer Geldbuße, Berufungen gegen Entscheidungen der Kartellkammer des Landgerichts Kiel (vgl § 92 Gesetz gegen Wettbewerbsbeschränkungen in der Fassung vom 4. 4. 1974);

4. 2 Strafsenate, im 1. Rechtszug in der Besetzung mit 5 Berufsrichtern zuständig für Strafsachen wegen Friedensverrat, Hochverrat u Landesverrats, Nötigung von Verfassungsorganen und Völkermord, ferner in den an sich nach § 74 a GVG zur Zuständigkeit der Strafkammer des Landgerichts gehörenden politischen Strafsachen, wenn der Generalbundesanwalt wegen der besonderen Bedeutung die Verfolgung übernimmt. Soweit das OLG im 1. Rechtszug zuständig ist, können Ermittlungsrichter des OLG anstelle des Amtsrichters oder neben diesem Untersuchungshandlungen vornehmen (§ 168 a StPO);

in 2. Instanz ist das OLG zuständig in der Besetzung mit 3 Berufsrichtern für Revisionen gegen Urteile der großen Strafkammern der Landgerichte, wenn die Revision ausschließlich auf die Verletzung einer in den Landesgesetzen enthaltenen Rechtsnorm gestützt wird, über die Revision gegen Urteile des Einzelrichters in Strafsachen bei den Amtsgerichten (Sprungrevision gemäß § 335 StPO);

in 3. Instanz ist das OLG in gleicher Besetzung Revisionsinstanz gegen Berufungsurteile der großen und kleinen Strafkammern (§ 121 GVG); weiterhin sind die Strafsenate zuständig für Beschwerden gegen strafrichterliche Entscheidungen, soweit nicht die Zuständigkeit der Strafkammern der Landgerichte oder des Bundesgerichtshofes begründet ist (§ 121 Abs 1 Nr 2 GVG); sowie in Bußgeldverfahren für die Entscheidung über Rechtsbeschwerden (§ 79 OWiG) oder die Zulassung der Rechtsbeschwerde (§ 80 OWiG) gegen Urteile und Beschlüsse nach § 72 OWiG der Amtsgerichte in Bußgeldverfahren;

5. das OLG ist weiterhin zuständig für **Disziplinarverfahren gegen Notare** im 1. Rechtszug in der Besetzung mit 1 Vorsitzenden Richter, 1 weiteren Richter und 1 Notar (§§ 99 ff Bundesnotarordnung;

für Berufungen gegen Urteile der Kammer für Steuerberater- und Steuerbevollmächtigtensachen bei den Landgerichten in der Besetzung mit 3 Berufsrichtern und 2 Steuerberatern oder Steuerbevollmächtigten.

Bei dem Schleswig-Holsteinischen Oberlandesgericht ist weiterhin der **Schleswig-Holsteinische Dienstgerichtshof für Richter** errichtet. Er entscheidet in der Besetzung mit 1 Vorsitzenden und 2 ständigen Beisit-

zern, Richter abwechselnd alle 2 Jahre aus der ordentlichen Gerichtsbarkeit, Verwaltungsgerichtsbarkeit, Finanzgerichtsbarkeit, Arbeitsgerichtsbarkeit oder der Sozialgerichtsbarkeit, sowie 2 nichtständigen Beisitzern, Richter aus dem Gerichtszweig des betroffenen Richters. Er ist zuständig für Berufungen gegen Urteile und Beschwerden gegen Beschlüsse des Dienstgerichts für Richter (§ 55 LRiG).

Ferner ist beim Schleswig-Holsteinischen Oberlandesgericht ein **Ehrengerichtshof für Rechtsanwälte** errichtet. Dieser ist in 2. Instanz zuständig für Berufungen gegen Urteile und Beschwerden gegen Beschlüsse des Ehrengerichts für Rechtsanwälte (§§ 142, 143 Bundesrechtsanwaltsordnung BRAO). Er verhandelt und entscheidet in der Besetzung mit 1 Rechtsanwalt als Vorsitzenden, 2 weiteren Rechtsanwälten und 2 Berufsrichtern als Beisitzern. Ebenso wie die Rechtsanwälte werden auch die Berufsrichter, die aus der Zahl der ständigen Mitglieder des OLG kommen müssen, von der Justizverwaltung für die Dauer von 4 Jahren bestellt.

Bundesrechtlich zugelassen und bestellt sind die besonderen Gerichte, die dem GVG nicht unterstehen:

c. die **Gerichte der allgemeinen Verwaltungsgerichtsbarkeit** (§§ 2 ff Verwaltungsgerichtsordnung VwGO, Ausführungsgesetz zur Verwaltungsgerichtsordnung vom 29. 3. 1960). Zweck der Verwaltungsgerichtsbarkeit ist der Kontrolle der Verwaltung und der Schutz der Staatsbürger gegen fehlerhafte Ausübung der staatlichen Gewalt.

1. das **Verwaltungsgericht** hat seinen Sitz in Schleswig und besteht aus dem Präsidenten des Verwaltungsgerichts, Vorsitzenden Richtern und weiteren Richtern. Es ist zuständig in allen öffentlich-rechtlichen Streitigkeiten nichtverfassungsrechtlicher Art, soweit nicht die Streitigkeiten durch Bundesgesetz einem anderen Gericht ausdrücklich zugewiesen sind (§ 40 Abs 1 VwGO). Das öffentliche Recht umfaßt die Rechtsnormen, welche die Rechtsbeziehungen des einzelnen gegenüber einer übergeordneten Gewalt (Staat, Gemeinde, öffentliche Körperschaft) oder die Beziehungen dieser Gewalten untereinander behandeln (z B Polizei-, Beamten-, Gewerbe-, Bau-, Verkehrs-, Schul- und Hochschulrecht). Es bestehen 15 Kammern, die in der Besetzung mit 3 Berufsrichtern und 2 ehrenamtliche Verwaltungsrichtern verhandeln und entscheiden. Diese wirken bei Beschlüssen außerhalb der mündlichen Verhandlung nicht mit (§ 5 VwGO).

Es besteht weiterhin beim Verwaltungsgericht das

Disziplinargericht
(Disziplinarordnung für das Land Schleswig-Holstein LDO vom 17. 2. 1971). Es ist in der Besetzung mit 3 Berufsrichtern und 2 ehrenamtlichen Verwaltungsrichtern, von denen 1 der Laufbahngruppe und 1 möglichst dem Verwaltungszweig des betroffenen Beamten angehören soll (§ 39 LDO), zuständig für die Verfolgung und Ahndung von Dienstvergehen von schleswig-holsteinischen Beamten,

2. Für Berufungen gegen Urteile und Beschwerden gegen andere Entscheidungen des Verwaltungsgerichts ist
das **Oberverwaltungsgericht in Lüneburg** (Niedersachsen) zuständig (Gesetz zu dem Staatsvertrag zwischen den Ländern Niedersachsen und Schleswig-Holstein über das gemeinschaftliche Oberverwaltungsgericht vom 22. 12. 1971). Dort ist ein Disziplinarsenat errichtet, der über Berufungen gegen Urteile und Beschwerden gegen andere Entscheidungen des Disziplinargerichts beim Verwaltungsgericht Schleswig verhandelt und entscheidet (§ 36 LDO).

d. die Gerichte der besonderen Verwaltungsgerichtsbarkeit

1. die Sozialgerichte
Kiel, Lübeck, Itzehoe und Schleswig (Schleswig-Holsteinisches Ausführungsgesetz zum Sozialgerichtsgesetz vom 2. 11. 1953 mit späteren Änderungen AGSGG) verhandeln und entscheiden in der Besetzung mit 1 Berufsrichter als Vorsitzenden sowie 2 ehrenamtlichen Richtern als Beisitzern. Sie sind zuständig für öffentlich-rechtliche Streitigkeiten in Angelegenheiten der Sozialversicherung, der Arbeitslosenversicherung und der übrigen Aufgaben der Bundesanstalt für Arbeitsvermittlung und Arbeitslosenversicherung sowie der Kriegsopferversorgung. Sie entscheiden ferner über Angelegenheiten, die aufgrund der Beziehungen zwischen Ärzten, Zahnärzten und Krankenkassen (Kassenarztrecht) im Rechtsweg zu entscheiden sind, und über sonstige öffentlich-rechtliche Streitigkeiten, für die durch Gesetz der Rechtsweg zu diesem Gericht eröffnet ist;

2. das Landessozialgericht
(AGSGG) hat seinen Sitz in Schleswig. Es bestehen 6 Senate, die in der Besetzung mit 3 Berufsrichtern und 2 ehrenamtlichen Richtern verhandeln und entscheiden (§§ 28 ff SGG). Es ist zuständig für Berufungen gegen Urteile und Beschwerden gegen andere Entscheidungen der Sozialgerichte (§ 29 SGG);

3. das Schleswig-Holsteinische Finanzgericht
(1. Gesetz zur Ausführung der Finanzgerichtsordnung vom 20. 12. 1965)

hat seinen Sitz in Kiel. Es bestehen 4 Senate, die in der Besetzung mit 3 Richtern und 2 ehrenamtlichen Richtern verhandeln und entscheiden. Es ist zuständig im 1. Rechtszug für Klagen gegen Finanzbehörden in Abgabesachen (Steuer- und Zollsachen). Mit der Klage kann auch die Aufhebung (auch Änderung) eines Verwaltungsaktes, die Verpflichtung zum Erlaß eines abgelehnten oder unterlassenen Verwaltungsaktes oder eine Feststellung über ein Rechtsverhältnis begehrt werden (§ 40 FGO);

4. das Berufsgericht für die Heilberufe
(§ 4 Gesetz über die Berufsgerichtsbarkeit der Heilberufe vom 22. 2. 1954 mit späteren Änderungen in Verbindung mit § 11 des Gesetzes über die Ärztekammer Schleswig-Holstein, des Gesetzes über die Zahnärztekammer Schleswig-Holstein, des Gesetzes über die Apothekerkammer Schleswig-Holstein und des Gesetzes über die Tierärztekammer Schleswig-Holstein, jeweils vom 18. 12. 1953 mit späteren Änderungen) hat seinen Sitz in Schleswig. Es ist in der Besetzung mit 1 Berufsrichter des Schleswig-Holsteinischen Verwaltungsgerichtes als Vorsitzenden und 2 Beisitzern aus den Berufen der Betroffenen zuständig für Ahndungen von Berufsvergehen (Verstoß gegen die Berufspflichten) von Ärzten, Zahnärzten, Apothekern und Tierärzten.

5. der Berufsgerichtshof für die Heilberufe
(§ 4 Gesetz über die Berufsgerichtsbarkeit der Heilberufe) hat seinen Sitz in Schleswig. Er ist in der Besetzung mit 3 Berufsrichtern einschließlich des Vorsitzenden des Schleswig-Holsteinischen Verwaltungsgerichtes und 2 Beisitzern aus den Berufen der Betroffenen zuständig für die Berufung gegen Urteile und Beschwerden gegen andere Entscheidungen des Berufsgerichtes.

e. Als weitere besondere Gerichtsbarkeit besteht die
Arbeitsgerichtsbarkeit
Diese wird ausgeübt durch unabhängige Arbeitsgerichte, die von der obersten Arbeitsbehörde Schleswig-Holsteins im Einvernehmen mit der Landesjustizverwaltung nach Anhörung der Gewerkschaften und Arbeitgebervereinigungen errichtet werden. Die Dienstaufsicht obliegt der obersten Landesarbeitsbehörde im Einvernehmen mit der Landesjustizverwaltung (§§ 14, 15, 33, 34 Arbeitsgerichtsgesetz ArbGG). In Schleswig-Holstein bestehen als Gerichte in Arbeitssachen (Gesetz über die Bezirke der Gerichte für Arbeitssachen in Schleswig-Holstein vom 24. 4. 1956 mit späteren Änderungen):

1. die Arbeitsgerichte
Elmshorn, Flensburg (mit u a 1 Fachkammer für den öffentlichen Dienst), Husum, Kiel (mit u a je

89

1 Fachkammer für das Handwerk als Handwerksgericht und für den öffentlichen Dienst), Lübeck (mit u a je 1 Fachkammer für das Handwerk als Handwerksgericht, für den öffentlichen Dienst und für die Seeschiffahrt) und Neumünster (mit u a 1 Fachkammer für den öffentlichen Dienst). Die Kammern entscheiden in der Besetzung mit 1 Berufsrichter als Vorsitzenden, 1 Arbeitgeber und 1 Arbeitnehmer. Sie sind zuständig für bürgerliche Rechtsstreitigkeiten zwischen Tarifvertragsparteien oder zwischen diesen und Dritten aus Tarifverträgen, über deren Bestehen oder Nichtbestehen und aus unerlaubten Handlungen, soweit es sich um Maßnahmen zum Zwecke des Arbeitskampfes oder um Fragen der Vereinigungsfreiheit handelt, weiter für bürgerliche Rechtsstreitigkeiten zwischen Arbeitnehmern und Arbeitgebern aus dem Arbeitsverhältnis, über dessen Bestehen oder Nichtbestehen und Auswirkungen sowie aus unerlaubten Handlungen, wenn ein Zusammenhang mit dem Arbeitsvertrag gegeben ist (z B Beschädigung einer Maschine durch einen Arbeitnehmer), ferner für Streitigkeiten zwischen Arbeitnehmern bei Zusammenhang mit dem Arbeitsverhältnis, letztlich im Beschlußverfahren für Streitfälle nach dem Betriebsverfassungsgesetz, die den Betriebsrat, Betriebsvereinbarungen, Einstellungen und Entlassungen betreffen (§ 80, 2 Abs 1 ArbGG);

2. das **Landesarbeitsgericht Schleswig-Holstein** hat seinen Sitz in Kiel. Es bestehen 5 Kammern, davon 1 Fachkammer für den öffentlichen Dienst, die in der Besetzung mit 1 Berufsrichter als Vorsitzenden, 1 Arbeitgeber und 1 Arbeitnehmer als Beisitzende zuständig sind für Berufungen gegen Urteile und Beschwerden gegen andere Entscheidungen der Arbeitsgerichte (§§ 64, 78 ArbGG).

2.) ein weiteres wesentliches Organ der Rechtspflege ist die **Staatsanwaltschaft. Sie ist die staatliche Untersuchungs- und Anklagebehörde in Strafsachen. Beim Schleswig-Holsteinischen Oberlandesgericht besteht eine Generalstaatsanwaltschaft, bei den Landgerichten jeweils Staatsanwaltschaften, deren erste Beamte (Generalstaatsanwalt bzw Leitende Oberstaatsanwälte) befugt sind, bei allen Gerichten ihres Bezirkes die Amtsverrichtungen der Staatsanwaltschaft selbst zu übernehmen oder bestimmte Beamte damit zu betrauen. Bei den Amtsgerichten können auch Amtsanwälte das Amt des Staatsanwaltes ausüben (§§ 143, 145 GVG). Die Staatsanwälte müssen zum Richteramt befähigt sein, sind jedoch nichtrichterliche Beamte. Sie üben ihre amtlichen Verrichtungen unabhängig von den Gerichten aus.

I Verfassungsgerichtsbarkeit

Als Verfassungsgericht entscheidet das Bundesverfassungsgericht in Karlsruhe auf Grund von Art 99 des Grundgesetzes in Verbindung mit § 13 Nr 10 des Gesetzes über das Bundesverfassungsgericht und Art 37 der Landessatzung für Schleswig-Holstein in der Fassung vom 15. März 1962 (GVOBl 1962 S 123)

II Die Gerichte der ordentlichen Gerichtsbarkeit

— gehören zum Geschäftsbereich des Justizministers —

Staatsrechtliche Grundlage:
Siehe hierzu nähere Angaben auf Seite 85

Schleswig-Holsteinisches Oberlandesgericht

2380 Schleswig, Gottorf-Str 2; F (0 46 21) 8 61
Gliederung u Aufgabenkreis:
Siehe hierzu nähere Angaben auf Seite 87
Präsident: Dr Eberhard Kuthning
Ständiger Vertreter: Dr Gerold Köhler VPräs des OLG
Verwaltungsreferent u Geschäftsleitender Beamter: Hans-Werner Drews OAR
OLG-Bezirk: Land Schleswig-Holstein mit den Landgerichten Kiel, Lübeck, Flensburg, Itzehoe

Beim Schleswig-Holsteinischen Oberlandesgericht errichtet:

Der Vorsitzende des Justizprüfungsamtes bei dem Schleswig-Holsteinischen Oberlandesgericht
Aufgabenkreis: Durchführung der Ersten Juristischen Staatsprüfung
Vorsitzender: Dr Eberhard Kuthning Präs des OLG
Verwaltungsleiter: NN

Schleswig-Holsteinischer Dienstgerichtshof für Richter
Aufgabenkreis: Siehe hierzu die Angaben Seite 88
Vorsitzende Richter:
1. Senat: Pusch Rchtr am FinG
2. Senat: Groll Rchtr am FinG

Ehrengerichtshof für Rechtsanwälte
Aufgabenkreis: Siehe hierzu die Angaben auf
Seite 88
Vorsitzender Richter: NN

Der Generalstaatsanwalt

bei dem Schleswig-Holsteinischen Oberlandesgericht

2380 **Schleswig,** Gottorf-Str 2; F (0 46 21) 8 61;
Telex 221 333 stasl d
Aufgabenkreis: Siehe hierzu die Angaben auf
Seite 90
Generalstaatsanwalt: Gerhard Teschke

Landgericht Flensburg

2390 **Flensburg,** Südergraben 22; F (04 61) 8 91
Gliederung u Aufgabenkreis: Siehe hierzu die Angaben auf den Seiten 86
Präsident: Ties Tiessen

Staatsanwaltschaft beim Landgericht Flensburg
2390 **Flensburg,** Südergraben 22; F (04 61) 8 91
Ltd Oberstaatsanwalt: Andreas Thiemke

Amtsgerichte

Amtsgericht
2390 **Flensburg,** Südergraben 22; F (04 61) 8 91
Direktor des Amtsgerichts: Hans-Peter Bachmann

Amtsgerichtsbezirk:
Zugehörige Gemeinden: Ausacker, Böxlund, Dollerup, Eggebek, Flensburg, Freienwill, Glücksburg (Ostsee), Großenwiehe, Großsolt, Grundhof, Handewitt, Harrislee, Hörup, Holt, Hürup, Husby, Janneby, Jardelund, Jarplund-Weding, Jerrishoe, Jörl, Langballig, Langstedt, Lindewitt, Maasbüll, Medelby, Meyn, Munkbrarup, Nordhackstedt, Oeversee, Osterby, Quern, Ringsberg, Sankelmark, Schafflund, Sieverstedt, Sörup, Sollerup, Steinberg, Steinbergkirche, Süderhackstedt, Tarp, Tastrup, Wallsbüll, Wanderup, Wees, Weesby, Westerholz
Besondere ausschließliche Zuständigkeiten:
in Zwangsversteigerungs- und Zwangsverwaltungssachen für den Bezirk des Amtsgerichts Flensburg
in Konkurssachen für den Bezirk des Amtsgerichts Flensburg
in Familiensachen für den Bezirk der Amtsgerichte Flensburg und Kappeln
in der Führung des Seeschiffsregisters und Schiffsbauregisters für den Bezirk der Amtsgerichte Flensburg, Kappeln, Schleswig, Husum und Niebüll (Landgerichtsbezirk Flensburg)
in Schöffengerichts- und Jugendschöffengerichts-

sachen für den Bezirk des Amtsgerichts Flensburg
in Haftsachen für den Bezirk der Amtsgerichte Flensburg, Kappeln, Schleswig, Husum und Niebüll (Landgerichtsbezirk Flensburg)

Amtsgericht
2250 **Husum,** Theodor-Storm-Str 5; F (0 48 41) 30 83
Direktor des Amtsgerichts: Wynfrid Degenhardt

Amtsgerichtsbezirk:
Zugehörige Gemeinden: Ahrenshöft, Ahrenviöl, Ahrenviölfeld, Almdorf, Arlewatt, Augustenkoog, Bargum, Behrendorf, Bohmstedt, Bondelum, Bordelum, Bredstedt, Breklum, Drage, Drelsdorf, Elisabeth-Sophien-Koog, Fresendelf, Friedrichstadt, Garding, Kirchspiel Garding, Goldebek, Goldelund, Grothusenkoog, Haselund, Hattstedt, Hattstedtermarsch, Högel, Hooge, Horstedt, Hude, Husum, Immenstedt, Joldelund, Katharinenheerd, Koldenbüttel, Kolkerheide, Kotzenbüll, Langenhorn, Löwenstedt, Lütjenholm, Mildstedt, Norderfriedrichskoog, Nordstrand, Norstedt, Ockholm, Oldenswort, Oldersbek, Olderup, Ostenfeld (Husum), Osterhever, Oster-Ohrstedt, Pellworm, Poppenbüll, Ramstedt, Rantrum, Reußenköge, Sankt Peter-Ording, Schobüll, Schwabstedt, Schwesing, Seeth, Simonsberg, Sönnebüll, Sollwitt, Struckum, Süderhöft, Südermarsch, Tating, Tetenbüll, Tönning, Tümlauer-Koog, Uelvesbüll, Viöl, Vollerwiek, Vollstedt, Welt, Westerhever, Wester-Ohrstedt, Winnert, Wisch, Wittbek, Witzwort u Wobbenbüll
Besondere ausschließliche Zuständigkeiten:
in Zwangsversteigerungs- und Zwangsverwaltungssachen für den Bezirk des Amtsgerichts Husum
in Konkurssachen für den Bezirk des Amtsgerichts Husum
in Familiensachen für den Bezirk des Amtsgerichts Husum
in Schöffengerichts- und Jugendschöffengerichtssachen für den Bezirk des Amtsgerichts Husum
in Haftsachen für den Bezirk des Amtsgerichts Husum
in Bußgeldverfahren wegen Ordnungswidrigkeiten nach dem Straßenverkehrsgesetz für den Bezirk des Amtsgerichts Husum

Amtsgericht
2340 **Kappeln,** Gerichtsstr 1; F (0 46 42) 10 66
Direktor des Amtsgerichts: Norbert Wüstefeld

Amtsgerichtsbezirk:
Zugehörige Gemeinden: Ahneby, Arnis, Boel, Boren, Brebel, Brodersby, Dollrottfeld, Dörphof, Ekenis, Esgrus, Gelting, Grödersby, Hasselberg, Kappeln, Karby, Kiesby, Kronsgaard, Maasholm, Mohrkirch, Nieby, Niesgrau, Norderbrarup, Nott-

feld, Oersberg, Pommerby, Rabel, Rabenholz, Rabenkirchen-Faulück, Rügge, Saustrup, Scheggerott, Stangheck, Steinfeld, Sterup, Stoltebüll, Süderbrarup, Ulsnis, Wagersrott, Winnemark

Amtsgericht
2260 Niebüll, Sylter Bogen 1 a; F (0 46 61) 30 11
Direktor des Amtsgerichts: Hans-Heinrich Gretemann

Amtsgerichtsbezirk:
Zugehörige Gemeinden: Achtrup, Alkersum, Aventoft, Bosbüll, Borgsum, Braderup, Bramstedtlund, Dagebüll, Dunsum, Ellhöft, Emmelsbüll-Horsbüll, Enge-Sande, Friedrich-Wilhelm-Lübke-Koog, Galmsbüll, Gröde, Hörnum (Sylt), Holm, Humptrup, Kampen, (Sylt), Karlum, Klanxbüll, Klixbüll, Ladelund, Langeneß, Leck, Lexgaard, List, Midlum, Nebel, Neukirchen, Nieblum, Niebüll, Norddorf, Oevenum, Oldsum, Rantum (Sylt), Risum-Lindholm, Rodenäs, Sprakebüll, Stadum, Stedesand, Süderende, Süderlügum, Sylt-Ost, Tinningstedt, Uphusum, Utersum, Wenningstedt, Westerland, Westre, Witsum, Wittdün, Wrixum, Wyk auf Föhr

Amtsgericht
2380 Schleswig, Lollfuß 78; F (0 46 21) 2 30 58
Direktor des Amtsgerichts: Kuno Vöge

Amtsgerichtsbezirk:
Zugehörige Gemeinden: Alt-Bennebek, Bergenhusen, Böklund, Börm, Bollingstedt, Borgwedel, Brodersby, Busdorf, Dannewerk, Dörpstedt, Ellingstedt, Erfde, Fahrdorf, Geltorf, Goltoft, Groß-Rheide, Havetoft, Havetoftloit, Hollingstedt, Hüsby, Idstedt, Jagel, Jübek, Klappholz, Klein Bennebek, Klein Rheide, Kropp, Loit, Lottorf, Lürschau, Meggerdorf, Neuberend, Norderstapel, Nübel, Rüde, Satrup, Schaalby, Schleswig, Schnarup-Thumby, Schuby, Selk, Silberstedt, Stolk, Struxdorf, Süderfahrendstedt, Süderstapel, Taarstedt, Tetenhusen, Tielen, Tolk, Treia, Twedt, Ülsby u Wohlde
Besondere ausschließliche Zuständigkeiten:
in Zwangsversteigerungs- und Zwangsverwaltungssachen für den Bezirk der Amtsgerichte Schleswig und Kappeln
in Konkurssachen für den Bezirk der Amtsgerichte Schleswig und Kappeln
in Familiensachen für den Amtsgerichtsbezirk Schleswig
in Schöffengerichts- und Jugendschöffengerichtssachen für den Bezirk der Amtsgerichte Schleswig und Kappeln
in Haftsachen für den Amtsgerichtsbezirk Schleswig
in Bußgeldverfahren wegen Ordnungswidrigkeiten nach dem Straßenverkehrsgesetz für den Amtsgerichtsbezirk Schleswig

Landgericht Itzehoe

2210 Itzehoe, Breitenburger Str 68; F (0 48 21) 60 11
Gliederung u Aufgabenkreis: Siehe hierzu Angaben auf den Seiten 86
Präsident: Dr Gerold Köhler

Staatsanwaltschaft bei dem Landgericht Itzehoe
2210 Itzehoe, Feldschmiedekamp 4; F (0 48 21) 6 20 51
Ltd Oberstaatsanwalt: Hans-Dieter Räfler

Amtsgerichte

Amtsgericht
2200 Elmshorn, Bismarckstr 8/10; F (0 41 21) 2 10 91-94
Direktor des Amtsgerichts: Jürgen Behrendt

Amtsgerichtsbezirk:
Zugehörige Gemeinden: Altenmoor, Barmstedt, Bevern, Bilsen, Bokel, Bokholt-Hanredder, Brande-Hörnerkirchen, Bullenkuhlen, Ellerhoop, Elmshorn, Groß-Offenseth, Heede, Hemdingen, Klein Nordende, Klein Offenseth, Kölln-Reisiek, Kurzenmoor, Langeln, Lutzhorn, Neuendorf b Elmshorn, Osterhorn, Raa-Besenbek, Seestermühe, Seeth-Ekholt, Westerhorn
Besondere ausschließliche Zuständigkeiten:
in Zwangsversteigerungs- und Zwangsverwaltungssachen für den Bezirk der Amtsgerichte Elmshorn und Uetersen
in Konkurssachen für den Bezirk der Amtsgerichtsbezirke Elmshorn und Uetersen
in Familiensachen für den Bezirk der Amtsgerichte Elmshorn und Uetersen
in Schöffengerichts- und Jugendschöffengerichtssachen für den Bezirk des Amtsgerichts Elmshorn
in Haftsachen für den Bezirk des Amtsgerichts Elmshorn
in Bußgeldverfahren wegen Ordnungswidrigkeiten nach dem Straßenverkehrsgesetz für den Bezirk der Amtsgerichte Elmshorn und Uetersen

Amtsgericht
2208 Glückstadt, Burggraben 1; F (0 41 24) 23 42 und 75 31
Direktor des Amtsgerichts: Gerd Breuer

Amtsgerichtsbezirk:
Zugehörige Gemeinden: Blomesche Wildnis, Engelbrechtsche Wildnis, Glückstadt, Kollmar, Herzhorn

Amtsgericht
2210 Itzehoe, Bergstr 5; F (0 48 21) 6 40 42
Direktor des Amtsgerichts: Jürgen Petersen

Amtsgerichtsbezirk:
Zugehörige Gemeinden: Aasbüttel, Aebtissin-

wisch, Agethorst, Bahrenfleth, Beidenfleth, Bekdorf, Bekmünde, Besdorf, Bokelrehm, Bokhorst, Breitenburg, Brokdorf, Büttel, Christinenthal, Dägeling, Dammfleth, Drage, Ecklak, Gribbohm, Hadenfeld, Heiligenstedten, Heiligenstedtenerkamp, Hodorf, Hohenaspe, Hohenlockstedt, Holstenniendorf, Huje, Itzehoe, Kaaks, Kaisborstel, Kleve, Kollmoor, Kremperheide, Krempermoor, Krummendiek, Kudensee, Lägerdorf, Landrecht, Landscheide, Looft, Mehlbek, Moorhusen, Münsterdorf, Neuendorf b W, Nienbüttel, Nortorf, Nutteln, Oelixdorf, Oldenborstel, Oldendorf, Ottenbüttel, Peissen, Pöschendorf, Puls, Reher, Sachsenbande, St Margarethen, Schenefeld, Siezbüttel, Schlotfeld, Stördorf, Vaale, Vaalermoor, Wacken, Warringholz, Wewelsfleth, Wilster, Winseldorf
Besondere ausschließliche Zuständigkeiten:
in Zwangsversteigerungs- und Zwangsverwaltungssachen für den Bezirk der Amtsgerichte Itzehoe, Glückstadt, Kellinghusen, Krempe
in Konkurssachen für den Bezirk der Amtsgerichte Itzehoe, Glückstadt, Kellinghusen, Krempe
in Familiensachen für den Bezirk der Amtsgerichte Itzehoe, Glückstadt, Kellinghusen, Krempe
in der Führung des Seeschiffsregisters und Schiffsbauregisters für den Bezirk der Amtsgerichte Itzehoe, Elmshorn, Glückstadt, Meldorf, Pinneberg, Uetersen
in Schöffengerichts- und Jugendschöffengerichtssachen für den Bezirk der Amtsgerichte Itzehoe, Glückstadt, Kellinghusen, Krempe
in Haftsachen für den Bezirk des Amtsgerichts Itzehoe
in Bußgeldverfahren wegen Ordnungswidrigkeiten nach dem Straßenverkehrsgesetz für den Bezirk der Amtsgerichte Itzehoe, Glückstadt, Kellinghusen, Krempe

Amtsgericht
2217 Kellinghusen, Hauptstr 31; F (0 48 22) 20 15
Direktor des Amtsgerichts: Armin Heyde

Amtsgerichtsbezirk:
Zugehörige Gemeinden: Auufer, Breitenberg, Brokstedt, Fitzbek, Hennstedt, Hingstheide, Kellinghusen, Kronsmoor, Lockstedt, Lohbarbek, Moordiek, Moordorf, Mühlenbarbek, Oeschebüttel, Poyenberg, Quarnstedt, Rade, Rosdorf (in Holstein), Sarlhusen, Silzen, Störkathen, Westermoor, Wiedenborstel, Willenscharen, Wittenbergen, Wrist, Wulfsmoor

Amtsgericht
2209 Krempe, Stiftstr 16 b; F (0 48 24) 5 20
Direktor des Amtsgerichts: Peter Domke

Amtsgerichtsbezirk:
Zugehörige Gemeinden: Borsfleth, Elskop, Grevenkop, Hohenfelde, Horst (Holst), Krempdorf,

Krempe, Kiebitzreihe, Neuenbrook, Rethwisch, Sommerland, Süderau

Amtsgericht
2223 Meldorf, Domstr 1; F (0 48 32) 8 71
Direktor des Amtsgerichts: Hans Lamp

Amtsgerichtsbezirk:
Zugehörige Gemeinden: Albersdorf, Arkebek, Averlak, Bargenstedt, Barkenholm, Barlt, Bergewöhrden, Brickeln, Brunsbüttel, Buchholz, Büsum, Büsumer Deichhausen, Bunsoh, Burg (Dithmarschen), Busenwurth, Dellstedt, Delve, Diekhusen-Fahrstedt, Dingen, Dörpling, Eddelak, Eggstedt, Elpersbüttel, Epenwöhrden, Fedderingen, Frestedt, Friedrichsgabekoog, Friedrichskoog, Gaushorn, Glüsing, Großenrade, Groven, Gudendorf, Hägen, Hedwigenkoog, Heide, Hellschen-Heringsand-Unterschaar, Helse, Hemme, Hemmingstedt, Hennstedt, Hillgroven, Hochdonn, Hövede Hollingstedt, Immenstedt, Kaiser-Wilhelm-Koog, Karolinenkoog, Kleve, Krempel, Kronprinzenkoog, Krumstedt, Kuden, Lehe, Lieth, Linden, Lohe-Rickelshof, Lunden, Marne, Marnerdeich, Meldorf, Neuenkirchen, Neufeld, Neufelderkoog, Nindorf, Norddeich, Norderheistedt, Nordermeldorf, Norderwöhrden, Nordhastedt, Odderade, Österdeichstrich, Oesterwurth, Offenbüttel, Osterade, Ostrohe, Pahlen, Quickborn, Ramhusen, Rehm-Flehde-Bargen, Reinsbüttel, Sankt Annen, Sankt-Michaelisdonn, Sarzbüttel, Schafstedt, Schalkholz, Schlichting, Schmedeswurth, Schrum, Schülp, Schwienhusen, Stelle-Wittenwurth, Strübbel, Süderdeich, Süderdorf, Süderhastedt, Süderheistedt, Tellingstedt, Tensbüttel-Röst, Tielenhemme, Trennewurth, Volsemenhusen, Wallen, Warwerort, Weddingstedt, Welmbüttel, Wennbüttel, Wesselburen, Wesselburener Deichhausen, Wesselburenerkoog, Wesseln, Westerborstel, Westerdeichstrich, Wiemerstedt, Windbergen, Wöhrden, Wolmersdorf, Wrohm

Amtsgericht
2080 Pinneberg, Bahnhofstr 17; F (0 41 01) 2 05 01
Direktor des Amtsgerichts: Ernst-Harald Dähnhardt

Amtsgerichtsbezirk:
Zugehörige Gemeinden: Appen, Bönningstedt, Borstel-Hohenraden, Ellerbek, Halstenbek, Hasloh, Helgoland, Hetlingen, Holm, Kummerfeld, Pinneberg, Prisdorf, Quickborn, Rellingen, Tangstedt, Tornesch, Schenefeld, Wedel (Holstein)

Amtsgericht
2082 Uetersen, Marktstr 34; F (0 41 22) 24 64 u 4 26 46
Direktor des Amtsgerichts: Heinz Joachim Zimdars

Zugehörige Gemeinden: Groß Nordende, Haselau, Haseldorf, Heidgraben, Heist, Moorrege, Neuendeich, Uetersen

Landgericht Kiel

2300 Kiel, Schützenwall 31/35; F (04 31) 60 41
Gliederung u Aufgabenkreis: Siehe hierzu die Angaben auf den Seiten ■
Präsident: Dr Harald Stoehr

Beim Landgericht Kiel eingerichtet:

Schleswig-Holsteinisches Dienstgericht für Richter
Vorsitzende Richter:
1. Kammer: Hartwig VorsRchtr a LArbG Flensburg
2. Kammer: Petrich VorsRchtr a LArbG Kiel

Staatsanwaltschaft beim Landgericht Kiel
2300 Kiel, Schützenwall 31/35; F (04 31) 60 41/60 43 16
LtdOberstaatsanwalt: Lothar von Raab-Straube

Amtsgerichte

Amtsgericht
2357 Bad Bramstedt, Maienbeeck 1; F (0 41 92) 22 08
Direktor des Amtsgerichts: Wolfgang Hillmann

Amtsgerichtsbezirk:
Zugehörige Gemeinden: Armstedt, Bad Bramstedt, Bimöhlen, Borstel, Föhrden-Barl, Fuhlendorf, Hagen, Hardebek, Hasenrug, Hasenmoor, Heidmoor, Henstedt-Ulzburg, Hitzhusen, Hüttblek, Kaltenkirchen, Kattendorf, Kisdorf, Lentföhrden, Mönkloh, Nützen, Oersdorf, Schmalfeld, Sievershütten, Struvenhütten, Stuvenborn, Wakendorf II, Weddelbrook, Wiemersdorf, Winsen

Amtsgericht
2360 Bad Segeberg, Hamburger Str 27/29; F (0 45 51) 30 85
Direktor des Amtsgerichts: Hermann Boie

Amtsgerichtsbezirk:
Zugehörige Gemeinden: Bad Segeberg, Bahrenhof, Bark, Bebensee, Blunk, Bornhöved, Bühnsdorf, Daldorf, Damsdorf, Dreggers, Fahrenkrug, Fredesdorf, Geschendorf, Glasau, Gönnebek, Groß Gladebrügge, Groß Niendorf, Groß Rönnau, Hartenholm, Heidmühlen, Högersdorf, Itzstedt, Kayhude, Klein Rönnau, Krems II, Kükels, Leezen, Mözen, Nahe, Negernbötel, Nehms, Neuengörs, Neversdorf, Oering, Pronstorf, Rickling, Rohlstorf, Schackendorf, Schieren, Schmalensee, Schwissel, Seedorf, Seth, Stipsdorf, Stocksee, Strukdorf, Sül-

feld, Tarbek, Tensfeld, Todesfelde, Trappenkamp, Travenhorst, Wahlstedt, Wakendorf I, Weede, Wensin, Westerrade, Wittenborn
Besondere ausschließliche Zuständigkeiten:
in Zwangsversteigerungs- und Zwangsverwaltungssachen für den Bezirk des Amtsgerichts Bad Segeberg
in Konkurssachen für den Bezirk des Amtsgerichts Bad Segeberg
in Familiensachen für den Bezirk der Amtsgerichte Bad Segeberg und Bad Bramstedt
in Schöffengerichts- und Jugendschöffengerichtssachen für den Bezirk des Amtsgerichts Bad Segeberg
in Haftsachen für den Bezirk des Amtsgerichts Bad Segeberg
in Bußgeldverfahren wegen Ordnungswidrigkeiten nach dem Straßenverkehrsgesetz für den Bezirk der Amtsgerichte Bad Segeberg, Bad Bramstedt und aus dem Bezirk des Amtsgerichts Neumünster folgende Gemeinden: Boostedt, Großenaspe, Groß Kummenfeld, Latendorf

Amtsgericht
2330 Eckernförde, Reeperbahn 45-47; F (0 43 51) 60 37-39, 60 30, 20 50, 1 00 29
Direktor des Amtsgerichts: Dieter Brack

Amtsgerichtsbezirk:
Zugehörige Gemeinden: Ahlefeld, Altenhof, Altenholz, Ascheffel, Barkelsby, Bistensee, Brekendorf, Bünsdorf, Dänischenhagen, Damendorf, Damp, Eckernförde, Felm, Fleckeby, Gammelby, Gettorf, Goosefeld, Groß Wittensee, Güby, Haby, Holtsee, Holzbunge, Holzdorf, Hütten Hummelfeld, Klein Wittensee, Kosel, Lindau, Loose, Neudorf-Bornstein, Neu Duvenstedt, Neuwittenbek, Noer, Osdorf, Osterby, Owschlag, Rieseby, Sehestedt, Schinkel, Schwedeneck, Strande, Thumby, Tüttendorf, Waabs, Windeby

Amtsgericht
2000 Norderstedt 3, Europaallee; F (0 40) 5 23 10 31
Direktor des Amtsgerichts: Wilhelm Knauer

Amtsgerichtsbezirk:
Zugehörige Gemeinden: Alveslohe, Ellerau, Norderstedt, Tangstedt

Amtsgericht
2320 Plön, Lütjenburger Str; F (0 45 22) 6 81
Direktor des Amtsgerichts: Willi Alischewski

Amtsgerichtsbezirk:
Zugehörige Gemeinden: Ascheberg (Holstein), Barmissen, Barsbek, Behresdorf (Ostsee), Belau, Bendfeld, Blekendorf, Bösdorf, Boksee, Bothkamp, Brodersdorf, Dannau, Dersau, Dobersdorf, Dörnick, Fahren, Fargau-Pratjau, Fiefbergen, Fiekau, Grebin, Großbarkau, Helmstorf, Högsdorf,

Höhndorf, Hohenfelde, Hohwacht (Ostsee), Honigsee, Kalübbe, Kirchbarkau, Kirchnüchel, Klamp, Klein, Barkau, Kletkamp, Köhn, Krokau, Krummbek, Kühren, Laboe, Lammershagen, Lebrade, Lehmkuhlen, Löptin, Lütjenburg, Lutterbek, Martensrade, Mucheln, Nehmten, Nettelsee, Panker, Passade, Plön, Pohnsdorf, Postfeld, Prasdorf, Preetz, Probsteierhagen, Raisdorf, Rantzau, Rastorf, Rathjensdorf, Ruhwinkel, Schellhorn, Schlesen, Schönberg (Holstein), Schwartbuck, Selent, Stakendorf, Stein, Stolpe, Stoltenberg, Tröndel, Wahlstorf, Wankendorf, Warnau, Wendtorf, Wisch, Wittmoldt

Amtsgericht
2300 Kiel, Harmsstr 99/101; F (04 31) 60 41
Präsident des Amtsgerichts: Dr Kurt Bubert

Amtsgerichtsbezirk:
Zugehörige Gemeinden: Achterwehr, Blumenthal, Bredenbek, Felde, Heikendorf, Kiel, Klausdorf, Kronshagen, Krummwisch, Melsdorf, Mielkendorf, Molfsee, Mönkeberg, Ottendorf, Quarnbek, Rodenbek, Rumohr, Schierensee, Schönkirchen, Westensee

Amtsgericht
2350 Neumünster, Boostedter Str 26; F (0 43 21) 4 59 71-4
Direktor des Amtsgerichts: Dieter Thilow

Amtsgerichtsbezirk:
Zugehörige Gemeinden: Arpsdorf, Aukrug, Bönebüttel, Boostedt, Ehndorf, Großenaspe, Großharrie, Groß Kummerfeld, Latendorf, Neumünster, Padenstedt, Rendswühren, Schillsdorf, Tasdorf, Wasbek
Besondere Zuständigkeiten:
in Schöffengerichts- und Jugendschöffengerichtssachen für den Bezirk der Amtsgerichte Neumünster und Bad Bramstedt
in Haftsachen für den Bezirk der Amtsgerichte Neumünster, Bad Bramstedt, Bad Segeberg, Norderstedt

Amtsgericht
2370 Rendsburg, Königstr 17; F (0 43 31) 52 38
Direktor des Amtsgerichts: Dieter Witthohn

Amtsgerichtsbezirk:
Zugehörige Gemeinden: Alt Duvenstedt, Bargstall, Bargstedt, Beldorf, Bendorf, Beringstedt, Bissee, Böhnhusen, Bokel, Bordesholm, Borgdorf-Seedorf, Borgstedt, Bornholt, Bovenau, Brammer, Breiholz, Brinjahe, Brügge, Büdelsdorf, Christiansholm, Dätgen, Eisendorf, Ellerdorf, Elsdorf-Westermühlen, Embühren, Emkendorf, Flintbek, Fockbek, Friedrichsgraben, Friedrichsholm, Gnutz, Gokels, Grauel, Grevenkrug, Groß Buch-

wald, Groß Vollstedt, Haale, Hamdorf, Hamweddel, Hanerau-Hademarschen, Haßmoor, Heinkenborstel, Hörsten, Hoffeld, Hohenwestedt, Hohn, Jahrsdorf, Jevenstedt, Königshügel, Krogaspe, Langwedel, Lohe-Föhrden, Loop, Lütjenwestedt, Luhnstedt, Meezen, Mörel, Mühbrook, Negenharrie, Nienborstel, Nindorf, Nortorf, Nübbel, Oldenbüttel, Oldenhütten, Ostenfeld (Rendsburg), Osterrönfeld, Osterstedt, Prinzenmoor, Rade bei Hohenwestedt, Rade bei Rendsburg, Reesdorf, Remmels, Rendsburg, Rickert, Schacht-Audorf, Schmalstede, Schönbek, Schönhorst, Schülldorf, Schülp bei Nortorf, Schülp bei Rendsburg, Seefeld, Sören, Sophienhamm, Stafstedt, Steenfeld, Tackesdorf, Tappendorf, Techelsdorf, Thaden, Timmaspe, Todenbüttel, Wapelfeld, Warder, Wattenbek, Westerrönfeld
Besondere Zuständigkeiten:
in Bußgeldverfahren wegen Ordnungswidrigkeiten nach dem Straßenverkehrsgesetz für den Kreis Rendsburg-Eckernförde mit Ausnahme des Amtsgerichtsbezirks Eckernförde
in der Führung des Binnenschiffsregisters Nord-Ostsee-Kanal mit Kieler Förde, Eider, die schleswig-holsteinischen Binnengewässer, Schlei, Flensburger Förde, die Häfen Husum, Büsum und Eckernförde, nordfriesisches Wattenmeer

Landgericht Lübeck

2400 Lübeck, Am Burgfeld 7; F (04 51) 3 10 31
Gliederung u Aufgabenkreis: Siehe hierzu die Angaben auf den Seiten 86
Präsident: Dr Herbert Tietgen

Staatsanwaltschaft beim Landgericht Lübeck
2400 Lübeck, Am Burgfeld 7; F (04 51) 3 10 31
Ltd Oberstaatsanwalt: Oswald Kleiner

Amtsgerichte

Amtsgericht
2070 Ahrensburg, Königstr 11; F (0 41 02) 5 12 56
Direktor des Amtsgerichts: Werner Finke

Amtsgerichtsbezirk:
Zugehörige Gemeinden: Ahrensburg, Ammersbek, Bargfeld-Stegen, Bargteheide, Delingsdorf, Elmenhorst, Großhansdorf, Hammoor, Jersbek, Lasbek, Nienwohld, Tremsbüttel

Amtsgericht
2060 Bad Oldesloe, Weg zum Bürgerpark 1; F (0 45 31) 41 46
Direktor des Amtsgerichts: Sophus Pohl-Laukamp

Amtsgerichtsbezirk:
Zugehörige Gemeinden: Badendorf, Bad Oldes-

loe, Barnitz, Feldhorst, Grabau, Hamberge, Heidekamp, Heilshoop, Klein Wesenberg, Meddewade, Mönkhagen, Neritz, Pölitz, Rehhorst, Reinfeld (Holstein), Rethwisch, Rümpel, Travenbrück, Westerau, Wesenberg, Zarpen

Amtsgericht
2407 Bad Schwartau, Am Markt 1; F (04 51) 2 10 41
Direktor des Amtsgerichts: Jürgen Stomprowski

Amtsgerichtsbezirk:
Zugehörige Gemeinden: Bad Schwartau, Scharbeutz, Ratekau, Stockelsdorf, Timmendorfer Strand

Amtsgericht
2420 Eutin, Jungfernstieg 3; F (0 45 21) 40 16, 40 17, 7 15 01 - 7 15 04
Direktor des Amtsgerichts: Adolf Karcher

Amtsgerichtsbezirk:
Zugehörige Gemeinden: Ahrensbök, Bosau, Eutin, Kasseedorf, Malente, Schönwalde am Bungsberg, Süsel
Besondere ausschließliche Zuständigkeiten:
in Zwangsversteigerungs- und Zwangsverwaltungssachen für den Bezirk des Amtsgerichts Eutin
in Konkurssachen für den Bezirk des Amtsgerichts Eutin
in Familiensachen für den Bezirk des Amtsgerichts Eutin
in Schöffengerichts- und Jugendschöffengerichtssachen für den Bezirk des Amtsgerichts Eutin
in Haftsachen für den Bezirk des Amtsgerichts Eutin
in Bußgeldverfahren wegen Ordnungswidrigkeiten nach dem Straßenverkehrsgesetz für den Bezirk der Amtsgerichte Eutin, Bad Schwartau, Oldenburg i H (für Oldenburg i H ohne Bußgeldverfahren für Verkehrsordnungswidrigkeiten)

ımtsgericht
ľ054 Geesthacht, Bandrieteweg 1; F (0 41 52) 50 94, 50 95, 50 96
Direktor des Amtsgerichts: Horst Elvers

Amtsgerichtsbezirk:
Zugehörige Gemeinden: Börnsen, Escheburg, Geesthacht, Hamwarde, Hohenhorn, Kröppelshagen-Fahrendorf, Wiershop, Worth

Amtsgericht
2058 Lauenburg/Elbe, Amtsplatz 6; F (0 41 53) 25 27
Direktor des Amtsgerichts: Hans Meyer

Amtsgerichtsbezirk:
Zugehörige Gemeinden: Basedow, Buchhorst, Dalldorf, Juliusburg, Krüzen, Krukow, Lanze,

Lauenburg/Elbe, Lütau, Schnakenbek, Wangelau, Witzeeze

Amtsgericht
2400 Lübeck, Am Burgfeld 7; F (04 51) 3 10 31
Präsident des Amtsgerichts: Dr Jürgen Harder
Amtsgerichtsbezirk:
Zugehörige Gemeinden: Groß-Grönau, Krummesse, Hansestadt Lübeck
Besondere ausschließliche Zuständigkeiten:
in Zwangsversteigerungs- und Zwangsverwaltungssachen für den Bezirk der Amtsgerichte Lübeck, Bad Schwartau
in Konkurssachen für den Bezirk der Amtsgerichte Lübeck, Bad Schwartau
in Familiensachen für den Bezirk der Amtsgerichte Lübeck, Bad Schwartau
in der Führung des Seeschiffsregisters und Schiffsbauregisters für den Bezirk des Landgerichts Lübeck
in Schöffengerichts- und Jugendschöffengerichtssachen für den Bezirk der Amtsgerichte Lübeck, Bad Schwartau
in Haftsachen für den Bezirk des Amtsgerichts Lübeck. Im Landgerichtsbezirk das Arbeitsgericht Lübeck für Ahrensburg, Bad Oldesloe, Bad Schwartau, Eutin, Mölln, Oldenburg in Holstein, Ratzeburg, Trittau. Aber nicht gegen weibliche Beschuldigte sowie gegen Jugendliche und Heranwachsende.
in Bußgeldverfahren wegen Ordnungswidrigkeiten nach dem Straßenverkehrsgesetz für den Bezirk des Amtsgerichts Lübeck

Amtsgericht
2410 Mölln, Lindenweg 8; F (0 45 42) 70 81
Direktor des Amtsgerichts: Eugen v Wietersheim
Amtsgerichtsbezirk:
Zugehörige Gemeinden: Alt-Mölln, Bälau, Besenthal, Borstorf, Breitenfelde, Brunsmark, Göttin, Grambek, Gudow, Güster, Hollenbek, Hornbek, Horst, Koberg, Kühsen, Langenlehsten, Lankau, Lehmrade, Mölln, Niendorf b Berkenthin, Niendorf/Stecknitz, Nusse, Panten, Poggensee, Ritzerau, Sterley, Walksfelde, Woltersdorf

Amtsgericht
2440 Oldenburg in Holstein, Göhlerstr 90; F (0 43 61) 70 11
Direktor des Amtsgerichts: Hans-Joachim Nehring
Amtsgerichtsbezirk:
Zugehörige Gemeinden: Altenkrempe, Bannesdorf auf Fehmarn, Beschendorf, Burg auf Fehmarn, Dahme, Damlos, Göhl, Gremersdorf, Grömitz, Großenbrode, Grube, Harmsdorf, Heiligenhafen,

Heringsdorf, Kabelhorst, Kellenhusen (Ostsee), Landkirchen auf Fehmarn, Lensahn, Manhagen, Neukirchen, Neustadt in Holstein, Oldenburg in Holstein, Riepsdorf, Schashagen, Sierksdorf, Wangels, Westfehmarn

Amtsgericht
2418 Ratzeburg, Herrenstr 11; F (0 45 41) 40 16-18
Direktor des Amtsgerichts: Dr Wolfgang Goltz
Amtsgerichtsbezirk:
Zugehörige Gemeinden: Albsfelde, Bäk, Behlendorf, Berkenthin, Bliestorf, Buchholz, Düchelsdorf, Duvensee, Einhaus, Fredeburg, Giesensdorf, Göldenitz, Grinau, Groß Boden, Groß Disnack, Groß Sarau, Groß Schenkenberg, Harmsdorf, Kastorf, Kittlitz, Klein Zecher, Klempau, Klinkrade, Kulpin, Labenz, Lüchow, Mechow, Mustin, Pogeez, Ratzeburg, Römnitz, Rondeshagen, Salem, Sandesneben, Schiphorst, Schmilau, Schürensöhlen, Seedorf, Siebenbäumen, Sierksrade, Steinhorst, Stubben, Ziethen

Amtsgericht
2057 Reinbek, Sophienstr 7; F (0 40) 7 22 60 75 u 7 22 60 58
Direktorin des Amtsgerichts: Mary Huth
Amtsgerichtsbezirk:
Zugehörige Gemeinden: Barsbüttel, Braak, Glinde, Oststeinbek, Reinbek, Stapelfeld

Amtsgericht
2053 Schwarzenbek, Compestr 10; F (0 41 51) 20 61
Direktorin des Amtsgerichts: Evamaria Berling
Amtsgerichtsbezirk:
Zugehörige Gemeinden: Aumühle, Basthorst, Bröthen, Brunstorf, Büchen, Dahmker, Dassendorf, Elmenhorst, Fitzen, Fuhlenhagen, Grabau, Groß Pampau, Grove, Gülzow, Hamfelde in Lauenburg, Havekost, Kankelau, Kasseburg, Klein Pampau, Köthel in Lauenburg, Kollow, Kuddewörde, Möhnsen, Mühlenrade, Müssen, Roseburg, Sahms, Schretstaken, Schulendorf, Schwarzenbek, Siebeneichen, Talkau, Tramm, Wentorf b Hamburg, Wohltorf u Forstgutsbezirk Sachsenwald
Besondere ausschließliche Zuständigkeiten:
in Zwangsversteigerungs- und Zwangsverwaltungssachen für den Bezirk der Amtsgerichte Mölln, Ratzeburg, Geesthacht und Lauenburg
in Konkurssachen für den Bezirk der Amtsgerichte Mölln, Ratzeburg, Geesthacht und Lauenburg
in Familiensachen für den Bezirk der Amtsgerichte Geesthacht und Lauenburg
in Schöffengerichts- und Jugendschöffengerichtssachen für den Bezirk der Amtsgerichte Geesthacht, Lauenburg und Reinbek

Amtsgericht
2077 Trittau, Möllner Str 6; F (0 41 54) 25 20
Direktor des Amtsgerichts: Helmut Kubick
Amtsgerichtsbezirk:
Zugehörige Gemeinden: Brunsbek, Grande, Grönwohld, Großensee, Hamfelde in Holstein, Hohenfelde, Hoisdorf, Köthel in Holstein, Linau, Lütjensee, Rausdorf, Schönberg, Siek, Sirksfelde, Steinburg, Todendorf, Trittau, Wentorf A S, Witzhave

III Gerichte der allgemeinen Verwaltungsgerichtsbarkeit

— gehören zum Geschäftsbereich des Justizministers des Landes Schleswig-Holstein —

Staatsrechtliche Grundlage: Siehe hierzu nähere Angaben auf der Seite 88

Oberverwaltungsgericht für die Länder Niedersachsen und Schleswig-Holstein

2120 Lüneburg, Uelzener Str 40; F (0 41 31) 4 30 51
Aufgabenkreis: Siehe hierzu nähere Angaben auf der Seite 89
Präsident: Wolfgang Dörffler
Vertreter: Dr Jasper Osterloh
Geschäftsleiter: Klinge JustOAR

Beim Oberverwaltungsgericht eingerichtet:

Disziplinarsenat für das Land Schleswig-Holstein beim Oberverwaltungsgericht für die Länder Niedersachsen und Schleswig-Holstein
2120 Lüneburg, Uelzener Str 40; F (0 41 31) 4 30 51
Staatsrechtliche Grundlage u Aufgabenkreis: Siehe hierzu nähere Angaben auf der Seite 89
Vorsitzender: Friedrich Staege Vors Rchtr am OVG

Schleswig-Holsteinisches Verwaltungsgericht

2380 Schleswig, Gottorfstr 2; F (0 46 21) 8 61
Aufgabenkreis: Siehe hierzu nähere Angaben auf der Seite 88
Präsident: Klaus Haack
Ständiger Vertreter: Lorentzen VPräs

Verwaltungsleiter: Müller JustAmtm
Gerichtsbezirk: Land Schleswig-Holstein

Beim Schleswig-Holsteinischen Verwaltungsgericht eingerichtet:

Disziplinarkammer des Schleswig-Holsteinischen Verwaltungsgerichts
2380 Schleswig, Gottorfstr 2; F (0 46 21) 8 61
Staatsrechtliche Grundlage u Aufgabenkreis:
Siehe hierzu nähere Angaben auf der Seite 89
Vorsitzender: Dr Lademann VorsRchtr a VwG
Richterliche Beisitzer: Dr Greve Rchtr, Reinhard Rchtr
Gerichtsbezirk: Land Schleswig-Holstein

IV Gerichte der besonderen Verwaltungsgerichtsbarkeit

— gehören zum Geschäftsbereich des Justizministers des Landes Schleswig-Holstein —

Schleswig-Holsteinisches Landessozialgericht

2380 Schleswig, Gottorfstr 2; F (0 46 21) 8 61
Staatsrechtliche Grundlage u Aufgabenkreis:
Siehe hierzu nähere Angaben auf Seite 89
Präsident: Johannes Schafmeister
Gerichtsbezirk: Land Schleswig-Holstein

Sozialgerichte

Staatsrechtliche Grundlage u Aufgabenkreis:
Siehe hierzu nähere Angaben auf Seite 89

Sozialgericht
2210 Itzehoe, Bergstr 1; F (0 48 21) 6 40 42
Direktor des Sozialgerichts: Fred Scholmann
Gerichtsbezirk: Kreise Dithmarschen, Pinneberg u Steinburg

Sozialgericht
2300 Kiel 1, Theodor-Heuss-Ring 49, Postfach 4106; F (04 31) 68 00 16-18
Direktor des Sozialgerichts: Sigurd Weigel
Gerichtsbezirk: Stadt Kiel, Stadt Neumünster sowie die Kreise Rendsburg-Eckernförde u Plön.
Die Kammern für Angelegenheiten des Kassenarztrechts u der Knappschaftsversicherung einschließlich der Unfallversicherung für den Bergbau sind auch für die Bezirke der Sozialgerichte Lübeck, Itzehoe u Schleswig zuständig.

Sozialgericht
2400 Lübeck, Am Burgfeld 7; F (04 51) 3 10 31
Direktor des Sozialgerichts: Rolf Meyer-Siebert
Gerichtsbezirk: Hansestadt Lübeck, Kreise Herzogtum Lauenburg, Ostholstein, Segeberg, Stormarn

Sozialgericht
2380 Schleswig, Gottorfstr 2; F (0 46 21) 8 61
Direktor des Sozialgerichts: Reblin
Gerichtsbezirk: Kreis Schleswig-Flensburg, Stadt Flensburg, Kreis Nordfriesland

Schleswig-Holsteinisches Finanzgericht

2300 Kiel, Sophienblatt 46; F (04 31) 6 62 01-2 03
Staatsrechtliche Grundlage u Aufgabenkreis:
Siehe hierzu nähere Angaben auf Seite 89
Präsident: Heinrich Brömel
Vizepräsident: Georg-Friedrich Landsmann
Vorsitzende Richter am Finanzgericht: Landsmann VorsRchtr a FinG, Mathiak VorsRchtr a FinG, Salveter VorsRchtr a FinG
Gerichtsbezirk: Land Schleswig-Holstein
(Für Zoll- und Verbrauchsteuersachen besitzt Schleswig-Holstein mit Hamburg und Niedersachsen einen gemeinsamen Senat bei dem Finanzgericht Hamburg)

Berufsgerichtshof für die Heilberufe

2380 Schleswig, Gottorfstr 2; F (0 46 21) 8 61
Staatsrechtliche Grundlage u Aufgabenkreis:
Siehe hierzu nähere Angaben auf Seite 89
Vorsitzender Richter: Klaus Haack Präs des VG

Berufsgericht für die Heilberufe

2380 Schleswig, Gottorfstr 2; F (0 46 21) 8 61
Staatsrechtliche Grundlage u Aufgabenkreis:
Siehe hierzu nähere Angaben auf Seite 89
Vorsitzender: Dr Karl Lademann Vors Rchtr a VwG

V Arbeitsgerichtsbarkeit

— gehören zum Geschäftsbereich des Sozialministers des Landes Schleswig-Holstein —

Staatsrechtliche Grundlage: Siehe nähere Angaben hierzu auf Seite 89

Landesarbeitsgericht Schleswig-Holstein

2300 Kiel 1, Gartenstr 3, Postfach 3024; F (04 31)
51 15-1
Aufgabenkreis: Siehe nähere Angaben hierzu auf
Seite 90
Präsident: Dr Dr Wolfram Zitscher
Gerichtsbezirk: Land Schleswig-Holstein

Arbeitsgerichte

Aufgabenkreis: Siehe hierzu auf Seite 89

Arbeitsgericht
2200 Elmshorn, Moltkestr 28; F (0 41 21)
8 10 91/92
Direktor des Arbeitsgerichts: Dr jur Uwe Arendt
Gerichtsbezirk: Kreis Pinneberg und Kreis Steinburg

Arbeitsgericht
2390 Flensburg, Südergraben 12-14; F (04 61)
8 93 02
Direktor des Arbeitsgerichts: Dr Manfred Hässler
Gerichtsbezirk: Stadt Flensburg und Kreis
Schleswig-Flensburg

Arbeitsgericht
2250 Husum, Theodor-Storm-Str 5; F (0 48 41)
30 83
Direktor des Arbeitsgerichts: Hans-Jürgen Köppen
Gerichtsbezirk: Kreis Nordfriesland und Kreis
Dithmarschen

Arbeitsgericht
2300 Kiel, Gartenstr 3; F (04 31) 5 11 51
Direktor des Arbeitsgerichts: Roswitha Schmidt
Gerichtsbezirk: Stadt Kiel, Kreis Plön und Kreis
Rendsburg-Eckernförde

Arbeitsgericht
2400 Lübeck, Neustr 2 a; F (04 51) 3 11 96
Direktor des Arbeitsgerichts: Martin von Bockelmann
Gerichtsbezirk: Hansestadt Lübeck, Kreis Stormarn, Kreis Ostholstein und Kreis Herzogtum
Lauenburg

Arbeitsgericht
2350 Neumünster, Gartenstr 24; F (0 43 21)
4 83 69
Direktor des Arbeitsgerichts: Thielecke
Gerichtsbezirk: Stadt Neumünster und Kreis Segeberg

Geographisches Institut
der Universität Kiel
Neue Universität

e Kreise, Städte, Ämter und Gemeinden

Kommunale Selbstverwaltung in Schleswig-Holstein

Einführender Beitrag von Dr jur Carl-August Conrad

Verfassungsrechtliche Stellung

In dem durch die Verfassungen des Bundes und der Länder vorgezeichneten gegliederten Staatsaufbau haben die Gemeinden und Kreise durch die gleichen Verfassungen eine institutionelle Garantie erhalten. Gemäß Artikel 28 Abs 2 GG und Artikel 39 Abs 1 und 2 Landessatzung haben Gemeinden und Kreise das Recht, im Rahmen der Gesetze die Angelegenheiten der örtlichen Gemeinschaft eigenverantwortlich zu regeln. Dem entspricht die Beschränkung der Landesgewalt über die kommunalen Körperschaften auf die Überwachung der Gesetzmäßigkeit bei der Wahrnehmung der eigenen Angelegenheiten (§ 120 GO). Dem Schutz vor unangemessenen Belastungen und der Sicherung des Umfangs der kommunalen Selbstverwaltung dient die Norm des § 3 GO, wonach die Übertragung und Entziehung von Aufgaben jeder Art der gesetzlichen Grundlage bedarf.

Der Aufgabenkreis der kommunalen Verwaltungen erstreckt sich auf nahezu alle Lebensbereiche. Der Wirkungsbereich der kommunalen Körperschaften wird in erster Linie von den Bedürfnissen der Bevölkerung bestimmt: Im Rahmen der Gesetze entscheidet die kommunale Körperschaft, ob sie und wie sie eine Aufgabe erfüllt. Freilich ist das Ob und das Wie durch Landes- und Bundesrecht häufig so weit vorgegeben, daß ihr ein eigener Entscheidungsspielraum nicht mehr bleibt. Ohne Zweifel werden die Gebietskörperschaften im kommunalen Bereich heute vorwiegend im Bereich der gestaltenden und leistungsbewilligenden Verwaltung tätig. Nicht mehr die Eingriffsverwaltung, die mit den Mitteln des Gebots oder Verbots öffentliche Aufgaben wahrnimmt, sondern die Leistungsverwaltung prägt in ganz besonderem Umfange die kommunale Selbstverwaltung. In kommunaler Zuständigkeit werden eine Vielzahl von Leistungen erbracht, die der Daseinsvorsorge und damit elementaren Bedürfnissen der Menschen dienen.

Alle von den Gemeinden wahrgenommenen Aufgaben sind letztlich Aufgaben der Gemeinden, ohne Rücksicht darauf, ob sie freiwillig übernommen oder den Gemeinden zur weisungsfreien oder weisungsgebundenen Durchführung übertragen worden sind. Für die weisungsgebundenen Aufgaben gelten lediglich stärkere staatliche Einwirkungsmöglichkeiten (Weisungen durch die Fachaufsichtsbehörden). Staatliche Aufgaben werden von den kommunalen Körperschaften lediglich durch die Landräte als allgemeine untere Landesbehörde wahrgenommen (§ 1 Gesetz über die Errichtung allgemeiner unterer Landesbehörden). Die Rechtsgrundlagen der kommunalen Selbstverwaltung in Schleswig-Holstein sind:

Gemeindeordnung für Schleswig-Holstein i d F vom 11. November 1977 (GVOBl S 410) geändert durch Gesetz vom 15. Februar 1978 (GVOBl S 28)

Kreisordnung für Schleswig-Holstein i d F vom 11. November 1977 (GVOBl S 436) geändert durch Gesetz vom 15. Februar 1978 (GVOBl S 28)

Amtsordnung für Schleswig-Holstein i d F vom 11. November 1977 (GVOBl S 448)

Gesetz über kommunale Zusammenarbeit i d F vom 11. November 1977 (GVOBl S 454)

Erstes Gesetz einer Neuordnung von Gemeinde- und Kreisgrenzen sowie Gerichtsbezirken vom 22. 4. 1969 (GVOBl S 60), geändert durch Gesetz vom 2. 3. 1971 (GVOBl S 70) und Gesetz vom 28. 2. 1971 (GVOBl S 93)

Zweites Gesetz einer Neuordnung von Gemeinde- und Kreisgrenzen sowie Gerichtsbezirken vom 23. 12. 1969 (GVOBl S 280)

Drittes Gesetz einer Neuordnung von Gemeinde- und Kreisgrenzen (Drittes Gebietsneuordnungsgesetz) vom 3. 7. 1973 (GVOBl S 268)

Viertes Gesetz einer Neuordnung von Gemeindegrenzen (Viertes Gebietsneuordnungsgesetz) vom 15. 11. 1973 (GVOBl S 384)

Gesetz über die Errichtung allgemeiner unterer Landesbehörden in Schleswig-Holstein vom 25. 2. 1971 (GVOBl S 64), geändert durch Gesetz vom 9. 12. 1974 (GVOBl S 446)

Wahlgesetz für die Gemeinde- und Kreisvertretungen in Schleswig-Holstein (Gemeinde- und Kreiswahlgesetz — GKWG —) i d F der Bekanntmachung vom 25. 8. 1973 (GVOBl S 292), zuletzt geändert durch Gesetz vom 5. 8. 1977 (GVOBl S 210)

Gemeinde- und Kreiswahlordnung (GKWO) i d F der Bekanntmachung vom 3. 11. 1977 (GVOBl S 349)

Landesverordnung über die Entschädigung der in den Gemeinden, Ämtern und Kreisen ehrenamtlich tätigen Bürger (Entschädigungsverordnung — EntschVO —) vom 22. 2. 1973 (GVOBl S 64), geändert durch Verordnung vom 19. 5. 1978 (GVOBl S 144)

Besoldungsgesetz für das Land Schleswig-Holstein (Landesbesoldungsgesetz — SHBesG —) i d F des Gesetzes vom 14. Dezember 1979 (GVOBl S 512)

Stellenbewertungsverordnung für Kommunalbe-

amte i d F vom 10. Juli 1980 (GVOBl S 247)
Landesverordnung über die Stellenpläne in Gemeinden (Stellenplanverordnung — StPlVO —) vom 22. 1. 1973 (GVOBl S 15)
Landesdisziplinarordnung — (LDO) — vom 17. 2. 1971 (GVOBl S 28)
Landesverordnung über die örtliche Bekanntmachung und die Bekanntmachung von Steuersatzungen (Bekanntma3hungsverordnung) vom 8. 3. 1968 (GVOBl S 87), geändert durch Verordnung vom 13. 5. 1976 (GVOBl S 155)
Landesverordnung über die Aufstellung und Ausführung des Haushaltsplans der Gemeinden (Gemeindehaushaltsverordnung — GemHVO —) vom 26. 6. 1972 (GVOBl S 114)
Landesverordnung über die Kassenführung der Gemeinden (GemKVO) vom 29. 6. 1976 (GVOBl S 194)
Gesetz über den Finanzausgleich in Schleswig-Holstein i d F der Bekanntmachung vom 3. März 1980 (GVOBl S 101)

Die Systematik des wichtigsten Gesetzes der kommunalen Selbstverwaltung in Schleswig-Holstein, der Gemeindeordnung, läßt die dominierende Rechtsstellung der Gemeindevertretung deutlich werden. Die Gemeindevertretung ist Volksvertretung, d h Repräsentanz des Volkes in der kommunalen Körperschaft; mit ihr ist das Prinzip der repräsentativen Demokratie auch im kommunalen Bereich gesichert. Die Gemeindevertretung ist jedoch kein Parlament, weil ihr Wirkungsbereich ausschließlich der der Verwaltung ist, selbst wenn sie sich zur Regelung ihrer Angelegenheiten auch der Setzung normativen Rechts (Satzungen, § 4 GO) bedient. Gemäß § 27 GO entscheidet die Gemeindevertretung über alle für die Gemeinde wichtigen Angelegenheiten. Sie kann Aufgaben auf den Hauptausschuß oder den Bürgermeister, in Städten auf den Magistrat übertragen, jedoch stets nur mit der Maßgabe, daß sie die Übertragung rückgängig machen und die Angelegenheit wieder an sich ziehen kann (§ 27 Abs 1 Satz 2 2. Halbsatz GO). Sie übt ein Kontrollrecht aus (§ 30 GO), das zur Wahrung der Belange der Gemeindevertretung dient, jedoch nicht dem parlamentarischen Kontrollauftrag der Legislative gegenüber der Exekutive entspricht; es handelt sich um eine Kontrolle der Verwaltung durch das oberste Organ der Verwaltung. Die Entscheidungen der Gemeindevertretung binden die übrigen Organe der Gemeinde. Freilich kommen den Beschlüssen regelmäßig keine Rechtswirkungen gegenüber Dritten zu. Diese entstehen erst dadurch, daß der Magistrat oder der Bürgermeister die Beschlüsse ausführen und ihnen so Rechtswirksamkeit verleihen. Aufgaben, die der Gemeinde zur Erfüllung nach Weisung übertragen sind, sind der Zu-

ständigkeit der Gemeindevertretung insgesamt entzogen. Sie kann keine Entscheidung treffen, jedoch stellt sie im Rahmen des Haushaltsplans Mittel für deren Durchführung bereit.

Der Vorsitzende der Gemeindevertretung — in kreisfreien Städten der Stadtpräsident, in durch einen hauptamtlichen Bürgermeister verwalteten Gemeinden der Bürgervorsteher — leitet die Sitzungen der Vertretung (§ 33 GO). Als weitere wichtige Aufgabe steht es ihm zu, die Gemeindevertretung als oberstes Organ der Gemeinde bei öffentlichen Anlässen zu vertreten; die Gemeindeverwaltung im übrigen wird vom Bürgermeister vertreten. Beide stimmen im Einzelfall ihr Auftreten für die Gemeinde miteinander ab. Der Vorsitzende der Gemeindevertretung darf nicht Mitglied des verwaltungsleitenden Organs (Magistrat) sein (§ 65 Abs 3 GO).

Der zweite Abschnitt des Fünften Teils der GO regelt das Recht der Leitung der Gemeindeverwaltung und damit gleichzeitig die verschiedenen Typen der Gemeinden in Schleswig-Holstein:

Ehrenamtlich verwaltete Gemeinden

Ehrenamtlich verwaltete Gemeinden gehören in der Regel einem Amt an. Aufgabe und Stellung des Bürgermeisters sind die gleichen wie in den hauptamtlich verwalteten Gemeinden, jedoch ist in den ehrenamtlich verwalteten Gemeinden der Vorsitzende der Vertretung kraft Gesetzes gleichzeitig Bürgermeister (§ 55 GO).

Hauptamtlich verwaltete Gemeinden

Die Verwaltung vom Gemeinden, die keinem Amt angehören, wird von einem hauptamtlichen Bürgermeister geleitet, wenn die Gemeinden mehr als 5 000 Einwohner haben. Das gleiche gilt für Gemeinden, denen die Verwaltungsgeschäfte des Amtes übertragen worden sind. Alle anderen Gemeinden werden von ehrenamtlichen Bürgermeistern geleitet. In Gemeinden zwischen 5 000 und 7 000 Einwohnern kann die Hauptsatzung bestimmen, daß die Verwaltung von einem ehrenamtlichen Bürgermeister geleitet wird.

Der Bürgermeister leitet die Verwaltung der Gemeinde nach den Grundsätzen und Richtlinien der Gemeindevertretung und im Rahmen der von ihr bereitgestellten Mittel. Er führt die Beschlüsse der Gemeindevertretung durch und ist für die sachliche Erledigung der Aufgaben und den Geschäftsgang der Verwaltung verantwortlich. Der Bürgermeister ist Dienstvorgesetzter der Beamten, Angestellten und Arbeiter in der Gemeinde. Er hat das Recht, dringende Maßnahmen, die sofort ausgeführt werden müssen, für die Gemeindevertretung anzuordnen. In solchen Fällen ist jedoch unverzüglich die Genehmigung der Gemeindevertretung zu beantragen. Der Bürgermeister ist außerdem der Aufsichtsbehörde für die Durchführung der Aufgaben verantwortlich, die den Gemeinden zur Erfüllung nach Weisung übertragen worden sind (§ 49 GO).

Städte

In den Städten leitet der Magistrat die Verwaltung (§ 60 GO). Dieses Kollegium hat zunächst der Ratsversammlung die wesentlichen Aufgaben der kommunalen Verwaltung in den Städten zu erledigen. Zu ihnen gehören die Ausführung der Gesetze, soweit nicht andere Organe der Gemeinde zuständig sind, die Vorbereitung und die Ausführung der Beschlüsse der Stadtvertretung und die Beschlußfassung über dem Magistrat von der Stadtvertretung allgemein oder im Einzelfall zugewiesenen Angelegenheiten. Der Magistrat übt gegenüber dem Bürgermeister und den Stadträten die Befugnis eines Dienstvorgesetzten mit Ausnahme der Disziplinarbefugnis aus, die gemäß dem Disziplinarrecht (§ 100 LDO) der Aufsichtsbehörde zusteht.

Der Magistrat, der gesetzlicher Vertreter der Stadt ist, hat ehrenamtliche und hauptamtliche Mitglieder. Vorsitzender des Magistrats ist der von der Ratsversammlung zu wählende Bürgermeister, der Beamter auf Zeit ist. Er bereitet die Beschlüsse des Magistrats vor und führt sie aus; er hat auf die Einheitlichkeit der Verwaltungsführung hinzuwirken und leitet und beaufsichtigt den Geschäftsgang der Verwaltung. Der Bürgermeister ist Dienstvorgesetzter der Beamten, mit Ausnahme der Stadträte, sowie der Angestellten und Arbeiter. Ihm steht ein Eilentscheidungsrecht in den Sachbereichen zu, die die Stadtvertretung oder der Magistrat zu entscheiden haben. Der Bürgermeister ist der Aufsichtsbehörde für die Durchführung der Aufgaben verantwortlich, die der Stadt zur Erfüllung nach Weisung übertragen worden sind (§ 70 GO).

Für die Wahl der Bürgermeister in den Städten gelten die gleichen Grundsätze wie für die Wahl der Bürgermeister in hauptamtlich verwalteten Gemeinden. Sofern dem Magistrat hauptamtliche Stadträte angehören, sind sie wie der Bürgermeister Beamte auf Zeit und dürfen der Vertretung nicht angehören. Die ehrenamtlichen Stadträte sind aus der Mitte der Vertretung — auf Wunsch der Parteien nach dem Verhältniswahlsystem (§ 65 Abs 2 i V m § 40 Abs 4 GO) — zu wählen. Im Gegensatz zu den hauptamtlichen Stadträten bleiben sie Mitglieder der Vertretung.

Die Kreise in Schleswig-Holstein

Ehrenamtlich und hauptamtlich verwaltete Gemeinden, Städte und kreisfreie Städte bilden in Schleswig-Holstein den einheitlichen Typus „Gemeinde". Die kreisfreien Städte vereinigen die Zuständigkeit der Gemeinden und der Kreise; sie sind darüber hinaus jedoch kommunalverfassungsrechtlich nicht besonders umschrieben.

Die Kreise in Schleswig-Holstein sind zugleich Gemeindeverbände und Gebietskörperschaften (§ 1 KrO). Der Kreis hat die gesetzliche Funktion, diejenigen Aufgaben zu erfüllen, die nicht in den einzelnen Gemeinden erledigt werden können (§§ 2 und 3 KrO). Unabhängig von der Aufgabenstellung des Gemeindeverbandes ist der Kreis Gebietskörperschaft: Er hat im Rahmen seiner gesetzlichen Zuständigkeiten originäre hoheitliche Befugnisse und Aufgaben. Er ist Verwaltungseinheit mit eigenen Kompetenzen und selbständiger Träger von Funktionen im gestuften Aufbau der Verwaltung. Seine Qualität als Gebietskörperschaft wird durch die unmittelbare Wahl von Volksvertretungen in den Kreisen (Art 28 Abs 1 GG) deutlich.

Oberstes Organ ist der Kreistag. Seine dominierende Rechtsstellung entspricht der der Vertretungen in Gemeinden und Städten; auch ihm steht ein Kontrollrecht zu (§ 25 KrO). Vorsitzender des Kreistages ist der Kreispräsident. Er leitet die Sitzungen des Kreistages und vertritt den Kreistag bei öffentlichen Anlässen; im Einzelfalle ist eine Abstimmung mit dem Landrat erforderlich.

Verwaltungsleitendes Organ ist der Kreisausschuß, der die Verwaltung nach den Grundsätzen und den Richtlinien des Kreistages und im Rahmen der von ihm bereitgestellten Mittel zu leiten hat (§ 43 KrO). Zu seinen Aufgaben gehört insbesondere die Vorbereitung und die Ausführung der Beschlüsse des Kreistages, die Beschlußfassung über die ihm vom Kreistag allgemein oder im Einzelfall zugewiesenen Angelegenheiten (z B die Verwaltung der öffentlichen Einrichtungen und wirtschaftlichen Betriebe des Kreises sowie des sonstigen Kreisvermögens und die Regelung der Personalangelegenheiten). Der Kreisausschuß übt in Selbstverwaltungsangelegenheiten gegenüber dem Landrat die Befugnisse eines Dienstvorgesetzten mit Ausnahme des Disziplinarvorgesetzten aus (vgl § 100 LDO). Der Kreisausschuß ist der gesetzliche Vertreter des Kreises; für ihn handelt der Landrat (§ 44 KrO). Dem Kreisausschuß gehören neben dem Landrat ausschließlich ehrenamtliche Mitglieder an, die der Kreistag aus seiner Mitte für die Dauer seiner Wahlzeit zu wählen hat. Bei der Wahl sind auf Verlangen der Parteien und anderer Vereinigungen die Vorschläge im Verhältnis ihrer Sitze im Kreistag zu berücksichtigen (§ 46 KrO). Die Mitglieder des Kreisausschusses bleiben Kreistagsabgeordnete. Der Kreispräsident kann nicht zugleich Mitglied des Kreisausschusses sein, jedoch kann er an den Sitzungen des Kreisausschusses und der anderen Ausschüsse teilnehmen und jederzeit das Wort verlangen (§ 28 Abs 4 KrO).

Der Landrat ist Vorsitzender des Kreisausschusses. Er hat die Beschlüsse des Kreisausschusses vorzubereiten und auszuführen. Er hat auf die Einheitlichkeit der Verwaltungsführung hinzuwirken. Er leitet und beaufsichtigt den Geschäftsgang der Verwaltung und ist für die sachliche Erledigung der Aufgaben verantwortlich. Er ist Dienstvorgesetzter der Beamten mit Ausnahme der Mitglieder des Kreisausschusses sowie der Angestellten und Arbeiter des Kreises (§ 52 Abs 1 und 2 KrO). Auch dem Landrat kommt für dringende Maßnahmen, die sofort ausgeführt werden müssen, ein Eilentscheidungsrecht mit der Maßgabe zu, daß unverzüglich die Genehmigung des Kreistages oder des Kreisausschusses einzuholen ist. Der Landrat ist der Aufsichtsbehörde für die Durchführung der Aufgaben, die dem Kreis zur Erfüllung nach Weisung übertragen worden sind, verantwortlich. Der Landrat nimmt außerdem die Aufgaben der allgemeinen unteren Landesbehörden im Kreise wahr. Durch Landesgesetz vom 25. 2. ist diese allgemeine untere Landesbehörde im Kreise geschaffen worden, die folgende Zuständigkeiten hat: Kommunalaufsicht über die kreisangehörigen Gemeinden und Ämter, Fachaufsicht über die Behörden der kreisangehörigen Gemeinden und Ämter, Körperschaftsaufsicht, Bauaufsicht, Schulaufsicht und Heimaufsicht.

Aufgaben der allgemeinen unteren Landesbehörde — d h staatliche Aufgaben — werden von den kommunalen Körperschaften in Schleswig-Holstein lediglich durch die Landräte in den Kreisen wahrgenommen. Damit wird deutlich, daß die Aufgaben zur Erfüllung nach Weisung, die neben den Kreisen auch die Gemeinden in erheblichem Umfange ausführen, keine staatlichen Aufgaben sind.

Ämter und Zweckverbände

Als örtliche Verwaltungseinheiten bestehen in Schleswig-Holstein neben den Städten und hauptamtlich verwalteten Gemeinden die *Ämter*. Die Ämter sind in Schleswig-Holstein bereits im Jahre 1947 nach dem Vorbild der in Dithmarschen seit langem bewährten Kirchspiellandgemeinden eingeführt worden. Sie wurden zunächst als reine „Schreibstuben" für die Gemeinden aufgefaßt und kommunalverfassungsrechtlich nicht besonders bewertet. In der Neufassung der Amtsordnung im Jahre 1966 erhielt das Amt als Körperschaft des öffentlichen Rechts die verwaltungstechnische Durchführung aller Selbstverwaltungsangelegenheiten der amtsangehörigen Gemeinden und die Wahrnehmung von weisungsgebundenen Angelegenheiten übertragen; weitere Aufgaben können dem Amt zugewiesen werden (§§ 3, 5 AO). Das Gesetz legt für das Amt eine Mindestgröße von 5 000 Einwohnern fest (§ 2 Abs 2 AO); bei der nach dem Gesetz durchgeführten Neuordnung der Ämter wurden landesplanerische Gesichtspunkte berücksichtigt. Zum Abschluß der Ämterreform hat sich die Zahl der Ämter um nahezu 100% auf 122 vermindert.

Der Amtsausschuß entscheidet über alle wichtigen Angelegenheiten des Amtes; er kann Aufgaben auf den Amtsvorsteher übertragen. Der Amtsausschuß übt gegenüber dem Amtsvorsteher und dessen Stellvertreter die Befugnisse des Dienstvorgesetzten mit Ausnahme der Dienststrafbefugnis aus (§ 10 AO). Der Amtsausschuß besteht aus den Bürgermeistern der amtsangehörigen Gemeinden oder ihren Stellvertretern im Behinderungsfalle. Gemeinden über 750 Einwohner entsenden — abgestuft nach Einwohnerzahlen — weitere Mitglieder in den Amtsausschuß. Zentrale Orte entsenden darüberhinaus ein weiteres Mitglied. Der Amtausschuß muß mindestens aus 5 Mitgliedern einschließlich des Amtsvorstehers bestehen (§ 9 AO). Der Amtsvorsteher wird vom Amtsausschuß auf die Dauer der allgemeinen Wahlzeit in den Gemeindevertretungen gewählt; er ist Ehrenbeamter und leistet den Beamteneid. Er führt den Vorsitz im Amtsausschuß und leitet die Geschäfte des Amtes ehrenamtlich nach den Grundsätzen und Richtlinien des Amtsausschusses und im Rahmen der von ihm bereitgestellten Mittel (§§ 11, 12 AO). Er führt die Beschlüsse des Amtsausschusses durch und ist für die sachliche Erledigung der Geschäfte verantwortlich. Er ist Dienstvorgesetzter der Beamten, Angestellten und Arbeiter des Amtes. Der Amtsvorsteher ist der Aufsichtsbehörde für die Durchführung der Aufgaben verantwortlich, die dem Amt zur Erfüllung nach Weisung übertragen worden sind.

Die kommunalen *Zweckverbände* erfüllen in Schleswig-Holstein eine Reihe von wichtigen Aufgaben der öffentlichen Verwaltung. Sie sind im Gesetz über kommunale Zusammenarbeit geregelt. Der Zweckverband ist nach § 4 des Gesetzes Körperschaft des öffentlichen Rechts ohne Gebietshoheit. Gemeinden, Ämter und Kreise können sich zu Zweckverbänden zusammenschließen und ihnen einzelne oder mehrere zusammenhängende Aufgaben der öffentlichen Verwaltung übertragen (§ 2 des Gesetzes). Aufgaben zur Erfüllung nach Weisung können Zweckverbänden nur mit Zustimmung der Bürgermeister, Amtsvorsteher und Landräte der betroffenen Gemeinden, Ämter oder Kreise übertragen werden. Der Zweckverband wird durch öffentlich-rechtlichen Vertrag der Beteiligten errichtet; die Verbandsmitglieder vereinbaren eine Verbandssatzung, die der Zweckverband erläßt. Wenn die Betroffenen allein nicht in der Lage sind, eine Aufgabe wahrzunehmen, kann die Aufsichtsbehörde Gemeinden,

Ämter und Kreise zur gemeinsamen Erfüllung einzelner Aufgaben, die ihnen durch Gesetz übertragen worden sind, zu einem Zweckverband zusammenschließen (Pflichtverband, § 7 des Gesetzes). Organe des Zweckverbandes sind die Verbandsversammlung und der Verbandsvorsteher; die Verbandssatzung kann als weiteres Organ einen Verbandsvorstand zulassen. Im Gesetz über kommunale Zusammenarbeit sind im Interesse gemeinsamer Erfüllung öffentlicher Aufgaben neben der Regelung des Rechts der Zweckverbände Bestimmungen über öffentlich-rechtliche Vereinbarungen und Nachbarschaftsausschüsse enthalten.

Durch eine *öffentlich-rechtliche Vereinbarung* (§ 18 des Gesetzes) gehen das Recht und die Pflicht der übrigen kommunalen Körperschaften zur Erfüllung einer Aufgabe auf die übernehmende Körperschaft über. Gemeinden, Ämter und Zweckverbände sowie Kreise können durch öffentlich-rechtlichen Vertrag vereinbaren, daß eine der beteiligten Körperschaften einzelne oder mehrere zusammenhängende Aufgaben der übrigen Beteiligten übernimmt oder den übrigen Beteiligten die Mitbenutzung einer von ihr betriebenen Einrichtung gestattet (§ 18 des Gesetzes).

Der *Nachbarschaftsausschuß,* den die zentralen Orte mit den Gemeinden ihres Nahbereichs bilden, hat über die öffentlichen Aufgaben, die mehrere Gemeinden, Ämter oder Kreise betreffen und eine gemeinsame Abstimmung erfordern, zu beraten und auf ihre Erfüllung hinzuwirken. Das gilt insbesondere auch für die beabsichtigte Verwendung von Zuweisungen für übergemeindliche Aufgaben nach § 18 Finanzausgleichsgesetz.

Haushaltswirtschaft der kommunalen Körperschaften in Schleswig-Holstein

Das Recht der Gemeindewirtschaft ist im 6. Teil der GO geregelt. Es gilt in gleicher Weise für die Kreise, die Ämter und die kommunalen Zweckverbände. Mit dem Gesetz zur Änderung des Gemeindewirtschaftsrechts und anderer kommunalrechtlicher Schriften vom 17. 5. 1972 (GVOBl S 53) ist die Neuordnung des Haushalts- und Finanzrechts der öffentlichen Hand auch im kommunalen Bereich verwirklicht worden. Dem Gesetz lag ein Musterentwurf der Innenministerkonferenz zugrunde, der darauf abzielt, ein zunächst in den Grundzügen einheitliches Recht für die Gemeinden in allen Bundesländern zu schaffen. Die Reform des Gemeindewirtschaftsrechts war keine grundsätzliche Abkehr von bewährten Prinzipien, wohl aber versuchte sie umfassender als bisher die Grundsätze der Haushaltswahrheit und Haushaltsklarheit durchzusetzen. Durch die neue Gliederung des Haushaltes in den Verwaltungs- und Vermögenshaushalt wird ein klarer Überblick

über die vermögenswirksamen Einnahmen und Ausgaben möglich. Es werden in den Haushalten nur die Beträge veranschlagt, die in dem laufenden Rechnungsjahr kassenmäßig benötigt werden. Die Verpflichtung zur Finanzplanung ist geeignet, den kommunalen Körperschaften und auch dem Lande einen Überblick über die langfristige finanzielle Entwicklung und den Haushaltsbedarf der kommunalen Körperschaften zu geben.

Die Eigenverantwortlichkeit der kommunalen Körperschaften bei ihrer Finanzwirtschaft ist durch den Abbau von Genehmigungsvorbehalten erweitert worden.

Kommunalaufsicht

Oberste Kommunalaufsicht hat der Innenminister, der gleichzeitig Aufsichtsbehörde über die Kreise und Städte über 20 000 Einwohner ist. Im übrigen übt der Landrat die Kommunalaufsicht als allgemeine untere Landesbehörde aus. Die Aufsichtsmittel der Kommunalaufsicht (Auskunftsrecht § 122 GO, Beanstandungsrecht einstweilige Anordnung § 123 GO, Anordnungsrecht § 124 GO, Ersatzvornahme § 125 GO und Bestellung eines Beauftragten § 127 GO) sind Maßnahmen, die je nach Art des Rechtsverstoßes einzuleiten sind. Die Gemeinden können gegen alle Anordnungen der Kommunalaufsicht Klage im Verwaltungsstreitverfahren erheben. In der Praxis steht die Beratung der kommunalen Körperschaften durch die Kommunalaufsichtsbehörden im Vordergrund. Die Fachaufsicht erstreckt sich im Gegensatz zur Kommunalaufsicht auch auf die Prüfung, ob bei der Wahrung der den Gemeinden zur Erfüllung nach Weisung übertragenen Aufgaben zweckmäßig verfahren worden ist.

Gebiets- und Verwaltungsreform; Funktionsreform

In Schleswig-Holstein wurde die Kreis-, Gemeinde- und Ämterreform im Zeitraum mehrerer Jahre schrittweise und damit behutsam durchgeführt. Sie ist, was die Kreis-, Ämter- und Gebietsneuordnung der größeren kommunalen Einheiten betrifft, abgeschlossen. Lediglich die Verbesserung der Gebietsstruktur der amtsangehörigen Gemeinden steht in zahlreichen Kreisen noch aus.

Die raumordnungsbezogene Ämterneuordnung hat im ländlichen Raum Verwaltungsträger geschaffen, die in der Lage sind, den größeren Gemeinden vergleichbare Verwaltungsleistungen zu erbringen. Mit der Novellierung der Amtsordnung des Jahres 1966 wurden hierfür die Voraussetzungen geschaffen. Von besonderer Bedeutung war, daß das Amt sämtliche Selbstverwaltungsangelegenheiten zur verwaltungstechnischen Durchführung übertragen erhielt; heute ist eine umfassende

Konzentration der Verwaltungstätigkeit im ländlichen Raum möglich und inzwischen weitgehend realisiert worden. Mit der Festlegung einer Mindestgröße von 5 000 Einwohnern wird nicht nur die Mindestgröße der Verwaltungseinheit unter verwaltungstechnischen Erfordernissen gesichert, sondern gleichzeitig die Berücksichtigung raumordnerischer Aspekte ermöglicht. Die schleswig-holsteinische Landesregierung hat ein durch das Finanzausgleichsrecht flankiertes abgestuftes System an Versorgungsbereichen in Zuordnung zu zentralen Orten entwickelt; bei der Neuordnung der Ämter wurden die Nahversorgungsbereiche dieses Systems berücksichtigt. Nach Abschluß der Ämterreform hat sich die Zahl der Ämter von 1966 bis heute um 216 auf 122 vermindert. Die durchschnittliche Einwohnerzahl je Amt stieg von 3 800 auf 6 300.

Mit dem ersten Gesetz einer Neuordnung von Gemeinde- und Kreisgrenzen vom 22. 4. 1969 erfolgte in Schleswig-Holstein der erste Schritt zu umfassenden Gebietsänderungen. Mit diesem Gesetz wurde aus 4 Gemeinden die Stadt Norderstedt gebildet, die heute über 60 000 Einwohner zählt. Im zweiten und dritten Gesetz einer Neuordnung von Gemeinde- und Kreisgrenzen vom 23. 12. 1969 und 3. 7. 1973 wurde die Kreisneuordnung in Angriff genommen und abgeschlossen. Die Kreisneuordnung muß als besonders gelungenes Teilstück der kommunalen Gebietsreform bezeichnet werden, weil sie zu ausgewogenen Kreisgrößen und Einwohnerzahlen geführt hat, die nicht nur den Gegebenheiten Schleswig-Holsteins entsprechen, sondern auch den Erkenntnissen der Verwaltungspraxis und Wissenschaft gerecht werden. Die Zahl der Kreise wurde von 17 auf 11 vermindert und die durchschnittliche Einwohnerzahl von 106 941 (1968) auf 170 611 Einwohner erhöht.

Durch das zweite Gesetz einer Neuordnung von Gemeinde- und Kreisgrenzen vom 23. 12. 1969 wurden eine Reihe von gebietlichen Änderungen zugunsten kreisfreier Städte und kreisangehöriger Städte in Schleswig-Holstein festgelegt, um diesen Gebietskörperschaften ausreichenden Raum für ihre weitere Entwicklung zu geben. Von den kreisfreien Städten erhielten insbesondere die Städte Neumünster und Kiel neuen eigenen Entwicklungsraum durch Eingemeindungen. Durch das vierte Gesetz zur Neuordnung von Gemeindegrenzen vom 15. 11. 1973 wurden einige kreisangehörige Städte vergrößert.

Noch zu lösende Aufgabe der kommunalen Neuordnung ist es, die Struktur der amtsangehörigen Gemeinden landesweit zu verbessern und im wesentlichen innerhalb der bestehenden Ämter größere kommunale Gebietskörperschaften zu schaffen. Die Landesregierung hat mit ihren Leitli-

nien zur Gebiets- und Verwaltungsstruktur auf Gemeindeebene vom 10. 7. 1973 (Amtsbl S 576) Hinweise gegeben, die vom Prinzip der Freiwilligkeit beim Zusammenschluß ausgehen. Es werden finanzielle Anreize für den Zusammenschluß gewährt.

Die Landesregierung hat erklärt, eine Einwohnerzahl von 1 000 anzustreben. Außerdem sollen nach Auffassung der Landesregierung einem Amte nicht mehr als 7 Gemeinden angehören. Zwar ist die Bereitschaft zum Zusammenschluß, insbesondere nach Veröffentlichung der Leitlinien, gestiegen; jedoch wird man sagen können, daß sie nicht geeignet sind, eine umfassende Neuordnung herbeizuführen.

Insgesamt hat sich die Zahl der kreisangehörigen Gemeinden und Städte von 1 374 im Jahre 1968 auf 1 133 (1978) verringert. Von diesen sind 1 071 amtsangehörige Gemeinden, deren Verwaltung von 121 Ämtern geführt wird, 47 amtsfreie Gemeinden, 56 kreisangehörige Städte, von denen 3 amtsangehörig sind und 4 kreisfreie Städte.

Funktionalreform

Durch die Neuordnung der Gemeinden, Ämter und Kreise in Schleswig-Holstein sind größere und zugleich leistungsfähigere Verwaltungseinheiten geschaffen worden. Die Kreise, Städte, Ämter und amtsfreien Gemeinden sind in der Lage, qualifizierte Aufgaben zu übernehmen, die bislang auf einer höheren Ebene erfüllt worden sind. Eine umfassende Funktionalreform ist in Schleswig-Holstein bislang nicht durchgeführt worden. Jedoch sind in zeitlichem Zusammenhang mit der Gebietsreform eine Reihe von Aufgaben verlagert worden. Durch das Gesetz über die Errichtung allgemeiner unterer Landesbehörden in Schleswig-Holstein vom 25. 2. 1971 sind den Landräten als allgemeine untere Landesbehörde eine Reihe von Aufgaben übertragen worden, die sie freilich bereits vorher als Aufgabe zur Erfüllung nach Weisung wahrzunehmen hatten. Die gesetzliche Regelung war insbesondere notwendig, da das Bundesbaugesetz die Übertragung von Aufgaben nur auf staatliche Behörden zuläßt; gerade in diesem Bereich hatte sich die Notwendigkeit und Möglichkeit einer Reihe von Aufgabendelegationen gezeigt.

Durch das Gesetz zur Übertragung von Aufgaben zur Vereinfachung von Verwaltungsverfahren vom 25. 2. 1975 wurde eine Reihe von Verwaltungsaufgaben auf Kreis- oder Gemeindeebene übertragen oder ihre Übertragung erleichtert. Das Gesetz enthält außerdem eine Ermächtigung an die Landesregierung, Aufgaben, für die nach Bundesrecht eine höhere Verwaltungsbehörde zuständig ist, den unteren Verwaltungsbehörden zuzuweisen; diese Vorschrift hat sich als sinnvoll erwie-

sen, weil es höhere Verwaltungsbehörden im
Sinne der bundesrechtlichen Regelungen in
Schleswig-Holstein nicht gibt. Im einzelnen sind
als Ergebnis der Funktionalreform Zuständigkeiten für die Verfolgung und Ahndung von Ordnungswidrigkeiten zusammengefaßt und neu
geordnet worden, außerdem Zuständigkeiten aus
der Gewerbeordnung, der Straßenbauverwaltung, der Ausbildungsförderung, der Berufsbildung, der Unterhaltssicherung, des Gaststättenwe-
sens, des Bauwesens, des Personenstandswesens,
des Gesundheitswesens, des Straßenwesens und
des Paßwesens. Die Landesregierung betrachtet
die Funktionalreform als noch nicht abgeschlossen; sie sieht es als notwendig an, ständig zu prüfen, ob und welche Aufgaben wirkungsvoller auf
einer unteren Verwaltungsebene erfüllt werden
können.

I Die Kreise

1 Kreis Dithmarschen

2240 Heide, Stettiner Str 30; F (04 81) 9 71; Telex 02 88 30 Lrheid
Fläche 138 110 ha; Einwohner 130 343
Kreistag: 45 Mitglieder (25 CDU, 17 SPD, 3 FDP)

e Kreispräsident: Hermann Glüsing
e 1. Stellvertreter: Dr Henning Landgraf
h Landrat: Karl-Heinrich Buhse
h Vertreter in Angelegenheiten der allgemeinen unteren Landesbehörde: Jörn Peter Cornelius LtdKVwDir
e Vertreter im Kreisausschuß: Otto Nottelmann; Gerd Ohlsen

Hauptamt Willer OAR; **Rechnungsprüfungsamt, Gemeindeprüfungsamt** Leffler OAR; **Rechts- u Kommunalaufsichtsamt** Cornelius LtdKVwDir; **Ordnungsamt** Utermark AR; **Schul- u Kulturamt** Carstens AR; **Sozialamt** Lausten AR; **Jugend- u Sportamt** Sturhan AR; **Ausgleichsamt** Kolz; **Gesundheitsamt** Dr Behm LtdKMedDir; **Krankenhausverwaltungsamt** Lubitz KOVwR; **Veterinäramt** Dr Mai VetDir; **Bauamt** Kandt KBauDir; **Kämmereiamt** Pokrandt OAR; **Geschäftsstelle Gutachterausschuß** Eisfeldt AR

2 Kreis Herzogtum Lauenburg

2418 Ratzeburg, Barlachstr 2, Postfach 1140; F (0 45 41) 1 21
Fläche 126 262 ha; Einwohner 154 919
Kreistag: 45 Mitglieder (23 CDU, 19 SPD, 3 FDP)

e Kreispräsident: Heinrich Hagemann
e 1. Stellvertreter: Horst Marquardt
h Landrat: Günter Kröpelin
h Vertreter: Richard Oldenburg EKR
e Vertreter als untere Landesbehörde: Uwe Petersen RR z A

Hauptamt Meinas OAR; **Kommunalaufsichtsamt** Tomm OAR; **Rechnungs- u Gemeindeprüfungsamt** Hölker OAR; **Rechtsamt** Bösch RRzA; **Ordnungsamt** Peter; **Ordnungsabteilung** Peter; **Straßenverkehrsabteilung** Komorowski KAmtm; **Zivilschutzabteilung** NN; **Schulamt** Böttger SchulR; Schlottmann SchulR; **Amt für kulturelle Angelegenheiten** Dr Kaack; **Kreissozialamt** Benthien AR; **Amt für Jugend u Sport** Michel OAR; **Ausgleichsamt** Haßler AR; **Gesundheitsamt** Dr Tessin LtdKMedDir; **Veterinäramt** Dr Wulfsberg KVetDir; **Baudezernat** Schliephake LtdKBauDir; **Bauverwaltungsamt** Hanck AR; **Planungsamt** Schliephake

LtdKBauDir; **Bauaufsichtsamt** Burmester OAR; **Tiefbauamt** Jenssen KBauDir; **Straßenbauabteilung** Knispel AR; **Wasserwirtschaftsabteilung** Höpfner AR; **Amt für Kreisentwicklung u Wirtschaftsförderung** Schröder; **Amt für Kreisforsten** Dr Riehl LtdKFoDir; **Kämmereiamt** Jenckel OAR; **Kreiskasse** Conrad KOI; **Liegenschaftsabteilung** Schulz AR

3 Kreis Nordfriesland

2250 Husum, Marktstr; F (0 48 41) 6 71; Telex 28 511
Fläche 202 389 ha; Einwohner 160 952
Kreistag: 45 Mitglieder (24 CDU, 16 SPD, 3 FDP, 2 GrLNF)

e Kreispräsident: Hans-Wolfgang Schettler
e 1. Stellvertreter: Gerhard Krause
2. Stellvertreter: Willy Zühlke
h Landrat: Dr Klaus Petersen
h Vertreter: Werner Hühne LtdKVwDir
e Vertreter im Kreisausschuß: Fred Warn, Hanns-Joachim Kuchenbecker

Dem Landrat direkt unterstellt:
Hauptabteilung, Innere Schulangelegenheiten, Rechnungs- u Gemeindeprüfungsamt, Stiftung Kultur- u Erwachsenenbildung, Denkmalpflegeabteilung, Pressestelle

Dezernat 1
Leiter: Karl Kunkel KOVwR
Schul- u Sportabteilung, Finanzabteilung, Kasse

Dezernat 2
Leiter: Gerhard Kilian KVwR
Rechtsabteilung, Ordnungsabteilung, Sozialabteilung, Jugendabteilung, Abteilung für Familienhilfe, Ausgleichsabteilung, Zivil- u Katastrophenschutzabteilung

Dezernat 3
Leiter: Dr Walter Köhler LtdKMedDir
Gesundheitsamt, Zentrale Krankenhausverwaltung, Rettungsdienst

Dezernat 4
Leiter: Rüdiger Shadow KBauDir
Hochbauabteilung, Tiefbauabteilung, Planungsabteilung, Bauaufsichtsabteilung, Bauverwaltungsabteilung, Landschaftspflegeabteilung

Dezernat 5
Leiter: Dr Gerhard Funk LtdKVetDir
Veterinärverwaltung, Fleischbeschau, Lebensmittelüberwachung, Tierseuchenbekämpfung

Dezernat 6
Leiter: Werner Hühne LtdKVwDir
Kommunalaufsichtsabteilung, Kreisentwick-

lungsabteilung, Straßenverkehrsabteilung, Amt für Vertriebene

4 Kreis Ostholstein

2420 Eutin, Lübecker Str 41, Postfach 433;
F (0 45 21) 8 31
Fläche 138 960 ha; Einwohner 189 821
Kreistag: 45 Mitglieder (23 CDU, 19 SPD, 3 FDP)

e Kreispräsident: Ernst-Günther Prühs
e 1. Stellvertreter: Friedrich Majewsky
h Landrat: Dr Wolfgang Clausen
h Vertreter: Fritz-Wilhelm Langbahn; Jürgen-Detlef Reise
h Vertreter in Angelegenheiten der unteren Landesbehörden: Wolfgang Baier LtdKVwDir

Dez I
Leiter: Dr Wolfgang Clausen Ldrt
Hauptamt, Rechnungs- u Gemeindeprüfungsamt, Kreiskämmereiamt, Amt für Kommunalaufsicht u Kreisentwicklung, Schulamt, Amt für Planung u Hochbau; Kreisbauverwaltungsamt, Kreisbauaufsichtsamt

Dez II
Leiter: Wolfgang Baier LtdKVwDir
Kreisrechtsamt, Amt für öffentliche Ordnung, Amt für öffentliche Sicherheit, Kreissozialamt, Kreisjugendamt, Amt für Gesundheitsverwaltung, Kreisgesundheitsamt, Ausgleichsamt, Kreisveterinäramt, Kreiskrankenhaus Eutin, Kreiskrankenhaus Oldenburg, Kreiskrankenhaus Neustadt

5 Kreis Pinneberg

2080 Pinneberg, Moltkestr 10, Postfach 1720;
F (0 41 01) 21 21
Fläche 69 460 ha (einschl Helgoland); Einwohner 259 273
Kreistag: 49 Mitglieder (25 CDU, 20 SPD, 4 FDP)

e Kreispräsident: Otto Stummer
e 1. Stellvertreter: Robert Rehm
h Landrat: Winfried Hebisch
h Vertreter: Schob LtdKVwDir
e Vertreter im Kreisausschuß: Prof Franz Ehrtmann KR

Dez I
Leiter: Winfried Hebisch Ldrt
Hauptamt, Amt für Finanzen, Kreiskasse, Rechnungs- u Gemeindeprüfungsamt

Dez II
Leiter: Jürgen Schob LtdKVwDir
Rechtsamt/Wirtschaftsförderung, Kommunal-

aufsicht, Ordnungsamt, Straßenverkehrsamt, Amt für Zivilschutz

Dez III
Leiter: Dr Bernhard Wolf-Haynholtz RR
Sozialamt, Jugendamt mit Erziehungsberatungsstelle u Sozialen Diensten, Ausgleichsamt, Schul- u Kulturamt

Dez IV
Leiter: Harry P Richter LtdAng
Amt für Krankenhauswesen

Dez V/I
Leiter: Dr Ursula Potrz LtdKMedDir
Gesundheitsamt

Dez V/II
Leiter: Dr Arnim Sell KVetDir
Veterinäramt

Dez VI
Leiter: Günther Winkler LtdKBauDir
Bauamt, Planungsabteilung, Bauaufsichtsabteilung, Hochbauabteilung, Tiefbauabteilung, Verwaltungsabteilung, Abfallbeseitigung

6 Kreis Plön

2320 Plön, Hamburger Str 17/18, Postfach 7;
F (0 45 22) 81; Telex 02 61 324
Fläche 108 121 ha; Einwohner 115 964
Kreistag: 45 Mitglieder (23 CDU, 19 SPD, 2 FDP)

e Kreispräsident: Günther Röhl
e 1. Stellvertreter: Karl Hagedorn
h Landrat: Dr Rüdiger von Bismarck
h Vertreter: Dr Hartmut Borchert KVwDir
e Vertreter im Kreisausschuß: Claus Hopp

Dez L
Leiter: Dr Rüdiger von Bismarck Ldrt
Rechnungs- u Gemeindeprüfungsamt, Amt für Finanzen, Kreiskasse, Amt für Schule u Kultur

Dez I
Leiter: Dr Hartmut Borchert KVwDir
Hauptamt, Amt für Wirtschaftsförderung, Fremdenverkehr u Kreisentwicklungsplanung, Amt für Kommunalaufsicht, Einrichtungen der Kranken- u Altenpflege, Ordnungsamt

Dez II
Leiter: Reinhart Schäfer RR
Sozialamt, Jugendamt, Ausgleichsamt und Amt für Vertriebene, Flüchtlinge und Kriegsgeschädigte

Dez III
Leiter: Ralph Riehl Rchtr
Rechtsamt

Dez IV

Leiter: Fritz Fürste LtdKBauDir
Bauverwaltungsamt, Planungsamt, Amt für Hochbau u Bauaufsicht, Amt für Straßen- u Wasserbau

Dez V

Leiter: Dr Hans Stopsack LtdKMedDir; Dr Claus Fleischer KVetDir
Gesundheitsamt, Veterinäramt, Gesundheitsverwaltungsdienst

7 Kreis Rendsburg-Eckernförde

2370 Rendsburg, Berliner Str 1; F (0 43 31) 20 21
Fläche 218 545 ha; Einwohner 241 878
Kreistag: 49 Mitglieder (26 CDU, 20 SPD, 3 FDP)
e Kreispräsident: Dr Hans Lorenzen
e 1. Stellvertreter: Brunhild Wendel
h Landrat: Geerd Bellmann
h Vertreter: NN
e Vertreter im Kreisausschuß: Reimer Struve

Dezernat I
Leiter: Geerd Bellmann Ldrt
Hauptamt Kalina OAR; **Kommunalaufsicht** Toop KAmtm; **Ordnungsamt** Hillgruber AR; **Schul- u Kulturamt** Abraham AR; **Gesundheitsamt** Dr Röpke LtdMedDir; **Kreiskrankenhaus** Dittrich OAR; **Bauamt** Schröder LtdBauDir; **Veterinäramt** Dr Rehder LtdVetDir; **Amt für Finanzen** Sievers OAR; **Kreiskasse** Grandt AR

Dezernat II
Leiter: Blunck KRechtsR
Verkehrsaufsicht u Zivilschutz Rave AR, **Jugendamt** Lau AR

Dezernat III
Leiter: NN
Sozialamt Petersen OAR; **Ausgleichsamt** Sörensen AR

Verwaltungsstelle Eckernförde:
2330 Eckernförde, Mühlenberg 5; F (0 43 51) 90 11

8 Kreis Schleswig-Flensburg

2380 Schleswig, Flensburger Str 7; F (0 46 21) 87-1
Fläche 207 120 ha; Einwohner 181 417
Kreistag: 51 Mitglieder (27 CDU, 17 SPD, 3 FDP, 4 SSW)
e Kreispräsident: Andreas Franzen
e 1. Stellvertreter: Heinz Tüchsen
h Landrat: Dr jur Gernot Korthals
h Vertreter: Karl-Heinz Dockhorn LtdKVwDir
e Vertreter im Kreisausschuß: Wolfgang Börnsen

Hauptamt Kelka OAR; **Rechnungs- und Gemeindeprüfungsamt** Arff OAR; **Amt für Kommunalaufsicht u Wahlen** Schäfer OAR; **Kämmereiamt** Tramm OAR; **Rechtsamt** Dockhorn LtdKVwDir; **Ordnungsamt** Jahnke AR; **Veterinäramt** Dr Rathsfeld LtdKVetDir; **Schulverwaltungs- u Kulturamt** Jensen AR; **Schulräte** Bennöhr, Dehncke, Jürgensen; **Sozialamt** Hässler OAR; **Jugendamt** Reins AR; **Gesundheitsamt** Dr Stolle LtdKMedDir; **Ausgleichsamt** Schaak AR; **Hochbauamt** Trost LtdKBauDir; **Tiefbauamt** Drews OAR; **Kreisverkehrsbetriebe** Schlensag Kfm u 1. Werkleiter, Pütz TWerkleiter; **Kreiskrankenhaus** Dr Wachsmuth ÄrztlDir, Böhnke VwAng

9 Kreis Segeberg

2360 Bad Segeberg, Hamburger Str 30;
F (0 45 51) 5 11; Telex 2-61 628
Fläche 134 428 ha; Einwohner 207 990
Kreistag: 48 Mitglieder (25 CDU, 18 SPD, 5 FDP)
e Kreispräsident: Werner Seismann
e 1. Stellvertreter: Erwin Wengel
h Landrat: Anton Graf Schwerin von Krosigk
h Vertreter: Hans-Joachim Krauß LtdKVwDir
1. Stellvertreter: Erich Rottgardt

Hauptabteilung I
Leiter: Georg Ruppel KOVwR
Allgemeine Verwaltungsabteilung, Personalwesen, Kämmerei, Kreiskasse, Kommunalaufsicht, Rechnungs- u Gemeindeprüfungswesen

Hauptabteilung II
Leiter: NN
Sozialwesen, Jugendhilfe u Sport, Rechtsangelegenheiten, Lastenausgleich, Sicherheit u Ordnung

Hauptabteilung III
Leiter: Hans-Joachim Krauß LtdKVwDir
Gesundheitswesen, Krankenhauswesen, Veterinärwesen, Kulturpflege, Schulwesen

Hauptabteilung IV
Leiter: Harald Frank KBauDir
Allgemeine Bauverwaltung, Planungswesen, Bauaufsicht, eigener Hochbau, Tiefbau

10 Kreis Steinburg

2210 Itzehoe, Viktoriastr 16/18; Postfach 2011;
F (0 48 21) 6 91; Telex 28 210
Fläche 105 622 ha; Einwohner 128 918
Kreistag: 45 Mitglieder (24 CDU, 18 SPD, 3 GLU)
e Kreispräsident: Annemarie Degkwitz
e 1. Stellvertreter: Ernst Lausten

h Landrat: Dr Helmut Brümmer
h Vertreter: Uwe Röder KVwDir
e Vertreter im Kreisausschuß: Georg Rösler

Dezernat I
Leiter: Dr Helmut Brümmer Ldrt
Rechnungs- u Gemeindeprüfungsamt, Hauptamt, Kommunal- u Standesamtsaufsicht, Schulamt/Amt für Schulen u Kultur, Amt für Wirtschaft, Kreisentwicklung u Information, Kämmereiamt, Kreiskasse

Dezernat II
Leiter: Uwe Röder KVwDir
Rechtsamt, Ordnungsamt, (Allgemeine Ordnungsangelegenheiten, Verkehrsaufsicht, Zentrale Bußgeldstelle), Sozialamt (Sozialhilfe, Fürsorgestelle für Kriegsopfer, Ausbildungshilfe, Unterhaltssicherung), Jugendamt, Ausgleichsamt (Schadensfeststellung, Hauptentschädigung, Kriegsschadenrente)

Dezernat III
Leiter: Dr Moritzen LtdKMedDir
Gesundheitsamt (Verwaltung, Gutachtlicher Dienst, Gesundheitsfürsorge, Sozialpsychiatrischer Dienst, Aufsicht u Überwachung im Gesundheitswesen, gesundheitlicher Umweltschutz, Jugendärztlicher Dienst, Jugendzahnärztlicher Dienst, Allgemeiner sozialer Dienst — Familienfürsorge —)

Dezernat IV
Leiter: Klaus Fischer LtdKBauDir
Bauverwaltungsamt (Hochbauverwaltung, Tiefbauverwaltung, Zivil- u Katastrophenschutz), Technisches Bauamt (Planung u Hochbau, Tief- u Kulturbau, Gutachterausschuß, Denkmalschutz u Kleingartenwesen, Bauaufsicht, Vorbeugender Brandschutz)

Dezernat V
Leiter: Dr Heinrich Mescheder LtdKVetDir
Veterinäramt

Dezernat II
Leiter: Ludwig Buschmann LtdKVwDir
Sozialamt, Jugendamt, Ausgleichsamt, Gesundheitsamt, Kreiskrankenhaus

Dezernat III
Leiter: Dr Jörg Hardegen ORechtsR
Rechtsamt, Ordnungsamt, Veterinäramt

Dezernat IV
Leiter: Bajc VwR
Schulamt, Schulverwaltungsamt, Kulturamt, Amt für Kreisentwicklung u Wirtschaftsförderung, Kämmereiamt, Kreiskasse

Dezernat V
Leiter: Paul Hannes LtdKBauDir
Hochbau- u Bauverwaltungsamt, Planungsamt, Bauordnungsamt, Tiefbauamt

11 Kreis Stormarn

2060 Bad Oldesloe, Stormarnhaus; F (0 45 31) 50 01; Telex 2-61 506
Fläche 76 627 ha; Einwohner 179 888
Kreistag: 46 Mitglieder (24 CDU, 18 SPD, 4 FDP)
e Kreispräsident: H Priemel
e 1. Stellvertreter: Sonja Krott
h Landrat: Dr Hans-Henning Becker-Birck
h Vertreter: Buschmann LtdKVwDir
e Vertreter im Kreisausschuß: Heinrich Rickert

Dezernat I
Leiter: Dr Hans-Henning Becker-Birck Ldrt
Hauptamt, Rechnungs- u Gemeindeprüfungsamt, Amt für Kommunalaufsicht u Wahlen

II Die kreisfreien Städte

1 Stadt Flensburg

2390 Flensburg, Rathaus, Am Pferdewasser 1;
Postfach 730; F 8 51 (Durchwahl über 85); Telex
022 754
Fläche 5 635 ha; Einwohner 88 810
Stadtvertretung: 43 Mitglieder (17 CDU, 17 SPD,
9 SSW)
e Stadtpräsidentin: Ingrid Groß
e Stellvertreter: Heinz Dammers; Hans August
Paulsen
h Oberbürgermeister: Dr Bodo Richter
h Bürgermeister: Dr Helmuth Christensen
h Dezernenten: Burhorn StaBauR; Müller StaR;
Hagenau StaR; Bartnitzke StaR; Schlachta StaR

Allgemeine Verwaltung
Leiter: Dr Bodo Richter OBgm
Hauptamt, Personalamt, Rechnungsprüfungs-
amt, Rechts- u Versicherungsamt, Standesamt,
Amt für Stadtentwicklung u Statistik

Sicherheits- u Ordnungsverwaltung
Leiter: Müller StaR
Ordnungsamt mit Einwohnermelde- u Paßstelle
u Straßenverkehrsaufsicht, Amt für Zivilschutz

Schulverwaltung
Leiter: Schlachta StaR
Schulverwaltungs- u Kulturamt mit Stadtbild-
stelle, Amt für Ausbildungsförderung

Kulturverwaltung
Leiter: Schlachta StaR
Schulverwaltungs- u Kulturamt, Angeschlossene Institute (Niederdeutsche Bühne, Volkshochschule, Musikschule, Städt Museum,
Stadtbücherei, Stadtarchiv, Naturwissenschaft-
liches Heimatmuseum)

Sozialverwaltung
Leiter: Bartnitzke StaR
Sozialamt, Jugendamt, Ausgleichsamt, Amt für
Vertriebene, Flüchtlinge u Kriegsgeschädigte

Gesundheitsverwaltung
Leiter: Schlachta StaR
Amt für Gesundheitswesen einschließlich
Sport- u Gesundheitsamt, Städtische Kranken-
anstalten, Städtisches Chemisches Untersu-
chungsamt

Bauverwaltung
Leiter: Burhorn StaBauR
Bauverwaltungsamt einschließlich Wohngeld-
stelle, Stadtplanungsamt, Tiefbauamt einschließlich Vermessungsabteilung, Hochbauamt, Bauordnungsamt

Verwaltung der öffentlichen Einrichtungen
Leiter: Hagenau StaR
Berufsfeuerwehr, Amt für Grünanlagen, Stadt-
reinigungsamt, Fleischbeschauamt

Verwaltung für Wirtschaft und Verkehr
Leiter: Müller StaR
Amt für Wirtschafts- u Verkehrsförderung

Finanzverwaltung
Leiter: Dr Christensen Bgm
Stadtkämmerei, Stadtsteueramt, Stadtkasse,
Liegenschaftsamt

2 Landeshauptstadt Kiel

2300 Kiel 1, Fleethörn 9-17; F 90 11; Telex
02 99 897 S Kiel
Fläche 11 032 ha; Einwohner 253 967
Ratsversammlung: 49 Mitglieder (25 SPD,
22 CDU, 2 FDP)
e Stadtpräsident: Rolf Johanning
e 1. Stellvertreter: Günter Schmidt-Brodersen
h Oberbürgermeister: Karl Heinz Lückhardt
h Bürgermeister: Wolfgang Hochheim

Sachgebiete hauptamtlicher Magistratsmitglieder

Sachgebiet 1
Leiter: Karl Heinz Lückhardt OBgm
Hauptamt (außer Stellenplan) Rechtsamt, Statistisches Amt, Presseamt, Amt für Entwicklungsplanung

Sachgebiet 2
Leiter: Möller StaR
Hauptamt (Stellenplanangelegenheiten), Personalamt, Rechnungsprüfungsamt, Ordnungsamt, Einwohnermeldeamt, Standesamt, Versicherungsamt, Stadtreinigungs- u Fuhramt

Sachgebiet 3
Leiter: Zimmer StaSchulR
Schulamt, Kulturamt (Pflege u Förderung der
Beziehungen zur Christian-Albrechts-Universi-
tät und ihrer Einrichtungen — einschließlich
Preis zur Förderung der Wissenschaft —

Sachgebiet 4
Leiter: Lütgens StaR
Sozialamt (ohne Abteilungen Fürsorgestelle für
Kriegsopfer und Behinderte, Stelle für Unter-
haltssicherung sowie Amt für Vertriebene,
Flüchtlinge und Kriegsgeschädigte), Jugendamt,

Amt für Familienhilfe, Ausgleichsamt, Gesundheitsamt, Nahrungsmitteluntersuchungsamt, Städtisches Laboratorium

Sachgebiet 5
Leiter: Bartels StaBauR
Bauverwaltungsamt, Stadtplanungsamt, Vermessungsamt, Bauordnungsamt, Hochbauamt, Tiefbauamt, Gartenbau- u Friedhofsamt

Sachgebiet 6
Leiter: Dr Moll StaR
Städtisches Krankenhaus, Amt für Wirtschafts- u Verkehrsförderung (ohne Abteilung Fremdenverkehrsangelegenheiten), Hafen- u Seemannsamt, Hafen- u Verkehrsbetriebe

Sachgebiet 7
Leiter: Wolfgang Hochheim Bgm
Kämmereiamt, Stadtkasse, Liegenschaftsamt, Stadtsteueramt

Sachgebiete ehrenamtlicher Magistratsmitglieder

Sachgebiet 8
Leiter: Balzersen StaR
Presseamt (Auslandsbeziehungen und Bevölkerungskontakte)

Sachgebiet 9
Leiter: Dickelmann StaR
Feuerwehr (Amt für Brandschutz, Rettungsdienst, Katastrophen- u Zivilschutz)

Sachgebiet 10
Leiter: Schöning StaR
Kulturamt (außer Pflege u Förderung der Beziehungen zur Christian-Albrechts-Universität und ihrer Einrichtungen und außer Preis zur Förderung der Wissenschaft)

Sachgebiet 11
Leiter: Engelmann StaR
Sozialamt (Abteilungen Fürsorgestelle für Kriegsopfer und Behinderte, Stelle für Unterhaltssicherung sowie Amt für Vertriebene, Flüchtlinge und Kriegsgeschädigte)

Sachgebiet 12
Leiter: Diesel StaR
Sportamt

Sachgebiet 13
Leiter: Lüth StaR
Amt für Wohnungsbau und Wohnungswesen, Wohnungsbaukoordinator

Sachgebiet 14
Leiter: Stegemann StaR
Amt für Wirtschaftsförderung u Verkehrsförderung (Abteilung Fremdenverkehrsangelegenheiten)

3 Hansestadt Lübeck

2400 Lübeck, Rathaus, Breite Str 62; F (04 51) 12-1; Telex 02 6 894
Fläche 21 385 ha; Einwohner 221 596
Bürgerschaft: 49 Mitglieder (23 SPD, 24 CDU, 2 FDP)
e *Stadtpräsident:* Sophus Pohl-Laukamp
h *Bürgermeister:* Dr Robert Knüppel
Büro der Bürgerschaft: Boydenow ALeiter

Dezernat Dr Knüppel
Leiter: Dr Robert Knüppel Bgm
Hauptamt, Presse- u Informationsamt, Amt für Entwicklungsplanung, Amt für Denkmalpflege

Dezernat Hilpert
Leiter: Egon Hilpert Sen
Personalamt, Statistisches Amt u Wahlamt, Rechnungsprüfungsamt, Rechtsamt, Ordnungsamt, Standesamt, Feuerwehr, Amt für Zivilschutz

Dezernat Rischau
Leiter: Gerd Rischau Sen
Kämmereiamt, Stadtkasse, Stadtsteueramt, Stadtwerke, Fähren der Hansestadt Lübeck

Dezernat Krüger
Leiter: Gerhard Krüger Sen
Liegenschaftsamt, Stadtforstamt

Dezernat Lund
Leiter: Heinz Lund Sen
Amt für Schulwesen

Dezernat Koscielski
Leiter: Henning Koscielski Sen
Amt für Kultur, Amt für Vor- u Frühgeschichte, Bodendenkmalpflege

Dezernat Kaske
Leiter: Volker Kaske Sen
Sozialamt, Ausgleichsamt

Dezernat Riegel
Leiter: Erwin Riegel Sen
Jugendamt

Dezernat Sternfeld
Leiter: Horst-Ulrich Sternfeld Sen
Sportamt

Dezernat Koke
Leiter: Dr Detlev Koke Sen
Gesundheitsamt, Amt für Krankenanstalten

Dezernat Schmidt
Leiter: Hans-Dieter Schmidt Sen
Bauverwaltungsamt, Stadtplanungsamt, Bauaufsichtsamt, Hochbauamt, Tiefbauamt, Garten- u Friedhofsamt, Wasser- u Hafenbauamt

Dezernat Brümmer
Leiter: Paul Brümmer Sen
Amt für Wohnungswesen

Dezernat Luther
Leiter: Hans-Jürgen Luther Sen
Amt für Stadtreinigung u Marktwesen

Dezernat Lemke
Leiter: Dr Volker Lemke Sen
Amt für Wirtschaft u Verkehr, Hafen- u Seemannsamt

Dezernat Krüger
Leiter: Hans-Joachim Krüger Sen
Amt für Stadtwerbung u Fremdenverkehr, Kurverwaltung Travemünde

4 Stadt Neumünster

2350 Neumünster, Brachenfelder Str 1-3, Postfach 2640; F (0 43 21) 40 31; Telex 299 658
Fläche 7 156 ha; Einwohner 80 331
Stadtvertretung: 43 Mitglieder (20 CDU, 21 SPD, 2 FDP)

e Stadtpräsident: Herbert Winkler
h Oberbürgermeister: Dr Uwe Harder
h Bürgermeister: Eberhard Sawade

Dez I
Leiter: Dr Uwe Harder OBgm
Hauptamt, Personalamt, Rechnungsprüfungsamt, Rechts- u Versicherungsamt, Standesamt, Ausgleichsamt

Dez II
Leiter: Eberhard Sawade Bgm
Ordnungsamt, Schulverwaltungs- u Sportamt (Schulangelegenheiten), Jugendamt

Dez III
Leiter: Dr Fr-W Behmenburg StaKäm
Stadtkämmerei, Stadtkasse, Amt für Wirtschaft, Verkehr u Liegenschaften, Steueramt

Dez IV
Leiter: Jürgen Fenske StaBauR
Bauverwaltungsamt, Stadtplanungsamt, Bauaufsichtsamt, Hochbauamt, Tiefbauamt

Dez V
Leiter: Walter Tiemann StaR
Sozialamt, Gesundheitsamt, Krankenhaus, Schulzahnklinik

Dez VI
Leiter: Werner Holling StaR
Schulverwaltungs- u Sportamt (Sportangelegenheiten)

Dez VII
Leiter: Helmut Becker StaR
Amt für Wohnungswesen, Vertriebene u Lastenausgleich

Dez VIII
Leiter: Hatto Klamt StaR
Amt für Zivilschutz, Berufsfeuerwehr

Dez IX
Leiter: Klaus Haller StaR
Stadtwerke

Dez X
Leiter: Dr Karl-Heinz Harbeck StaR
Kulturamt, Museum, Stadtbücherei, Volkshochschule

Dez XI
Leiter: Helmut Loose StaR
Stadtgartenamt

Dez XII
Leiter: Werner Selle StaR
Holstenhalle

III Die kreisangehörigen Städte

1 Kreis Dithmarschen

Stadt Brunsbüttel

2212 Brunsbüttel, Rathaus, Koogstr 61-63 (Stadtbauamt, Röntgenstr 9); F (0 48 52) 39 11
Fläche 6 519 ha; Einwohner 12 089
Stadtvertretung: 23 Mitglieder (9 CDU, 12 SPD, 2 FDP)
e Bürgervorsteher: Gerdemarie Binder
h Bürgermeister: Dietrich Austermann

Stadt Heide

2240 Heide, Postelweg 1, Postfach 1780; F (04 81) 9 91
Fläche 3 190 ha; Einwohner 21 090
Stadtvertretung: 27 Mitglieder (14 CDU, 11 SPD, 2 FDP)
e Bürgervorsteher: Helmut Petersen-Schmidt
h Bürgermeister: Dr Enno Wilkens

Stadt Marne

2222 Marne, Rathaus, Alter Kirchhof 4-5; F (0 48 51) 20 01-20 03
Fläche 484 ha; Einwohner 5 569
Stadtvertretung: 19 Mitglieder (11 CDU, 8 SPD)
e Bürgervorsteher: Max Heinrich Maaß
h Bürgermeister: Klaus Siebelhoff

Stadt Meldorf

2223 Meldorf, Zingelstr 2; F (0 48 32) 20 55-57
Fläche 2 266 ha; Einwohner 7 303
Stadtvertretung: 19 Mitglieder (10 CDU, 7 SPD, 1 KWV, 1 FDP)
e Bürgervorsteher: Jürgen Heim Niemand
h Bürgermeister: Karl Peter Jacobsen

Stadt Wesselburen

2244 Wesselburen, Am Markt 5; F (0 48 33) 20 77
Fläche 513 ha; Einwohner 3 372
Stadtvertretung: 18 Mitglieder (9 CDU, 6 SPD, 3 FWG)
e Bürgervorsteher: Ferdinand Jans
e Bürgermeister: Peter Schuldt

2 Kreis Herzogtum Lauenburg

Stadt Geesthacht

2054 Geesthacht, Markt 15, Postfach 13 20; F (0 41 52) 1 31
Fläche 3 336 ha; Einwohner 24 972
Stadtvertretung: 27 Mitglieder (13 SPD, 11 CDU, 3 FDP)
e Bürgervorsteher: Günter Thiel
h Bürgermeister: Siegfried Weiße

Stadt Lauenburg/Elbe

2058 Lauenburg/Elbe, Amtsplatz 6 (Schloß); F (0 41 53) 13-1
Fläche 966 ha; Einwohner 10 966
Stadtvertretung: 23 Mitglieder (12 CDU, 11 SPD)
e Bürgervorsteher: Bernd Eschenbach
h Bürgermeister: Hauke Matthießen

Stadt Mölln

2410 Mölln, Am Markt 13, Postfach 1330; F (0 45 42) 83-1
Fläche 2 505 ha; Einwohner 15 767
Stadtvertretung: 27 Mitglieder (13 CDU, 11 SPD, 2 FMW, 1 FDP)
e Bürgervorsteher: Alfred Flögel
h Bürgermeister: Walter Lutz

Stadt Ratzeburg

2418 Ratzeburg, Am Markt 1; F (0 45 41) 20 51
Fläche 3 029 ha; Einwohner 12 744
Stadtvertretung: 23 Mitglieder (14 CDU, 8 SPD, 1 FDP)
h Bürgermeister: Dr Peter Schmidt

Stadt Schwarzenbek

2053 Schwarzenbek, Markt 6, Postfach 1440; F (0 41 51) 20 21-20 25
Fläche 1 155 ha; Einwohner 11 942
Stadtvertretung: 23 Mitglieder (10 CDU, 10 SPD, 3 FDP)
e Bürgervorsteher: Eberhard Schröder
h Bürgermeister: Ralph Schnack

3 Kreis Nordfriesland

Stadt Bredstedt

2257 Bredstedt, Markt 31; F (0 46 71) 20 66/67
Fläche 992 ha; Einwohner 5 324
Stadtvertretung: 19 Mitglieder (9 CDU, 8 SPD, 1 FDP, 1 SSW)
e Bürgervorsteher: Sönke Peter Lorenzen
h Bürgermeister: Bernhard Wolf

Stadt Friedrichstadt

2254 Friedrichstadt, Markt 11; F (0 48 81) 6 23/24
Fläche 392 ha; Einwohner 2 713
Stadtvertretung: 17 Mitglieder (6 SPD, 5 CDU, 3 FBV, 1 FDP, 2 SSW)
e Bürgervorsteher: Klaus-Peter Willhöft
e Bürgermeister: Siegfried Herrmann

(Amtsangehörige Stadt des Amtes Friedrichstadt)

Stadt Garding

2256 Garding, Rathaus, Engestr 5; F (0 48 62) 2 14 u 4 49
Fläche 303 ha; Einwohner 2 147
Stadtvertretung: 17 Mitglieder (9 CDU, 4 SPD, 3 FDP, 1 SSW)
e Bürgervorsteher: Deert J Christensen
e Bürgermeister: Rudolf Lange

Stadt Husum

2250 Husum, Großstr 27; F (0 48 41) 6 10 21
Fläche 1 757 ha; Einwohner 24 372
Stadtvertretung: 27 Mitglieder (13 SPD, 12 CDU, 2 FDP)
e Bürgervorsteher: Karl-Heinz Schütt I
h Bürgermeister: Ernst Schlüter

Stadt Niebüll

2260 Niebüll, Rathaus, Postfach 1460; F (0 46 61) 7 77/79
Fläche 3 179 ha; Einwohner 7 297
Stadtvertretung: 19 Mitglieder (9 CDU, 7 SPD, 2 FDP, 1 SSW)
e Bürgervorsteher: Niko Nissen
h Bürgermeister: Heinz Loske

Stadt Tönning

2253 Tönning, Am Markt 1; F (0 48 61) 7 33
Fläche 2 570 ha; Einwohner 4 981
Stadtvertretung: 19 Mitglieder (9 SPD, 7 CDU, 2 SSW, 1 FDP)
e Bürgervorsteher: Günter Hasse
h Bürgermeister: Gerhard Bittner

Stadt Westerland

2280 Westerland, Andreas-Nielsen-Str 1; F (0 46 51) 70 53
Fläche 1 015 ha; Einwohner 9 575
Stadtvertretung: 19 Mitglieder (9 CDU, 8 SPD, 1 FDP, 1 SSW)
e Bürgervorsteher: Dr Hans Doßmann
h Bürgermeister: Volker Hoppe

Stadt Wyk auf Föhr

2270 Wyk auf Föhr, Rathaus; F (0 46 81) 7 67
Fläche 798 ha; Einwohner 5 267
Stadtvertretung: 19 Mitglieder (8 CDU, 7 SPD, 3 KG, 1 FDP)
e Bürgervorsteher: Kurt Haase
h Bürgermeister: Peter Schlotfeldt

4 Kreis Ostholstein

Stadt Bad Schwartau

2407 Bad Schwartau, Markt 15; F (04 51) 20 21
Fläche 1 885 ha; Einwohner 19 500
Stadtvertretung: 27 Mitglieder (14 CDU, 11 SPD, 2 FDP)
e Bürgervorsteher: Dr Peter Hou
h Bürgermeister: Rainer Bahrdt

Stadt Burg auf Fehmarn

2448 Burg auf Fehmarn, Rathaus, Am Markt; F (0 43 71) 30 51
Fläche 1 503 ha; Einwohner 6 000
Stadtvertretung: 19 Mitglieder (9 SPD, 7 CDU, 3 FWV)
e Bürgervorsteher: Harry Taube
h Bürgermeister: Ulrich Feilke

Stadt Eutin

2420 Eutin, Markt 1, Postfach 328; F (0 45 21) 20 11
(Stadtbauamt, Lübecker Str 17, Fremdenverkehrsamt, Haus des Kurgastes; F 31 55)
Fläche 4 134 ha; Einwohner 17 944
Stadtvertretung: 27 Mitglieder (13 CDU, 12 SPD, 2 FDP)
e Bürgervorsteher: Anneli Voigt
h Bürgermeister: Friedrich Knutzen

Stadt Heiligenhafen

2447 Heiligenhafen, Markt 4, Postfach 165; F (0 43 62) 73 71
Fläche 1 813 ha; Einwohner 9 724
Stadtvertretung: 19 Mitglieder (8 CDU, 7 SPD, 1 FDP, 3 FWV)
e Bürgermeister: Jens Schmütsch
h Bürgermeister: Franz Lohwasser

Stadt Neustadt in Holstein

2430 Neustadt in Holstein, Rathaus, Am Markt 1; F (0 45 61) 6 19-1
Fläche 1 967 ha; Einwohner 15 396

Stadtvertretung: 27 Mitglieder (14 CDU, 11 SPD, 2 FDP)
e Bürgervorsteher: Johannes Hugo Koch
h Bürgermeister: Hans Joachim Birkholz

Stadt Oldenburg in Holstein

2440 Oldenburg in Holstein, Markt 1; F 5 61
Fläche 3 965 ha; Einwohner 9 389
Stadtvertretung: 19 Mitglieder (10 CDU, 8 SPD, 1 FDP)
e Bürgervorsteher: Werner Schröpfer
h Bürgermeister: Manfred Hoffmann

5 Kreis Pinneberg
Stadt Barmstedt

2202 Barmstedt, Bahnhofstr 3;   F (0 41 23) 20 76-79
Fläche 1 715 ha; Einwohner 8 425
Stadtvertretung: 20 Mitglieder (8 CDU, 6 SPD, 4 FWB, 2 DKP)
e Bürgervorsteher: Hans Tillmann-Mumm
h Bürgermeister: Henry Behrens

Stadt Elmshorn

2200 Elmshorn, Schulstr 15, Postfach 1103; F (0 41 21) 23 11
Fläche 1 850 ha; Einwohner 44 456
Stadtvertretung: 35 Mitglieder (16 CDU, 16 SPD, 3 FDP)
e Bürgervorsteher: Georg Hansen
h Bürgermeister: Dr Dietmar Lutz

Stadt Pinneberg

2080 Pinneberg, Bismarckstr 8, Postfach 2040; F (0 41 01) 21 11
Fläche 2 154 ha; Einwohner 38 648
Ratsversammlung: 35 Mitglieder   (16 CDU, 14 SPD, 2 FDP, 2 PBB, 1 unabhängig)
e Bürgervorsteher: Artur Lontzek
h Bürgermeister: Hans-Hermann Kath

Stadt Quickborn

2085 Quickborn, Rathausplatz 1; F (0 41 06) 611-1
Fläche 4 320 ha; Einwohner 18 066
Stadtvertretung: 29 Mitglieder (15 CDU, 8 SPD, 3 FDP, 3 BBQ)
e Bürgervorsteher: Reimer Lange
h Bürgermeister: Gert Willner

Stadt Schenefeld

2000 Schenefeld, Holstenplatz 3-5; F (0 40) 8 30 00 61-65
Fläche 1 000 ha; Einwohner 16 191

Stadtvertretung: 27 Mitglieder (12 CDU, 11 SPD, 4 FDP)
e Bürgervorsteher: Joachim Beckmann
h Bürgermeister: Albert Burs

Stadt Uetersen

2082 Uetersen, Wassermühlenstr 7, Postfach 1342; F (0 41 22) 7 14-1
Fläche 1 107 ha; Einwohner 16 884
Stadtvertretung: 27 Mitglieder (14 SPD, 12 CDU, 1 FDP)
e Bürgervorsteher: Robert Rehm
h Bürgermeister: Waldemar Dudda

Stadt Wedel (Holstein)

2000 Wedel (Holstein), Rathausplatz 3-5, Postfach 260; F (0 41 03) 70 71
Fläche 3 382 ha; Einwohner 32 326
Stadtvertretung: 31 Mitglieder (14 CDU, 14 SPD, 3 FDP)
e Bürgervorsteher: Jürgen Söder
h Bürgermeister: Dr Fritz Hörnig

6 Kreis Plön
Stadt Lütjenburg

2322 Lütjenburg, Rathaus; F (0 43 81) 70 11-18
Fläche 615 ha; Einwohner 5 363
Stadtvertretung: 19 Mitglieder (10 CDU, 8 SPD, 1 FDP)
e Bürgervorsteher: Bernd Lange
h Bürgermeister: Ralf Schmieden

Stadt Plön

2320 Plön, Rathaus, Postfach 46; F (0 45 22) 6 66
Fläche 4 352 ha; Einwohner 10 327
Stadtvertretung: 23 Mitglieder (13 CDU, 8 SPD, 2 FDP)
e Bürgervorsteher: Walter Volkers
h Bürgermeister: Uwe Jes Hansen

Stadt Preetz

2308 Preetz, Bahnhofstr 24 u 27; F (0 43 42) 7 51
Fläche 1 439 ha; Einwohner 15 083
Stadtvertretung: 27 Mitglieder (14 SPD, 12 CDU, 1 FDP)
e Bürgervorsteher: Hans-Dietrich Girnus
h Bürgermeister: Bendix Hermann

7 Kreis Rendsburg-Eckernförde

Stadt Eckernförde

2330 Eckernförde, Rathausmarkt 8, Postfach 1420; F (0 43 51) 60 51 ~~~~ ４ ᵒＱ ᵈ
Fläche 1 670 ha; Einwohner 23 058
Stadtvertretung: 27 Mitglieder (14 SPD, 12 CDU, 1 FDP)
e Bürgervorsteher: Jürgen Anbuhl
h Bürgermeister: Kurt Schulz

Stadt Nortorf

2353 Nortorf, Niedernstr 6; F (0 43 92) 30 33
Fläche 1 265 ha; Einwohner 6 418
Stadtvertretung: 19 Mitglieder (10 CDU, 8 SPD, 1 FDP)
e Bürgervorsteher: Gerd Reimers
h Bürgermeister: Karl-Arthur Jäger-Volk

Stadt Rendsburg

2370 Rendsburg, Altstädter Mark 3-5; F (0 43 31) 206-1
Fläche 2 524 ha; Einwohner 32 860
Stadtvertretung: 31 Mitglieder (15 CDU, 14 SPD, 2 FDP)
e Bürgervorsteher: Hellmuth Brodersen
h Bürgermeister: Hans-Heinrich Beisenkötter

8 Kreis Schleswig-Flensburg

Stadt Arnis

2341 Arnis; F (0 46 42) 15 59
Fläche 45 ha; Einwohner 603
Stadtvertretung: 9 Mitglieder (3 CDU, 3 SPD, 2 SSW, 1 FDP)
e Bürgermeister: Otto Röder

Stadt Glücksburg (Ostsee)

2392 Glücksburg (Ostsee), Rathausstr 2; F (0 46 31) 5 21/22/23
Fläche 3 958 ha; Einwohner 7 603
Stadtvertretung: 18 Mitglieder (8 CDU, 5 SPD, 2 FWG, 3 SSW)
e Bürgervorsteher: Friedrich Ferdinand Prinz zu Schleswig-Holstein
e Bürgervorsteher: Hans Werner Petersen

Stadt Kappeln

2340 Kappeln, Theodor-Storm-Str 5, Postfach 1226; F (0 46 42) 10 71/72
Fläche 4 300 ha; Einwohner 11 242

Stadtvertretung: 23 Mitglieder (10 CDU, 10 SPD, 2 FDP, 1 SSW)
e Bürgervorsteher: Dieter Brack
h Bürgermeister: Franz Schmoll

Stadt Schleswig

2380 Schleswig, Rathausmarkt 1 (Rathaus); Gallberg 3/4 (Stadtbauamt); Friedrichstr 7-9 (Touristbüro u Stadtmuseum); F (0 46 21) 2 40 31
Fläche 2 430 ha; Einwohner 30 195
Stadtvertretung: 31 Mitglieder (14 CDU, 12 SPD, 3 SSW, 2 FDP)
e Bürgervorsteher: Günter Hansen
h Bürgermeister: Heinz Bartheidel

9 Kreis Segeberg

Stadt Bad Bramstedt

2357 Bad Bramstedt, Bleeck 17-19, Postfach 1165; F (0 41 92) 40 25-28
Fläche 2 377 ha; Einwohner 9 579
Stadtvertretung: 19 Mitglieder (10 CDU, 6 SPD, 3 FDP)
e Bürgervorsteher: Friedmund Wieland
h Bürgermeister: Heinz Wedde

Stadt Bad Segeberg

2360 Bad Segeberg, Lübecker Str 9 u 7; F (0 45 51) 57-1
Fläche 1 910 ha; Einwohner 14 705
Stadtvertretung: 23 Mitglieder (12 CDU, 9 SPD, 2 FDP)
e Bürgervorsteher: Hermann Giesselmann
h Bürgermeister: Uwe Menke

Stadt Kaltenkirchen

2358 Kaltenkirchen, Holstenstr 13; F (0 41 91) 30 06
Fläche 2 177 ha; Einwohner 11 650
Stadtvertretung: 23 Mitglieder (12 CDU, 10 SPD, 1 FDP)
e Bürgervorsteher: Günter Lettmann
h Bürgermeister: Günter Fehrs

Stadt Norderstedt

2000 Norderstedt, Marktplatz 1 (Rathaus); F (0 40) 52 10 31
Fläche 5 798 ha; Einwohner 65 715
Stadtvertretung: 39 Mitglieder (18 CDU, 17 SPD, 4 FDP)
e Bürgervorsteher: Jürgen Benthack
h Bürgermeister: Horst Embacher

Stadt Wahlstedt

2362 Wahlstedt, Markt 3; F (0 45 54) 20 41
Fläche 1 571 ha; Einwohner 9 195
Stadtvertretung: 19 Mitglieder (9 CDU, 7 SPD, 3 FDP)
e Bürgervorsteher: Hermann Jaursch
h Bürgermeister: Rudolf Gußmann

10 Kreis Steinburg
Stadt Glückstadt

2208 Glückstadt, Am Markt 4; F (0 41 24) 20 11 18
Fläche 2 276 ha; Einwohner 11 850
Stadtvertretung: 23 Mitglieder (11 CDU, 12 SPD)
e Bürgervorsteher: Karl Marsian
h Bürgermeister: Dr Manfred Bruhn

Stadt Itzehoe

2210 Itzehoe, Markt 1-5; Rathaus; F (0 48 21) 6 03-1
Fläche 2 731 ha; Einwohner 36 224
Stadtvertretung: 31 Mitglieder (15 CDU, 14 SPD, 2 FDP)
e Bürgervorsteher: Heinrich Thiessen
h Bürgermeister: Günter Hörnlein

Stadt Kellinghusen

2217 Kellinghusen, Rathaus; F (0 48 22) 20 41-20 44
Fläche 1 910 ha;·Einwohner 7 801
Stadtvertretung: 19 Mitglieder (9 CDU, 9 SPD, 1 FDP)
e Bürgervorsteher: Detlef Haase
h Bürgermeister: Helmut Hagedorn

Stadt Krempe

2209 Krempe, Am Markt 1; F (0 48 24) 8 16
Fläche 334 ha; Einwohner 2 270
Stadtvertretung: 17 Mitglieder (9 CDU, 7 SPD, 1 FDP)
e Bürgervorsteher: Werner Hell
h Bürgermeister: Willy Schilling

Stadt Wilster

2213 Wilster, Rathausstr 4; F (0 48 23) 82 03, 5 02/03
Fläche 204 ha; Einwohner 4 400

Stadtvertretung: 18 Mitglieder (8 CDU, 6 SPD, 1 FDP, 3 Grüne Liste)
e Bürgervorsteher: Peter Reese
e Bürgermeister: Helmut Jacobs

11 Kreis Stormarn
Stadt Ahrensburg

2070 Ahrensburg, Rathausplatz 1; F (0 41 02) 7 71
Fläche 3 531 ha; Einwohner 25 515
Stadtvertretung: 27 Mitglieder (12 CDU, 10 SPD, 3 WAB, 1 FDP, 1 parteilos)
e Bürgervorsteher: Maria Heitmann
h Bürgermeister: Manfred Samusch

Stadt Bad Oldesloe

2060 Bad Oldesloe, Hagenstr 42; F (0 45 31) 50 41
Fläche 5 255 ha; Einwohner 20 009
Stadtvertretung: 27 Mitglieder (14 CDU, 12 SPD, 1 FDP)
e Bürgervorsteher: Dieter Achterberg
h Bürgermeister: Gottfried Baethge

Stadt Bargteheide

2072 Bargteheide, Rathausstr 26; F (0 45 32) 70 01-5
Fläche 1 583 ha; Einwohner 9 500
Stadtvertretung: 19 Mitglieder (9 CDU, 7 SPD, 2 BBM, 1 FDP)
e Bürgervorsteher: Hans-Heinrich Gaycken
h Bürgermeister: Erich Reinke

Stadt Glinde

2056 Glinde, Markt 2; F (0 40) 7 10 20 21
Fläche 1 130 ha; Einwohner 13 770
Stadtvertretung: 23 Mitglieder (12 SPD, 10 CDU, 1 FDP)
e Bürgervorsteher: Prof Dr Wolfgang Bachofer
h Bürgermeister: Karlheinz Friederici

Stadt Reinbek

2057 Reinbek, Hamburger Str 5; F (0 40) 72 70 01
Fläche 3 123 ha; Einwohner 24 828
Stadtvertretung: 27 Mitglieder (14 CDU, 11 SPD, 2 FDP)
e Bürgervorsteher: Herbert Frömmel
e 1. Vertreter: Jedicke
h Bürgermeister: Günter Kock
h 1. Vertreter: Zug

Stadt Reinfeld (Holstein)

2067 Reinfeld (Holstein), Paul-von-Schönaich-
Str 14, Postfach 1140; F (0 45 33) 80 17-19
Fläche 1 732 ha; Einwohner 6 603
Stadtvertretung: 19 Mitglieder (9 CDU, 9 SPD,
1 FDP)
e *Bürgervorsteher:* Claus Slama
h *Bürgermeister:* Michael Sachse

IV Die Ämter mit den amtsangehörigen Gemeinden

1 Kreis Dithmarschen

Amt Kirchspielslandgemeinde Albersdorf

2243 Albersdorf, Bahnhofstr 23; F (0 48 35) 10 53/54
Fläche 11 760 ha; Einwohner 7 187
Amtsausschuß: 17 Mitglieder (4 CDU, 3 SPD, 10 KWV)
e Amtsvorsteher: Heinrich Mumm
h Leitender Verwaltungsbeamter: Sönke Jändling AR

Kirchspielsangehörige Gemeinden: Albersdorf, Arkebek, Bunsoh, Immenstedt, Offenbüttel, Osterrade, Schafstedt, Schrum, Tensbüttel-Röst, Wennbüttel

Amt Kirchspielslandgemeinde Büsum

2242 Büsum ; F (0 48 34) 20 02
Fläche 4 170 ha; Einwohner 7 511
Amtsausschuß: 14 Mitglieder (4 CDU, 3 SPD, 1 FDP, 6 KWV)
e Amtsvorsteher: NN
h Leitender Verwaltungsbeamter: Horst Neumann OAR

Amtsangehörige Gemeinden: Büsum, Büsumer Deichhausen, Hedwigenkoog, Oesterdeichstrich, Warwerort, Westerdeichstrich

Amt Kirchspielslandgemeinde Burg Süderhastedt

2224 Burg (Dithmarschen), Holzmarkt 7; F (0 48 25) 23 32 u 22 94
Fläche 10 477 ha; Einwohner 9 117
Amtsausschuß: 18 Mitglieder (10 CDU, 3 SPD, 1 FDP, 4 KWV)
e Amtsvorsteher: Otto Schnepel
e Vertreter: Hans-Werner Claußen Bgm
h Leitender Verwaltungsbeamter: Günter Henningsen OAR

Amtsangehörige Gemeinden: Brickeln, Buchholz, Burg (Dithmarschen), Eggstedt, Frestedt, Großenrade, Hochdonn, Kuden, Quickborn, Süderhastedt

Amt Kirchspielslandgemeinde Eddelak Sankt Michaelisdonn

2220 Sankt Michaelisdonn, Am Rathaus 8; F (0 48 53) 5 47
Fläche 4 840 ha; Einwohner 5 770
Amtsausschuß: 12 Mitglieder (6 CDU, 5 SPD, 1 KWV)
e Amtsvorsteher: Reimer Martens
h Leitender Verwaltungsbeamter: Georg Rokkensüß OAR

Amtsangehörige Gemeinden: Averlak, Dingen, Eddelak, Sankt Michaelisdonn

Amt Kirchspielslandgemeinde Heide-Land

2240 Heide, Kirchspielsweg; F (04 81) 6 20 75
Fläche 6 557 ha; Einwohner 8 115
Amtsausschuß: 15 Mitglieder (8 CDU, 6 SPD, 1 KWV)
e Amtsvorsteher: Walter Rohde
h Leitender Verwaltungsbeamter: Kleist OAR

Kirchspielsangehörige Gemeinden: Hemmingstedt, Lieth, Lohe-Rickelshof, Nordhastedt, Wöhrden

Amt Kirchspielslandgemeinde Hennstedt

2246 Hennstedt; F (0 48 36) 7 11
Fläche 12 410 ha; Einwohner 5 690
Amtsausschuß: 18 Mitglieder (14 KWV, 3 CDU, 1 FDP)
e Amtsvorsteher: Rolf Gosau
h Leitender Verwaltungsbeamter: Horst Trettin

Kirchspielsangehörige Gemeinden: Barkenholm, Bergewöhrden, Delve, Fedderingen, Glüsing, Hägen, Hennstedt, Hollingstedt, Klevc, Linden, Norderheistedt, Schlichting, Schwienhusen, Süderheistedt, Wiemerstedt

Amt Kirchspielslandgemeinde Lunden

2247 Lunden, Nordbahnhofstr 7; F (0 48 82) 52 77
Fläche 9 514 ha; Einwohner 5 615
Amtsausschuß: 13 Mitglieder (7 CDU, 4 SPD, 1 WGH, 1 WGK)
e Amtsvorsteher: Dr Erich Rausch
h Leitender Verwaltungsbeamter: Egon Neumann OAR

Kirchspielsangehörige Gemeinden: Groven, Hemme, Karolinenkoog, Krempel, Lehe, Lunden, Rehm-Flehde-Bargen, Sankt Annen

Amt Kirchspielslandgemeinde Marne Land

2222 Marne, Königstr 2; F (0 48 51) 20 27
Fläche 11 520 ha; Einwohner 5 218
Amtsausschuß: 13 Mitglieder (7 KWV, 3 CDU, 2 SPD, 1 FWV)
e Amtsvorsteher: Ibs
h Leitender Verwaltungsbeamter: Meier

Amtsangehörige Gemeinden: Diekhusen-Fahrstedt, Helse, Kaiser-Wilhelm-Koog, Kronprinzenkoog, Marnerdeich, Neufeld, Neufelderkoog, Ramhusen, Schmedeswurth, Trennewurth, Volsemenhusen

Amt Kirchspielslandgemeinde Meldorf-Land

2223 Meldorf, Hindenburgstr 18; F (0 48 32) 29 52-54
Fläche 20 436 ha; Einwohner 7 693
Amtsausschuß: 18 Mitglieder
e Amtsvorsteher: Fritz Sachau
h Leitender Verwaltungsbeamter: Uwe Schmidt OAR

Kirchspielsangehörige Gemeinden: Bargenstedt, Barlt, Busenwurth, Elpersbüttel, Epenwöhrden, Gudendorf, Krumstedt, Nindorf, Nordermeldorf, Odderade, Sarzbüttel, Windbergen, Wolmersdorf

Amt Kirchspielslandgemeinde Tellingstedt

2245 Tellingstedt, Teichstr 1; F (0 48 38) 5 38
Fläche 13 730 ha; Einwohner 7 202
Amtsausschuß: 18 Mitglieder (13 KWV, 4 CDU, 1 SPD)
e Amtsvorsteher: Heinrich Soldwedel Bgm
h Leitender Verwaltungsbeamter: Karl-Georg Arens OAR

Kirchspielsangehörige Gemeinden: Dellstedt, Dörpling, Gaushorn, Hövede, Pahlen, Schalkholz, Süderdorf, Tellingstedt, Tielenhemme, Wallen, Welmbüttel, Westerborstel, Wrohm

Amt Kirchspielslandgemeinde Weddingstedt

2241 Weddingstedt; F (04 81) 8 70 53
Fläche 6 420 ha; Einwohner 5 166
Amtsausschuß: 10 Mitglieder (7 KWV, 3 SPD)
e Amtsvorsteher: Hans-Erich Claussen
h Leitender Verwaltungsbeamter: Rolf Döhren AR

Kirchspielsangehörige Gemeinden: Neuenkirchen, Ostrohe, Stelle-Wittenwurth, Weddingstedt, Wesseln

Amt Kirchspielslandgemeinde Wesselburen

2244 Wesselburen, Am Markt 2; F (0 48 33) 5 15
Fläche 10 723 ha; Einwohner 3 564
Amtsausschuß: 12 Mitglieder (KWV)
e Amtsvorsteher: Karl Hermann Thöming
h Leitender Verwaltungsbeamter: Hans Jürgens OAR

Kirchspielsangehörige Gemeinden: Friedrichsgabekoog, Hellschen-Heringsand-Unterschaar, Hillgroven, Norddeich, Norderwöhrden, Oesterwurth, Reinsbüttel, Schülp, Strübbel, Süderdeich, Wesselburener Deichhausen, Wesselburenerkoog

2 Kreis Herzogtum Lauenburg

Amt Aumühle-Wohltorf

2055 Aumühle, Bismarckallee 21, Postfach 120, Rathaus; F (0 41 04) 30 72
Fläche 6 790 ha; Einwohner 6 227
Amtsausschuß: 11 Mitglieder
e Amtsvorsteher: Adolf Aust
h Leitender Verwaltungsbeamter: Otto Preuß Bgm

Amtsangehörige Gemeinden: Aumühle, Wohltorf, Forstgutsbezirk Sachsenwald

Amt Berkenthin

2419 Berkenthin, Am Schart 8; F (0 45 44) 10 01
Fläche 7 710 ha; Einwohner 5 911
Amtsausschuß: 15 Mitglieder (4 CDU, 8 Wählergemeinschaft, 3 SPD)
e Amtsvorsteher: Willy Hafner
h Leitender Verwaltungsbeamter: Hans-L Voderberg

Amtsangehörige Gemeinden: Behlendorf, Berkenthin, Bliestorf, Düchelsdorf, Göldenitz, Kastorf, Klempau, Krummesse, Niendorf bei Berkenthin, Rondeshagen, Sierksrade

Amt Breitenfelde

2413 Breitenfelde, Borstorfer Str 1; F (0 45 42) 28 72 u 52 72
Fläche 7 642 ha; Einwohner 4 391
Amtsausschuß: 12 Mitglieder (6 Wählergemeinschaft, 3 CDU, 3 SPD)
e Amtsvorsteher: Hermann Heins
h Leitender Verwaltungsbeamter: Ulrich Retzlaff AR

Amtsangehörige Gemeinden: Alt-Mölln, Bälau, Borstorf, Breitenfelde, Hornbek, Niendorf/Stecknitz, Schretstaken, Talkau, Tramm, Woltersdorf

Amt Büchen

2059 Büchen, Amtsplatz; F (0 41 55) 22 37
Fläche 10 280 ha; Einwohner 8 495
Amtsausschuß: 18 Mitglieder (6 CDU, 6 SPD, 6 Freie Wählergemeinschaft)
e Amtsvorsteher: Hans Lüneburg
h Leitender Verwaltungsbeamter: Rauhfuß OAR

Amtsangehörige Gemeinden: Bröthen, Büchen, Fitzen, Güster, Klein Pampau, Müssen, Roseburg, Schulendorf, Siebeneichen, Witzeeze

Amt Geesthacht-Land

2054 Geesthacht, Bandrieterweg 1; F (0 41 52) 40 08/9
Fläche 5 856 ha; Einwohner 9 189
Amtsausschuß: 19 Mitglieder (7 Wählergemeinschaft, 6 SPD, 5 CDU, 1 FDP)
e Amtsvorsteher: Heinrich Rathje
h Leitender Verwaltungsbeamter: Wolfgang Timm OAR

Amtsangehörige Gemeinden: Börnsen, Dassendorf, Escheburg, Hamwarde, Hohenhorn, Kröppelshagen-Fahrendorf, Wiershop, Worth

Amt Gudow-Sterley

2411 Gudow; F (0 45 47) 2 66
Fläche 21 480 ha; Einwohner 5 226
Amtsausschuß: 16 Mitglieder
e Amtsvorsteher: Hans-Heinrich Weidemann
h Leitender Verwaltungsbeamter: Gottlebe OAR

Amtsangehörige Gemeinden: Besenthal, Brunsmark, Göttin, Grambek, Gudow, Hollenbek, Horst, Klein-Zecher, Langenlehsten, Lehmrade, Salem, Seedorf, Sterley

Amt Lütau

2058 Lauenburg/Elbe; F (0 41 53) 1 31
Fläche 8 080 ha; Einwohner 2 993
Amtsausschuß: 10 Mitglieder
e Amtsvorsteher: Heinrich Brakmann
h Leitender Verwaltungsbeamter: Hauke Matthießen

Amtsangehörige Gemeinden: Basedow, Buchhorst, Dalldorf, Juliusburg, Krüzen, Krukow, Lanze, Lütau, Schnakenbek, Wangelau

Amt Nusse

2412 Nusse; F (0 45 43) 2 01
Fläche 9 080 ha; Einwohner 3 403
Amtsausschuß: 11 Mitglieder (8 Wählergemeinschaft, 2 CDU, 1 SPD)
e Amtsvorsteher: Franz Prüsmann

h Leitender Verwaltungsbeamter: Ulrich Retzlaff AR
Amtsangehörige Gemeinden: Duvensee, Koberg, Kühsen, Lankau, Nusse, Panten, Poggensee, Ritzerau, Walksfelde

Amt Ratzeburg-Land

2418 Ratzeburg, Gr Wallstr 25; F (0 45 41) 40 11/12
Fläche 13 190 ha; Einwohner 8 576
Amtsausschuß: 23 Mitglieder
e Amtsvorsteher: Hans-Joachim Drenckhahn
h Leitender Verwaltungsbeamter: Günter Bublitz OAR

Amtsangehörige Gemeinden: Albsfelde, Bäk, Buchholz, Einhaus, Fredeburg, Giesensdorf, Groß Disnack, Groß Grönau, Groß Sarau, Harmsdorf, Kittlitz, Kulpin, Mechow, Mustin, Pogeez, Römnitz, Schmilau, Ziethen

Amt Sandesneben

2411 Sandesneben, Hauptstr 75; F (0 45 36) 84 11
Fläche 11 520 ha; Einwohner 6 885
Amtsausschuß: 20 Mitglieder
e Amtsvorsteher: Fritz Griese
h Leitender Verwaltungsbeamter: Bernhard Elsler OAR

Amtsangehörige Gemeinden: Grinau, Groß Boden, Groß Schenkenberg, Klinkrade, Labenz, Linau, Lüchow, Sandesneben, Schiphorst, Schönberg, Schürensöhlen, Siebenbäumen, Sirksfelde, Steinhorst, Stubben, Wentorf (Amt Sandesneben)

Amt Schwarzenbek-Land

2053 Schwarzenbek, Gülzower Str 1, Postfach 1110; F (0 41 51) 20 88/20 89
Fläche 13 160 ha; Einwohner 7 594
Amtsausschuß: 22 Mitglieder (17 parteilos, 4 CDU, 1 SPD)
e Amtsvorsteher: Lothar Wachholz
h Leitender Verwaltungsbeamter: Alfred Harms OAR

Amtsangehörige Gemeinden: Basthorst, Brunstorf, Dahmker, Elmenhorst, Fuhlenhagen, Grabau, Groß Pampau, Grove, Gülzow, Hamfelde, Havekost, Kankelau, Kasseburg, Köthel, Kollow, Kuddewörde, Möhnsen, Mühlenrade, Sahms

3 Kreis Nordfriesland

Amt Amrum

2278 Nebel; F (0 46 82) 8 41
Fläche 2 047 ha; Einwohner 2 440

Amtsausschuß: 6 Mitglieder
e Amtsvorsteher: Otto Krahmer
h Leitender Verwaltungsbeamter: Dirk Klawiter Amtm

Amtsangehörige Gemeinden: Nebel, Norddorf, Wittdün

Amt Bökingharde

2263 Risum-Lindholm; F (0 46 61) 7 27
Fläche 13 620 ha; Einwohner 5 613
Amtsausschuß: 9 Mitglieder
e Amtsvorsteher: Heinrich Petersen
h Leitender Verwaltungsbeamter: Max Petersen

Amtsangehörige Gemeinden: Dagebüll, Galmsbüll, Risum-Lindholm, Stedesand

Amt Bredstedt-Land

2257 Breklum; F (0 46 71) 14 84 u 10 61
Fläche 14 510 ha; Einwohner 6 949
Amtsausschuß: 18 Mitglieder
e Amtsvorsteher: Wilhelm Voß
h Leitender Verwaltungsbeamter: Walter Lübbert

Amtsangehörige Gemeinden: Ahrenshöft, Almdorf, Bohmstedt, Breklum, Drelsdorf, Goldebeck, Goldelund, Högel, Joldelund, Kolkerheide, Lütjenholm, Sönnebüll, Struckum, Vollstedt

Amt Eiderstedt

2256 Garding, Am Markt 1; F (0 48 62) 80 66
Fläche 21 701 ha; Einwohner 5 092
Amtsausschuß: 19 Mitglieder
e Amtsvorsteher: Matthias Brodersen
h Leitender Verwaltungsbeamter: Siegfried Wien OAR

Amtsangehörige Gemeinden: Augustenkoog, Grothusenkoog, Katharinenheerd, Kirchspiel Garding, Kotzenbüll, Norderfriedrichskoog, Oldenswort, Osterhever, Poppenbüll, Tating, Tetenbüll, Tümlauerkoog, Vollerwiek, Welt, Westerhever

Amt Föhr-Land

2270 Midlum; F (0 46 81) 7 71
Fläche 7 430 ha; Einwohner 3 888
Amtsausschuß: 12 Mitglieder
e Amtsvorsteher: Magnus Schmidt
h Leitender Verwaltungsbeamter: Gert Lorenzen

Amtsangehörige Gemeinden: Alkersum, Borgsum, Dunsum, Midlum, Nieblum, Oevenum, Oldsum, Süderende, Utersum, Witsum, Wrixum

Amt Friedrichstadt

2254 Friedrichstadt; F (0 48 81) 6 23/24
Fläche 9 815 ha; Einwohner 5 799
Amtsausschuß: 12 Mitglieder (5 CDU, 3 WG, 2 SPD, 1 FBV, 1 SSW)
e Amtsvorsteher: Gunther Kluth
h Leitender Verwaltungsbeamter: Karl O Martens

Amtsangehörige Gemeinden: Drage, Stadt Friedrichstadt, Koldenbüttel, Seeth, Uelvesbüll, Witzwort

Amt Hattstedt

2251 Hattstedt; F (0 48 46) 5 70 u 5 79
Fläche 6 670 ha; Einwohner 5 279
Amtsausschuß: 11 Mitglieder (3 CDU, 3 SPD, 5 WG)
e Amtsvorsteher: Max Jensen
h Leitender Verwaltungsbeamter: Hans R Otto

Amtsangehörige Gemeinden: Arlewatt, Hattstedt, Hattstedtermarsch, Horstedt, Olderup, Schobüll, Wobbenbüll

Amt Karrharde

2262 Leck, Klixbüller Chaussee 10; F (0 46 62) 9 03
Fläche 18 373 ha; Einwohner 6 527
Amtsausschuß: 16 Mitglieder
e Amtsvorsteher: Johannes Diederichsen
h Leitender Verwaltungsbeamter: Heinrich Bekker OAR

Amtsangehörige Gemeinden: Achtrup, Bramstedlund, Enge-Sande, Karlum, Klixbüll, Ladelund, Sprakebüll, Stadum, Tinningstedt, Westre

Amt Landschaft Sylt

2286 Sylt-Ost, Ortsteil Keitum; F (0 46 51) 34 78
Fläche 6 950 ha; Einwohner 10 309
Amtsausschuß: 18 Mitglieder
e Amtsvorsteher: Dr Claus Andersen
h Leitender Verwaltungsbeamter: Egon Hansen

Amtsangehörige Gemeinden: Hörnum, Kampen, Rantum, Sylt-Ost, Wenningstedt

Amt Nordstrand

2251 Nordstrand; F (0 48 42) 3 81
Fläche 5 010 ha; Einwohner 2 590
Amtsausschuß: 6 Mitglieder
e Amtsvorsteher: Hans Henning Toll
h Leitender Verwaltungsbeamter: Hans Werner Ipsen

Amtsangehörige Gemeinden: Elisabeth-Sophien-Koog, Nordstrand

Amt Pellworm

2251 Pellworm; F (0 48 44) 2 06
Fläche 5 690 ha; Einwohner 1 760
Amtsausschuß: 5 Mitglieder (2 Wählergemein-schaften, 3 CDU)
e Amtsvorsteher: Alfred Dethlefsen
h Leitender Verwaltungsbeamter: Manfred F-H Delfs Amtm

Amtsangehörige Gemeinden: Gröde, Hooge, Langeneß, Pellworm

Amt Stollberg

2255 Langenhorn; F (0 46 72) 10 05/06
Fläche 11 755 ha; Einwohner 5 178
Amtsausschuß: 9 Mitglieder (6 CDU, 2 SPD, 1 WG Ockholm)
e Amtsvorsteher: Magnus Feddersen
h Leitender Verwaltungsbeamter: Klaus Molzahn

Amtsangehörige Gemeinden: Bargum, Bordelum, Langenhorn, Ockholm

Amt Süderlügum

2264 Süderlügum; F (0 46 63) 71 11 u 71 12
Fläche 8 740 ha; Einwohner 4 142
Amtsausschuß: 12 Mitglieder
e Amtsvorsteher: Christian Jessen
h Leitender Verwaltungsbeamter: Rerup

Amtsangehörige Gemeinden: Bosbüll, Braderup, Ellhöft, Holm, Humptrup, Lexgaard, Süderlügum, Uphusum

Amt Treene

2251 Mildstedt; F (0 48 41) 70 71
Fläche 18 260 ha; Einwohner 9 376
Amtsausschuß: 22 Mitglieder (10 Wählergemein-schaften, 8 CDU, 3 SPD, 1 parteilos)
e Amtsvorsteher: Karl Pohns
h Leitender Verwaltungsbeamter: Franz Clausen

Amtsangehörige Gemeinden: Fresendelf, Hude, Mildstedt, Oldersbek, Ostenfeld (Husum), Ram-stedt, Rantrum, Schwabstedt, Simonsberg, Süder-höft, Südermarsch, Winnert, Wisch, Wittbek

Amt Viöl

2251 Viöl, Westerende 41; F (0 48 43) 10 71-74
Fläche 17 763 ha; Einwohner 7 033
Amtsausschuß: 16 Mitglieder,
e Amtsvorsteher: August Hansen
h Leitender Verwaltungsbeamter: Klaus Dieter Saß

Amtsangehörige Gemeinden: Ahrenviöl, Ahren-

viölfeld, Behrendorf, Bondelum, Haselund, Im-menstedt, Löwenstedt, Norstedt, Oster-Ohrstedt, Schwesing, Sollwitt, Viöl, Wester-Ohrstedt

Amt Wiedingharde

2261 Klanxbüll; F (0 46 68) 2 11
Fläche 12 010 ha; Einwohner 4 181
Amtsausschuß: 10 Mitglieder (5 CDU, 4 KWV, 1 SPD)
e Amtsvorsteher: Sönke Peter Momsen
h Leitender Verwaltungsbeamter: Hans-Georg Rusch OAR

Amtsangehörige Gemeinden: Aventoft, Emmels-büll-Horsbüll, Friedrich-Wilhelm-Lübke-Koog, Klanxbüll, Neukirchen, Rodenäs

4 Kreis Ostholstein

Amt Fehmarn

2448 Burg auf Fehmarn, Bahnhofstr 5; F (0 43 71) 30 41 u 30 42 u 43
Fläche 17 064 ha; Einwohner 6 527
Amtsausschuß: 12 Mitglieder (4 CDU, 4 FWV, 4 SPD)
e Amtsvorsteher: Johannes Störtenbecker
h Leitender Verwaltungsbeamter: Günter Jorc-zik

Amtsangehörige Gemeinden: Bannesdorf auf Fehmarn, Landkirchen auf Fehmarn, Westfeh-marn

Amt Grube

2431 Grube, Hauptstr 16; F (0 43 64) 80 15/16
Fläche 6 303 ha; Einwohner 4 493
Amtsausschuß: 10 Mitglieder (5 CDU, 5 SPD)
e Amtsvorsteher: Karl Puck
h Leitender Verwaltungsbeamter: Günter Mai-baum AR

Amtsangehörige Gemeinden: Dahme, Grube, Kellenhusen (Ostsee), Riepsdorf

Amt Oldenburg Land

2440 Oldenburg in Holstein, Schuhstr 26;
F (0 43 61) 6 41
Fläche 19 172 ha; Einwohner 6 725
Amtsausschuß: 14 Mitglieder (9 CDU, 5 SPD)
e Amtsvorsteher: Johann Höper
h Leitender Verwaltungsbeamter: Heinz Dörner AR

Amtsangehörige Gemeinden: Göhl, Gremers-dorf, Heringsdorf, Neukirchen, Wangels

Amt Lensahn

2432 Lensahn, Am Mühlenholz 3; F (0 43 63)
12 51/52
Fläche 7 880 ha; Einwohner 6 832
Amtsausschuß: 13 Mitglieder (7 CDU, 5 SPD, 1 parteilos)
e Amtsvorsteher: Gerd Lütje
h Leitender Verwaltungsbeamter: Kurt Eimecke
AR

Amtsangehörige Gemeinden: Beschendorf, Damlos, Harmsdorf, Kabelhorst, Lensahn, Manhagen

Amt Neustadt-Land

2430 Neustadt in Holstein, Am Hafensteig 1; F (0 45 61) 60 13
Fläche 9 722 ha; Einwohner 5 011
Amtsausschuß: 9 Mitglieder (4 CDU, 4 SPD, 1 FWG)
e Amtsvorsteher: Friedrich-Wilhelm Mielke
h Leitender Verwaltungsbeamter: Diller AR

Amtsangehörige Gemeinden: Altenkrempe, Schashagen, Sierksdorf

Amt Schönwalde

2431 Schönwalde am Bungsberg; F (0 45 28) 2 01
Fläche 7 278 ha; Einwohner 3 535
Amtsausschuß: 7 Mitglieder (4 CDU, 3 SPD)
e Amtsvorsteher: Friedrich Hiller
h Leitender Verwaltungsbeamter: Günter Braun
AR

Amtsangehörige Gemeinden: Kasseedorf, Schönwalde am Bungsberg

5 Kreis Pinneberg
Amt Bönningstedt

2081 Bönningstedt, Ellerbeker Str 20; F (0 40) 5 56 62 45
Fläche 3 667 ha; Einwohner 10 198
Amtsausschuß: 18 Mitglieder (10 CDU, 6 SPD, 2 FDP)
e Amtsvorsteher: Erich Wulf
h Leitender Verwaltungsbeamter: Klaus Petrat
OAR

Amtsangehörige Gemeinden: Bönningstedt, Ellerbek, Hasloh

Amt Elmshorn-Land

2200 Elmshorn, Lornsenstr 52; F (0 41 21) 2 00 55
Fläche 9 072 ha; Einwohner 8 841
Amtsausschuß: 16 Mitglieder (6 CDU, 5 WG, 5 SPD)

e Amtsvorsteher: Günther Hell
h Leitender Verwaltungsbeamter: Eckhard Groß
OAR

Amtsangehörige Gemeinden: Klein, Nordende, Klein Offenseth-Sparrieshoop, Kölln-Reisiek, Kurzenmoor, Raa-Besenbek, Seestermühe, Seeth-Ekholt

Amt Haseldorf

2081 Haseldorf; F (0 41 29) 2 87
Fläche 6 113 ha; Einwohner 3 466
Amtsausschuß: 8 Mitglieder (7 CDU, 1 SPD)
e Amtsvorsteher: Hinrich Körner
h Leitender Verwaltungsbeamter: Reimer Rzepucha OAR
Amtsangehörige Gemeinden: Haselau, Haseldorf, Hetlingen

Amt Hörnerkirchen

2201 Hörnerkirchen; F (0 41 27) 2 14 u 10 15
Fläche 4 491 ha; Einwohner 2 686
Amtsausschuß: 6 Mitglieder
e Amtsvorsteher: Arthur Ahlert
h Leitender Verwaltungsbeamter: Detlef Neumann OAR
Amtsangehörige Gemeinden: Bokel, Brande-Hörnerkirchen, Osterhorn, Westerhorn

Amt Moorrege

2082 Moorrege, Amtsstr 12; F (0 41 22) 80 61-63
Fläche 5 631 ha, Einwohner 10 585
Amtsausschuß: 19 Mitglieder (12 CDU, 5 SPD, 1 KWG, 1 FHW)
e Amtsvorsteher: Willi Heinrich Ochs
h Leitender Verwaltungsbeamter: Kurt-Uwe Heidecke OAR
Amtsangehörige Gemeinden: Groß Nordende, Heidgraben, Heist, Holm, Moorrege, Neuendeich

Amt Pinneberg-Land

2080 Pinneberg, Elmshorner Str 49; F (0 41 01) 79 17
Fläche 3 913 ha; Einwohner 6 302
Amtsausschuß: 12 Mitglieder (8 CDU, 4 SPD)
e Amtsvorsteher: Hans Albert Höft
h Leitender Verwaltungsbeamter: Hans Schütt
OAR

Amtsangehörige Gemeinden: Borstel-Hohenraden, Kummerfeld, Prisdorf, Tangstedt

Amt Rantzau

2202 Barmstedt, Chemnitzstr 30; F (0 41 23)
20 23-25
Fläche 11 194 ha; Einwohner 6 615
Amtsausschuß: 14 Mitglieder (7 CDU, 7 KWV)
e Amtsvorsteher: Adolf Hell
h Leitender Verwaltungsbeamter: Siegfried Hannemann OAR

Amtsangehörige Gemeinden: Bevern, Bilsen, Bokholt-Hanredder, Bullenkuhlen, Ellerhoop, Groß Offenseth-Aspern, Heede, Hemdingen, Langeln, Lutzhorn

6 Kreis Plön
Amt Bokhorst

2351 Bokhorst; F (0 43 94) 3 66, 4 12
Fläche 8 460 ha; Einwohner 3 586
Amtsausschuß: 8 Mitglieder (7 CDU, 1 SPD)
e Amtsvorsteher: Claus Hopp
h Leitender Verwaltungsbeamter: Schädlich OAR

Amtsangehörige Gemeinden: Bönebüttel, Großharrie, Rendswühren, Schillsdorf, Tasdorf

Amt Lütjenburg-Land

2322 Lütjenburg, Neverstorfer Str 7; F (0 43 81)
70 46
Fläche 21 860 ha; Einwohner 9 683
Amtsausschuß: 20 Mitglieder (7 CDU, 6 SPD, 7 versch WG)
e Amtsvorsteher: Otto Helterhoff
h Leitender Verwaltungsbeamter: Heinz Wolf OAR

Amtsangehörige Gemeinden: Behrensdorf (Ostsee), Blekendorf, Dannau, Giekau, Helmstorf, Högsdorf, Hohenfelde, Hohwacht (Ostsee), Kirchnüchel, Klamp, Kletkamp, Panker, Schwartbuck, Tröndel

Amt Plön-Land

2320 Plön, Heinrich-Rieper-Str 8; F (0 45 22)
40 01/3
Fläche 16 560 ha; Einwohner 7 736
Amtsausschuß: 17 Mitglieder (6 CDU, 7 verschiedene Wählergemeinschaften, 4 SPD)
e Amtsvorsteher: Arthur Jalas
h Leitender Verwaltungsbeamter: Ehm OAR

Amtsangehörige Gemeinden: Ascheberg (Holstein), Bösdorf, Dersau, Dörnick, Grebin, Kalübbe, Lebrade, Nehmten, Rantzau, Rathjensdorf, Wittmoldt

Amt Preetz-Land

2308 Preetz, Gartenstr 4; F (0 43 42) 8 20 15
Fläche 19 090 ha; Einwohner 8 644
Amtsausschuß: 22 Mitglieder (8 CDU, 2 SPD, 12 verschiedene Wählergemeinschaften)
e Amtsvorsteher: Wichard Graf von Bülow
h Leitender Verwaltungsbeamter: Heinz Johannsen OAR

Amtsangehörige Gemeinden: Barmissen, Boksee, Bothkamp, Großbarkau, Honigsee, Kirchbarkau, Klein Barkau, Kühren, Lehmkuhlen, Löptin, Nettelsee, Pohnsdorf, Postfeld, Rastorf, Schellhorn, Wahlstorf, Warnau

Amt Probstei

2306 Schönberg (Holstein), Große Mühlenstr 24 a; F (0 43 44) 14 06 u 96 49
Fläche 10 725 ha; Einwohner 7 543
Amtsausschuß: 19 Mitglieder (6 CDU, 5 SPD, 8 versch Wählergemeinschaften)
e Amtsvorsteher: Konrad Gromke
h Leitender Verwaltungsbeamter: Klaus Hergeröder OAR

Amtsangehörige Gemeinden: Barsbek, Bendfeld, Brodersdorf, Fahren, Fiefbergen, Höhndorf, Köhn, Krokau, Krummbek, Lutterbek, Passade, Prasdorf, Probsteierhagen, Stakendorf, Stein, Wendtorf, Wisch

Amt Selent/Schlesen

2309 Selent; F (0 43 84) 7 68, 7 69
Fläche 12 534 ha; Einwohner 5 340
Amtsausschuß: 11 Mitglieder (7 CDU, 4 SPD)
e Amtsvorsteher: Karl Jaques
h Leitender Verwaltungsbeamter: Höge OAR

Amtsangehörige Gemeinden: Dobersdorf, Lammershagen, Martensrade, Mucheln, Fargau-Pratjau, Schlesen, Selent, Stoltenberg

Amt Wankendorf

2355 Wankendorf, Kampstr 1; F (0 43 26) 10 17
Fläche 6 456 ha; Einwohner 4 695
Amtsausschuß: 10 Mitglieder (2 CDU, 2 SPD, 6 verschiedene Wählergemeinschaften)
e Vertreter: Wolfgang Haar
h Leitender Verwaltungsbeamter: Becker OAR

Amtsangehörige Gemeinden: Belau, Ruhwinkel, Stolpe, Wankendorf

7 Kreis Rendsburg-Eckernförde

Amt Achterwehr

2301 Achterwehr; F (0 43 40) 7 11
Fläche 10 290 ha; Einwohner 9 232
Amtsausschuß: 19 Mitglieder (9 CDU, 4 SPD, 4 WG, 1 FDP, 1 AV)
e Amtsvorsteher: Willy Schäfer
h Leitender Verwaltungsbeamter: Frenz Ohm

Amtsangehörige Gemeinden: Achterwehr, Bredenbek, Felde, Krummwisch, Melsdorf, Ottendorf, Quarnbek, Westensee

Amt Aukrug

2356 Aukrug; F (0 48 73) 14 55
Fläche 11 485 ha; Einwohner 6 286
Amtsausschuß: 11 Mitglieder (2 Wählergemeinschaft, 6 CDU, 3 SPD)
e Amtsvorsteher: Bracker Wolter
h Leitender Verwaltungsbeamter: Günter Maaß

Amtsangehörige Gemeinden: Arpsdorf, Aukrug, Ehndorf, Padenstedt, Wasbek

Amt Bordesholm-Land

2352 Bordesholm, Marktplatz; F (0 43 22) 8 11
Fläche 8 940 ha; Einwohner 5 337
Amtsausschuß: 16 Mitglieder (9 Wählergemeinschaft, 5 CDU, 2 SPD)
e Amtsvorsteher: Max Andresen
h Leitender Verwaltungsbeamter: Alfred Elvers AR

Amtsangehörige Gemeinden: Bissee, Brügge, Grevenkrug, Groß Buchwald, Hoffeld, Loop, Mühbrook, Negenharrie, Reesdorf, Schmalstede, Schönbek, Sören, Wattenbek

Amt Dänischenhagen

2301 Dänischenhagen; F (0 43 49) 81 34
Fläche 7 185 ha; Einwohner 7 053
Amtsausschuß: 12 Mitglieder (6 CDU, 5 SPD, 1 FWS)
e Amtsvorsteher: Gerhard Willrodt Bgm
h Leitender Verwaltungsbeamter: Heinrich Rathje OAR

Amtsangehörige Gemeinden: Dänischhagen (Ortskl S), Noer (Ortskl A), Schwedeneck (Ortskl A), Strande (Ortskl A)

Amt Dänischer Wohld

2303 Gettorf, Kurze Str; F (0 43 46) 70 06 - 70 09
Fläche 10 162 ha; Einwohner 7 786
Amtsausschuß: 15 Mitglieder (8 CDU, 5 SPD, 2 Wählergemeinschaft)

e Amtsvorsteher: Uwe Martens
h Leitender Verwaltungsbeamter: Hans Hansen OAR

Amtsangehörige Gemeinden: Felm, Lindau, Neudorf-Bornstein, Neuwittenbek, Osdorf, Schinkel, Tüttendorf

Amt Flintbek

2302 Flintbek, Heitmannskamp 2; F (0 43 47) 30 01 - 30 03
Fläche 3 070 ha; Einwohner 7 471
Amtsausschuß: 13 Mitglieder (3 KWV, 5 CDU, 4 SPD, 1 Unabhängiger)
e Amtsvorsteher: Bies Bgm
h Leitender Verwaltungsbeamter: Koops AR

Amtsangehörige Gemeinden: Böhnhusen, Flintbek, Schönhorst, Techelsdorf (Geschäftsführung: Gemeinde Flintbek)

Amt Fockbek

2371 Fockbek; F (0 43 31) 6 10 01
Fläche 6 722 ha; Einwohner 8 413
Amtsausschuß: 13 Mitglieder (7 CDU, 4 SPD, 2 Wählergemeinschaft)
e Amtsvorsteher: Claus Sievers
h Leitender Verwaltungsbeamter: Karl Aust OAR

Amtsangehörige Gemeinden: Alt Duvenstedt, Fockbek, Nübbel, Rickert

Amt Hanerau-Hademarschen

2215 Hanerau-Hademarschen, Postfach 6; F (0 48 72) 22 21/22 22
Fläche 13 660 ha; Einwohner 6 554
Amtsausschuß: 17 Mitglieder (6 verschiedene Wählergemeinschaften, 9 CDU, 2 SPD)
e Amtsvorsteher: Heinrich Hingst
h Leitender Verwaltungsbeamter: Hans-Hermann Witt

Amtsangehörige Gemeinden: Beldorf, Bendorf, Bornholt, Gokels, Hanerau-Hademarschen, Lütjenwestedt, Oldenbüttel, Seefeld, Steenfeld, Takkesdorf, Thaden

Amt Hohenwestedt-Land

2354 Hohenwestedt; F (0 48 71) 9 95/6
Fläche 13 457 ha; Einwohner 5 409
Amtsausschuß: 15 Mitglieder (12 Kommunale Wählergemeinschaft, 2 CDU, 1 SPD)
e Amtsvorsteher: Hans-Wilhelm Sievers
h Leitender Verwaltungsbeamter: Danklefsen

Amtsangehörige Gemeinden: Beringstedt, Grauel, Heinkenborstel, Jahrsdorf, Meezen, Mörel,

Nienborstel, Nindorf, Osterstedt, Rade b Hohenwestedt, Remmels, Tappendorf, Todenbüttel, Wapelfeld

Amt Hohn

2371 Hohn, Hohe Str 4; F (0 43 35) 3 26 u 2 19
Fläche 16 762 ha; Einwohner 7 534
Amtsausschuß: 19 Mitglieder (10 WG, 6 CDU, 2 SPD, 1 Parteilos)
e Amtsvorsteher: Heinrich Harms
h Leitender Verwaltungsbeamter: Schon AR

Amtsangehörige Gemeinden: Bargstall, Breiholz, Christianskoln, Elsdorf-Westermühlen, Friedrichsgraben, Friedrichsholm, Hamdorf, Hohn, Königshügel, Lohe-Föhrden, Prinzenmoor, Sophienhamm

Amt Hütten

2331 Ascheffel; F (0 43 53) 2 57 u 5 75
Fläche 10 450 ha; Einwohner 5 502
Amtsausschuß: 12 Mitglieder (4 Wählergemeinschaft, 6 CDU, 1 SPD, 1 FDP)
e Amtsvorsteher: Hans Klaus Solterbeck
h Leitender Verwaltungsbeamter: Hans-Jürgen Ladwig Amtm

Amtsangehörige Gemeinden: Ahlefeld, Ascheffel, Bistensee, Brekendorf, Damendorf, Hütten, Osterby, Owschlag

Amt Jevenstedt

2371 Jevenstedt; F (0 43 37) 5 11
Fläche 12 679 ha; Einwohner 5 427
Amtsausschuß: 14 Mitglieder (4 CDU, 2 SPD, 6 Wählergemeinschaft, 2 parteilos)
e Amtsvorsteher: Klaus Struck
h Leitender Verwaltungsbeamter: Uwe-Niels Husmann AR

Amtsangehörige Gemeinden: Brinjahe, Embühren, Haale, Hamweddel, Hörsten, Jevenstedt, Luhnstedt, Schülp b Rendsburg, Stafstedt

Amt Molfsee

2302 Molfsee; F (04 31) 6 52 81
Fläche 4 760 ha; Einwohner 7 325
Amtsausschuß: 12 Mitglieder (5 WG, 4 CDU, 2 SPD, 1 FDP)
e Amtsvorsteher: Hans-Friedrich Wisser
h Leitender Verwaltungsbeamter: Hans-Joachim Bauers

Amtsangehörige Gemeinden: Blumenthal, Mielkendorf, Molfsee, Rodenbek, Rumohr, Schierensee

Amt Nortorf-Land

2353 Nortorf, Niedernstr 6; F (0 43 92) 30 55
Fläche 23 240 ha; Einwohner 9 383
Amtsausschuß: 23 Mitglieder (16 Kommunale Wählergemeinschaften, 5 CDU, 2 SPD)
e Amtsvorsteher: Willi Maschmann
h Leitender Verwaltungsbeamter: Uwe Johannsen OAR

Amtsangehörige Gemeinden: Bargstedt, Bokel, Borgdorf-Seedorf, Brammer, Dätgen, Eisendorf, Ellerdorf, Emkendorf, Gnutz, Groß Vollstedt, Krogaspe, Langwedel, Oldenhütten, Schülp b Nortorf, Timmaspe, Warder

Amt Osterrönfeld

2371 Osterrönfeld; F (0 43 31) 81 01/02
Fläche 7 900 ha; Einwohner 5 355
Amtsausschuß: 12 Mitglieder (5 CDU, 4 SPD, 3 KWG)
e Amtsvorsteher: Prang
h Leitender Verwaltungsbeamter: Grösch

Amtsangehörige Gemeinden: Bovenau, Haßmoor, Ostenfeld (Rendsburg), Osterrönfeld, Rade b Rendsburg, Schülldorf

Amt Schlei

2334 Fleckeby; F (0 43 55) 6 30
(Nebenstelle: **2332 Rieseby;** F [0 43 55] 2 19)
Fläche 10 100 ha; Einwohner 5 709
Amtsausschuß: 10 Mitglieder (3 SPD, 1 Kommunale Wählergemeinschaft, 6 CDU)
e Amtsvorsteher: Otto-Heinrich Kühl
h Leitender Verwaltungsbeamter: Manfred Block

Amtsangehörige Gemeinden: Fleckeby, Güby, Hummelfeld, Kosel, Rieseby

Amt Schwansen

2335 Damp 1, Vogelsang 10; F (0 43 52) 23 80/23 85
Fläche 12 820 ha; Einwohner 6 661
Amtsausschuß: 10 Mitglieder (7 CDU, 2 SPD, 1 Wählergemeinschaft)
e Amtsvorsteher: Johannes Clausen
h Leitender Verwaltungsbeamter: Karl Seemann

Amtsangehörige Gemeinden: Brodersby, Damp, Dörphof, Holzdorf, Karby, Thumby, Waabs, Winnemark

Amt Windeby

2330 Eckernförde, Wulfsteert 45; F (0 43 51) 40 46
Fläche 7 951 ha; Einwohner 4 314

Amtsausschuß: 9 Mitglieder (3 Wählergemeinschaft, 4 CDU, 2 SPD)
e Amtsvorsteher: Bruno Blunck
h Leitender Verwaltungsbeamter: Herbert Kowarsch AR

Amtsangehörige Gemeinden: Altenhof, Barkelsby, Gammelby, Goosefeld, Loose, Windeby

Amt Wittensee

2333 Groß Wittensee, Mühlenstr 8; F (0 43 56) 2 04 u 2 05
Fläche 10 530 ha; Einwohner 4 999
Amtsausschuß: 12 Mitglieder (6 CDU, 3 SPD, 3 Wählergemeinschaft)
e Amtsvorsteher: Johannes Ströh
h Leitender Verwaltungsbeamter: Möller AR

Amtsangehörige Gemeinden: Borgstedt, Bünsdorf, Groß Wittensee, Haby, Holtsee, Holzbunge, Klein Wittensee, Neu Duvenstedt, Sehestedt

8 Kreis Schleswig-Flensburg

Amt Böklund

2381 Böklund; F (0 46 23) 8 74
Fläche 7 777 ha; Einwohner 4 729
Amtsausschuß: 11 Mitglieder
e Amtsvorsteher: Johannes Trahn
h Leitender Verwaltungsbeamter: Bruno Egge

Amtsangehörige Gemeinden: Böklund, Havetoft, Klappholz, Stolk, Struxdorf, Süderfahrenstedt, Ulsby

Amt Eggebek

2384 Eggebek; F (0 46 09) 4 71
Fläche 13 208 ha; Einwohner 6 744
Amtsausschuß: 12 Mitglieder (6 Wählergemeinschaften, 4 CDU, 2 SPD)
e Amtsvorsteher: Hans-Peter Thomsen
h Leitender Verwaltungsbeamter: Klaus-Dieter Rauhut

Amtsangehörige Gemeinden: Eggebek, Janneby, Jerrishoe, Jörl, Langstedt, Sollerup, Süderhackstedt, Wanderup

Amt Gelting

2341 Gelting, Süderholm 12, Postfach 20; F (0 46 43) 7 04/05
Fläche 10 020 ha; Einwohner 6 224
Amtsausschuß: 14 Mitglieder (6 CDU, 5 Wählergemeinschaften, 2 SPD, 1 FDP)
e Amtsvorsteher: Max Delfs
h Leitender Verwaltungsbeamter: Johannes Petersen

Amtsangehörige Gemeinden: Gelting, Hasselberg, Kronsgaard, Maasholm, Nieby, Pommerby, Rabel, Rabenholz, Stangheck, Stoltebüll

Amt Haddeby

2381 Busdorf, Rendsburger Str 54 b; F (0 46 21) 3 20 51
Fläche 8 000 ha; Einwohner 6 914··
Amtsausschuß: 13 Mitglieder (6 CDU, 5 KWV, 2 SPD)
e Amtsvorsteher: Johannes Koch
h Leitender Verwaltungsbeamter: Herbert Noss

Amtsangehörige Gemeinden: Borgwedel, Busdorf, Dannewerk, Fahrdorf, Geltorf, Jagel, Lottorf, Selk

Amt Handewitt

2391 Handewitt; F (0 46 08) 2 82
Fläche 7 810 ha; Einwohner 7 419
Amtsausschuß: 12 Mitglieder (5 CDU, 4 SPD, 2 SSW, 1 Wählergemeinschaft)
e Amtsvorsteher: Asmus Andresen
h Leitender Verwaltungsbeamter: Gerhard Steimle

Amtsangehörige Gemeinden: Handewitt, Jarplund-Weding

Amt Hürup

2395 Hürup; F (0 46 34) 6 43/6 44
Fläche 10 363 ha; Einwohner 7 429
Amtsausschuß: 13 Mitglieder (6 Wählergemeinschaften, 5 CDU, 2 SPD)
e Amtsvorsteher: Johannes Vogt
h Leitender Verwaltungsbeamter: Johannes Traulsen

Amtsangehörige Gemeinden: Ausacker, Freienwill, Großsolt, Hürup, Husby, Maasbüll, Tastrup

Amt Kappeln-Land

2340 Kappeln; F (0 46 42) 10 71
Fläche 2 837 ha; Einwohner 1 857
Amtsausschuß: 8 Mitglieder (3 FDP, 2 CDU, 2 SPD, 1 FWG)
e Amtsvorsteher: August Andresen
h Leitender Verwaltungsbeamter: Franz Schmoll

Amtsangehörige Gemeinden: Stadt Arnis, Grödersby, Oersberg, Rabenkirchen-Faulück

Amt Kropp

2382 Kropp, Am Markt; F (0 46 24) 9 65
Fläche 15 884 ha; Einwohner 8 956
Amtsausschuß: 16 Mitglieder

e Amtsvorsteher: Werner Jöns
h Leitender Verwaltungsbeamter: Hans-Dieter Kock OAR

Amtsangehörige Gemeinden: Alt Bennebek, Börm, Dörpstedt, Groß Rheide, Klein Bennebeck, Klein Rheide, Kropp, Tettenhusen

Amt Langballig

2391 Streichmühle; F (0 46 36) 10 77
Fläche 8 610 ha; Einwohner 6 651
Amtsausschuß: 13 Mitglieder (10 CDU, 1 Wählergemeinschaft, 2 SPD)
e Amtsvorsteher: Dietrich Caesar
h Leitender Verwaltungsbeamter : Walter Schober

Amtsangehörige Gemeinden: Dollerup, Grundhof, Langballig, Munkbrarup, Ringsberg, Wees, Westerholz

Amt Oeversee

2391 Tarp; F (0 46 38) 9 14/15
Fläche 8 336 ha; Einwohner 9 524
Amtsausschuß: 16 Mitglieder (10 CDU, 1 FDP, 5 SPD)
e Amtsvorsteher: Andreas Franzen
h Leitender Verwaltungsbeamter: Gerhard Beuck

Amtsangehörige Gemeinden: Oeversee, Sankelmark, Sieverstedt, Tarp

Amt Satrup

2394 Satrup; F (0 46 33) 7 12
Fläche 5 568 ha; Einwohner 4 558
Amtsausschuß: 10 Mitglieder
e Amtsvorsteher: Walter Clausen
h Leitender Verwaltungsbeamter: Günter Haack OAR

Amtsangehörige Gemeinden: Havetoftloit, Rüde, Satrup, Schnarup-Thumby

Amt Schafflund

2391 Schafflund, Tannenweg 1; F (0 46 39) 71 31/2
Fläche 23 611 ha; Einwohner 9 305
Amtsausschuß: 19 Mitglieder (14 Wählergemeinschaften, 3 CDU, 1 SPD, 1 SSW)
e Amtsvorsteher: Thomas Lorenzen
h Leitender Verwaltungsbeamter: Gert Hartwigsen OAR

Amtsangehörige Gemeinden: Böxlund, Großenwiehe, Hörup, Holt, Jardelund, Lindewitt, Medelby, Meyn, Nordhackstedt, Osterby, Schafflund, Wallsbüll, Weesby

Amt Schuby

2381 Schuby; F (0 46 21) 40 77
Fläche 6 754 ha; Einwohner 5 194
Amtsausschuß: 12 Mitglieder
e Amtsvorsteher: Jürgen Thee
h Leitender Verwaltungsbeamter: Martin König OAR

Amtsangehörige Gemeinden: Hüsby, Idstedt, Lürschau, Neuberend, Schuby

Amt Silberstedt

2381 Silberstedt; F (0 46 26) 2 66
Fläche 14 140 ha; Einwohner 6 889
Amtsausschuß: 14 Mitglieder (10 CDU, 2 SPD, 2 KWV)
e Amtsvorsteher: Hans Thomsen
h Leitender Verwaltungsbeamter: Hark Peter Moritzen AR

Amtsangehörige Gemeinden: Bollingstedt, Ellingstedt, Hollingstedt, Jübek, Silberstedt, Treia

Amt Stapelholm

2251 Norderstapel; F (0 48 83) 4 06
Fläche 11 280 ha; Einwohner 6 036
Amtsausschuß: 12 Mitglieder (8 CDU, 3 SPD, 1 WG)
e Amtsvorsteher: Ernst Daniel
h Leitender Verwaltungsbeamter: Hans-Otto Burmeister

Amtsangehörige Gemeinden: Bergenhusen, Erfde, Meggerdorf, Norderstapel, Süderstapel, Tielen, Wohlde

Amt Steinbergkirche

2391 Steinbergkirche; F (0 46 32) 2 11
Fläche 10 080 ha; Einwohner 6 707
Amtsausschuß: 15 Mitglieder (5 Wählergemeinschaften, 7 CDU, 3 SPD)
e Amtsvorsteher: Willibald Liehr
h Leitender Verwaltungsbeamter: Hans Bohnhof

Amtsangehörige Gemeinden: Ahneby, Esgrus, Niesgrau, Quern, Steinberg, Steinbergkirche, Sterup

Amt Süderbrarup

2347 Süderbrarup; F (0 46 41) 20 55
Fläche 14 680 ha; Einwohner 10 152
Amtsausschuß: 25 Mitglieder
e Amtsvorsteher: Max-Werner Detlefsen
h Leitender Verwaltungsbeamter: Helmut Marxen OAR

Amtsangehörige Gemeinden: Böel, Boren, Brebel, Dollrottfeld, Ekenis, Kiesby, Loit, Mohrkirch, Norderbrarup, Nottfeld, Rügge, Saustrup, Scheggerott, Steinfeld, Süderbrarup, Ulsnis, Wagersrott

Amt Tolk

2381 Tolk; F (0 46 22) 9 44
Fläche 9 340 ha; Einwohner 5 342
Amtsausschuß: 12 Mitglieder
e Amtsvorsteher: Hans Bendixen
h Leitender Verwaltungsbeamter: Michael Arendt

Amtsangehörige Gemeinden: Nübel, Brodersby, Goltoft, Schaalby, Taarstedt, Tolk, Twedt

9 Kreis Segeberg
Amt Bad Bramstedt-Land

2357 Bad Bramstedt; F (0 41 92) 37 96 u 37 97
Fläche 18 672 ha; Einwohner 7 705
Amtsausschuß: 19 Mitglieder (11 CDU, 7 Wählergemeinschaft, 1 SPD)
e Amtsvorsteher: Hans Griep
h Leitender Verwaltungsbeamter: Otto Steinhagen OAR

Amtsangehörige Gemeinden: Armstedt, Bimöhlen, Borstel, Föhrden-Barl, Fuhlendorf, Großenaspe, Hagen, Hardebek, Hasenkrug, Heidmoor, Hitzhusen, Mönkloh, Weddelbrook, Wiemersdorf

Amt Bornhöved

2351 Bornhöved; F (0 43 23) 65 67
Fläche 7 510 ha; Einwohner 4 672
Amtsausschuß: 12 Mitglieder (4 Wählergemeinschaft, 5 CDU, 3 SPD)
e Amtsvorsteher: Emil Bewarder
h Leitender Verwaltungsbeamter: Ernst Timm AR

Amtsangehörige Gemeinden: Bornhöved, Damsdorf, Gönnebek, Schmalensee, Stockse, Tarbek, Tensfeld

Amt Itzstedt

2061 Itzstedt; F (0 45 35) 62 34, 4 36, 4 37
Fläche 6 844 ha; Einwohner 9 339
Amtsausschuß: 19 Mitglieder (12 CDU, 1 Wählergemeinschaft, 5 SPD, 1 FDP)
e Amtsvorsteher: Werner Seismann
h Leitender Verwaltungsbeamter: Rudolf Paulsen OAR

Amtsangehörige Gemeinden: Itzstedt, Kayhude, Nahe, Oering, Seth, Sülfeld

Amt Kaltenkirchen-Land

2358 Kaltenkirchen; F (0 41 91) 30 11
Fläche 12 492 ha; Einwohner 11 999
Amtsausschuß: 19 Mitglieder (9 CDU, 5 SPD, 2 FDP, 3 WG)
e Amtsvorsteher: Emil Schmelow
h Leitender Verwaltungsbeamter: Hans-Joachim Langmaack OAR

Amtsangehörige Gemeinden: Alveslohe, Ellerau, Hartenholm, Hasenmoor, Lentföhrden, Nützen, Schmalfeld

Amt Kisdorf

2358 Kattendorf, Winsener Str 2; F (0 41 91) 27 27
Fläche 9 046 ha; Einwohner 8 325
Amtsausschuß: 16 Mitglieder (5 WG, 7 CDU, 2 SPD, 2 FDP)
e Amtsvorsteher: Hans Carstens
h Leitender Verwaltungsbeamter: Helmut Semmelhack OAR

Amtsangehörige Gemeinden: Hüttblek, Kattendorf, Kisdorf, Oersdorf, Sievershütten, Struvenhütten, Stuvenborn, Wakendorf II, Winsen

Amt Leezen

2361 Leezen; F (0 45 52) 10 55/10 56
Fläche 15 586 ha; Einwohner 6 457
Amtsausschuß: 17 Mitglieder (7 Wählergemeinschaften, 8 CDU, 1 SPD, 1 Forstgutvorsteher)
e Amtsvorsteher: Willi Teegen
h Leitender Verwaltungsbeamter: Karl Jeß AR

Amtsangehörige Gemeinden: Bark, Bebensee, Fredesdorf, Groß Niendorf, Högersdorf, Kükels, Leezen, Mözen, Neversdorf, Schwissel, Todesfelde, Wittenborn, Forstgutsbezirk Buchholz

Amt Rickling

2351 Rickling, Dorfstr 34; F (0 43 28) 2 25
Fläche 12 006 ha; Einwohner 7 076
Amtsausschuß: 12 Mitglieder (9 CDU, 3 SPD)
e Amtsvorsteher: Carl Jantzen
h Leitender Verwaltungsbeamter: Günther Papke OAR

Amtsangehörige Gemeinden: Daldorf, Groß Kummerfeld, Heidmühlen, Latendorf, Rickling

Amt Segeberg-Land

2360 Bad Segeberg, Waldemar-von-Mohl-Str 10; F (0 45 51) 30 77
Fläche 17 512 ha; Einwohner 10 629
Amtsausschuß: 26 Mitglieder (17 Wählergemeinschaft, 8 CDU, 1 SPD)

e Amtsvorsteher: Werner Wittern
h Leitender Verwaltungsbeamter: Hans Rahlf OAR

Amtsangehörige Gemeinden: Bahrenhof, Blunk, Bühnsdorf, Dreggers, Fahrenkrug, Geschendorf, Groß Gladebrügge, Groß Rönnau, Klein Rönnau, Negernbötel, Neuengörs, Pronstorf, Schackendorf, Schieren, Stipsdorf, Strukdorf, Wakendorf I, Weede, Westerrade

Amt Wensin

2361 Garbek; F (0 45 59) 3 55
Fläche 14 264 ha; Einwohner 5 203
Amtsausschuß: 11 Mitglieder (5 Wählergemeinschaft, 3 SPD, 3 CDU)
e Amtsvorsteher: Heinrich Stock
h Leitender Verwaltungsbeamter: Hans-Joachim Hampel

Amtsangehörige Gemeinden: Glasau, Krems II, Nehms, Rohlstorf, Seedorf, Travenhorst, Wensin

10 Kreis Steinburg

Amt Breitenburg

2210 Breitenburg, Am Schloß Breitenburg; F (0 48 28) 7 16/7 17
Fläche 5 410 ha; Einwohner 6 793
Amtsausschuß: 16 Mitglieder (6 Kommunale Wählervereinigung, 2 Parteilose, 4 SPD, 2 CDU)
e Amtsvorsteher: Otto Graf zu Rantzau
h Leitender Verwaltungsbeamter: Hilmar Gehrke OAR

Amtsangehörige Gemeinden: Breitenberg, Breitenburg, Kollmoor, Kronsmoor, Moordiek, Moordorf, Münsterdorf, Oelixdorf, Westermoor

Amt Herzhorn

2209 Herzhorn; F (0 41 24) 30 15
Fläche 10 220 ha; Einwohner 6 150
Amtsausschuß: 12 Mitglieder (5 Kommunale Wählervereinigung, 1 Gemeindepartei, 4 SPD, 2 CDU)
e Amtsvorsteher: Hans Peters
h Leitender Verwaltungsbeamter: Johann Hinrichs OAR

Amtsangehörige Gemeinden: Blomesche, Wildnis, Borsfleth, Engelbrechtsche Wildnis, Herzhorn, Kollmar, Krempdorf, Neuendorf b Elmshorn

Amt Hohenlockstedt

2214 Hohenlockstedt; F (0 48 26) 9 61 - 9 63
Fläche 7 629 ha; Einwohner 6 682
Amtsausschuß: 14 Mitglieder (8 CDU, 3 Kommunale Wählervereinigung, 3 SPD)

e Amtsvorsteher: Horst Bollmann
h Leitender Verwaltungsbeamter: Adolf Jordan AR

Amtsangehörige Gemeinden: Hohenlockstedt, Lockstedt, Lohbarbek, Schlotfeld, Silzen, Winseldorf

Amt Horst

2203 Horst (Holstein), Bahnhofstr 7; F (0 41 26) 8 81
Fläche 8 057 ha; Einwohner 8 360
Amtsausschuß: 17 Mitglieder (11 CDU, 5 SPD, 1 FWG)
e Amtsvorsteher: Johann Steenbock
h Leitender Verwaltungsbeamter: Kurt Harms OAR

Amtsangehörige Gemeinden: Altenmoor, Hohenfelde, Horst (Holstein), Kiebitzreihe, Sommerland

Amt Itzehoe-Land

2210 Itzehoe, Karlstr 2; F (0 48 21) 6 20 25
Fläche 11 590 ha; Einwohner 8 285
Amtsausschuß: 21 Mitglieder (14 KWV, 4 SPD, 2 CDU, 1 Parteiloser)
e Amtsvorsteher: Klaus-Werner Junge
h Leitender Verwaltungsbeamter: Klaus Thun OAR

Amtsangehörige Gemeinden: Bekdorf, Bekmünde, Drage, Heiligenstedten, Heiligenstedtenerkamp, Hodorf, Hohenaspe, Huje, Kaaks, Kleve, Krummendiek, Mehlbek, Moorhusen, Oldendorf, Ottenbüttel, Peissen

Amt Kellinghusen-Land

2217 Kellinghusen; F (0 48 22) 20 01/02
Fläche 13 350 ha; Einwohner 7 457
Amtsausschuß: 23 Mitglieder (10 Kommunale Wählervereinigung, 9 CDU, 2 SPD, 2 Parteilose)
e Amtsvorsteher: Otto Fölster
h Leitender Verwaltungsbeamter: Armin Dau OAR

Amtsangehörige Gemeinden: Auufer, Brokstedt, Fitzbek, Hennstedt, Hingstheide, Mühlenbarbek, Oeschebüttel, Poyenberg, Quarnstedt, Rade, Rosdorf, Sarlhusen, Störkathen, Wiedenborstel, Willenscharen, Wittenbergen, Wrist, Wulfsmoor

Amt Krempermarsch

2209 Krempe; F (0 48 24) 25 32-34
Fläche 8 118 ha; Einwohner 8 722
Amtsausschuß: 19 Mitglieder (7 CDU, 6 Kommunale Wählervereinigung, 1 Parteilos, 5 SPD)

e Amtsvorsteher: Hans Körner
h Leitender Verwaltungsbeamter: vom Bauer
OAR

Amtsangehörige Gemeinden: Bahrenfleth, Dägeling, Elskop, Grevenkop, Stadt Krempe, Krempermoor, Neuenbrook, Rethwisch, Süderau

Amt Schenefeld

2216 Schenefeld; F (04 89 02) 5 02 u 3 03
Fläche 16 410 ha; Einwohner 8 973
Amtsausschuß: 31 Mitglieder (21 Kommunale Wählergemeinschaft, 7 CDU, 3 SPD)
e Amtsvorsteher: Ernst-Günther Hencke
h Leitender Verwaltungsbeamter: Gerhard Kornell OAR

Amtsangehörige Gemeinden: Aasbüttel, Agethorst, Besdorf, Bokelrehm, Bokhorst, Christinenthal, Gribbohm, Hadenfeld, Holstenniendorf, Kaisborstel, Looft, Nienbüttel, Nutteln, Oldenborstel, Pöschendorf, Puls, Reher, Schenefeld, Siezbüttel, Vaale, Vaalermoor, Wacken, Warringholz

Amt Wilstermarsch

2213 Wilster, Rathausstr 1; F (0 48 23) 5 37/5 38
Fläche 17 910 ha; Einwohner 6 983
Amtsausschuß: 18 Mitglieder (7 CDU, 2 SPD, 9 Wählergemeinschaft)
e Amtsvorsteher: Eggert Block
h Leitender Verwaltungsbeamter: Kurt Reimers OAR

Amtsangehörige Gemeinden: Aebtissinwisch, Beidenfleth, Brokdorf, Büttel, Dammfleth, Ecklak, Kudensee, Landrecht, Landscheide, Neuendorf b Wilster, Nortorf, Sachsenbande, Sankt Margarethen, Stördorf, Wewelsfleth

11 Kreis Stormarn
Amt Bad Oldesloe-Land

2060 Bad Oldesloe, Mewesstr 22/24; F (0 45 31) 8 10 41-42
Fläche 8 730 ha; Einwohner 8 730
Amtsausschuß: 17 Mitglieder (8 Wählergruppe, 6 CDU, 3 SPD) .
e Amtsvorsteher: Horst Böttger
h Leitender Verwaltungsbeamter: Jürgen Redelin OAR

Amtsangehörige Gemeinden: Grabau, Lasbek, Meddewade, Neritz, Pölitz, Rethwisch, Rümpel, Steinburg, Travenbrück

Amt Bargteheide-Land

2072 Bargteheide, Eckhorst 34; F (0 45 32) 70 34-36
Fläche 8 607 ha; Einwohner 9 832
Amtsausschuß: 18 Mitglieder (6 Wählergemeinschaft, 3 SPD, 8 CDU, 1 FDP)
e Amtsvorsteher: August-Christian Guericke
h Leitender Verwaltungsbeamter: Hinrich Suhn OAR

Amtsangehörige Gemeinden: Bargfeld-Stegen, Delingsdorf, Elmenhorst, Hammoor, Jersbek, Nienwohld, Todendorf, Tremsbüttel

Amt Nordstormarn

2067 Reinfeld (Holstein), Am Schiefenkamp 10; F (0 45 33) 80 65
Fläche 11 346 ha; Einwohner 7 577
Amtsausschuß: 15 Mitglieder (10 Wählergemeinschaft, 2 SPD, 3 CDU)
e Amtsvorsteher: Friedrich Hardt
h Leitender Verwaltungsbeamter: Harry Baumann OAR

Amtsangehörige Gemeinden: Barnitz, Feldhorst, Wesenberg, Hamberge, Heidekamp, Heilshoop, Klein Wesenberg, Mönkhagen, Westerau, Badendorf, Rehhorst, Zarpen

Amt Siek

2701 Siek; F (0 41 07) 94 54
Fläche 6 350 ha; Einwohner 8 136
Amtsausschuß: 14 Mitglieder (8 CDU, 3 SPD, 3 Wählergemeinschaft)
e Amtsvorsteher: Karl Fach
h Leitender Verwaltungsbeamter: Günter Thiel OAR

Amtsangehörige Gemeinden: Braak, Brunsbek, Hoisdorf, Siek, Stapelfeld

Amt Trittau

2077 Trittau, Europaplatz 5; F (0 41 54) 20 61
Fläche 9 157 ha; Einwohner 13 260
Amtsausschuß: 26 Mitglieder (7 WG, 14 CDU, 4 SPD, 1 FDP)
e Amtsvorsteher: Erich Peter
Die Amtsgeschäfte werden von der hauptamtlich verwalteten Gemeinde Trittau geführt.

Amtsangehörige Gemeinden: Grande, Grönwohld, Großensee, Hamfelde, Hohenfelde, Köthel, Lütjensee, Rausdorf, Trittau, Witzhave

V Die hauptamtlich u ehrenamtlich verwalteten Gemeinden

1 Kreis Dithmarschen

Gemeinde Büsum
2242 Büsum, F (0 48 34) 20 02
Fläche 816 ha; Einwohner 5 903
Gemeindevertretung: 19 Mitglieder (10 CDU, 8 SPD, 1 FDP)
e Bürgervorsteher: Franz Hosek
h Bürgermeister: NN

Gemeinde Friedrichskoog
2221 Friedrichskoog; F (0 48 54) 8 11
Fläche 5 362 ha; Einwohner 2 828
Gemeindevertretung: 17 Mitglieder (9 CDU, 8 SPD)
e Bürgermeister: Hans Börnecke

2 Kreis Herzogtum Lauenburg

Gemeinde Wentorf bei Hamburg
2057 Wentorf bei Hamburg, An der Hege 18; F (0 40) 72 00 11
Fläche 687 ha; Einwohner 10 250
Gemeindevertretung: 19 Mitglieder (11 CDU, 7 SPD, 1 FDP)
e Bürgervorsteher: Arnold Mex
h Bürgermeister: Joachim Werwinski

3 Kreis Nordfriesland

Gemeinde Leck
2262 Leck, Hauptstr 53, Postfach 1148; F (0 46 62) 9 21-24
Fläche 2 964 ha; Einwohner 7 690
Gemeindevertretung: 19 Mitglieder (10 CDU, 7 SPD, 1 FDP, 1 SSW)
e Bürgervorsteher: Grete Böller
h Bürgermeister: Erich Katerberg

Gemeinde List
2282 List; F (0 46 52) 10 14
Fläche 1 918 ha; Einwohner 3 263
Gemeindevertretung: 17 Mitglieder (8 CDU, 6 SPD, 1 FDP, 2 FW)
e Bürgermeister: Albert Striberny

Gemeinde Reußenköge
2257 Bredstedt, Markt; F (0 46 71) 20 66
Fläche 3 654 ha; Einwohner 425

Gemeindevertretung: 9 Mitglieder (7 Wähler-Gemeinschaft, 2 SPD)
e Bürgermeister: Johannes Peters

Gemeinde Sankt Peter-Ording
2252 Sankt Peter-Ording 2, Badallee 1; F (0 48 63) 8 80
Fläche 2 825 ha; Einwohner 5 224
Gemeindevertretung: 21 Mitglieder (10 CDU, 7 SPD, 2 AWG, 2 FDP)
e Bürgervorsteher: Hans-Werner Schwarz
h Bürgermeister: Jürgen Gutleben

4 Kreis Ostholstein

Gemeinde Ahrensbök
2405 Ahrensbök, Poststr 3; F (0 45 25) 12 91/93
Fläche 9 536 ha; Einwohner 7 546
Gemeindevertretung: 19 Mitglieder (10 CDU, 8 SPD, 1 FDP)
e Bürgervorsteher: Karl Schmidt
h Bürgermeister: Siegmut Gülke

Gemeinde Bosau
2421 Hutzfeld über Eutin, Hauptstr 2; F (0 45 27) 2 63 u 2422 Bosau; F (0 45 27) 2 63
Fläche 6 424 ha; Einwohner 3 315
Gemeindevertretung: 17 Mitglieder (10 CDU, 7 SPD)
e Bürgervorsteher: Johannes Hilger
e Bürgermeister: Günter Vogel

Gemeinde Grömitz
2433 Grömitz 1; F (0 45 62) 69-1
Fläche 5 080 ha; Einwohner 6 595
Gemeindevertretung: 23 Mitglieder (8 CDU, 6 SPD, 6 FWV, 2 LBG, 1 FDP)
e Bürgervorsteher: Ernst Muchow
h Bürgermeister: Helmut Borsch

Gemeinde Großenbrode
2443 Großenbrode, Teichstr 12; F (0 43 67) 80 01
Fläche 2 072 ha; Einwohner 2 046
Gemeindevertretung: 13 Mitglieder (8 CDU, 3 SPD, 1 FDP, 1 parteilos)
e Bürgervorsteher: Jürgen-Detlef Reise

Gemeinde Lensahn
2432 Lensahn; F (0 43 63) 12 51/52
Fläche 2 783 ha; Einwohner 4 205
Gemeindevertretung: 17 Mitglieder (7 CDU, 8 SPD, 2 FWV)
e Bürgervorsteher: Hans Junge
h Bürgermeister: Gerd Lütje

Gemeinde Malente
2427 Malente-Gremsmühlen, Bahnhofstr 31;
F (0 45 23) 12 22
Fläche 6 906 ha; Einwohner 10 559
Gemeindevertretung: 23 Mitglieder (12 CDU,
7 SPD, 4 FDP)
e Bürgervorsteher: Georg Mietz
h Bürgermeister: Manfred Bestmann

Gemeinde Ratekau
2401 Ratekau, Bäderstr 19; F (0 45 04) 2 01/02
Fläche 6 042 ha; Einwohner 13 283
Gemeindevertretung: 23 Mitglieder (12 SPD,
11 CDU)
e Bürgervorsteher: Paul Birkhahn
h Bürgermeister: Wilhelm Rehpenn

Gemeinde Süsel
2420 Süsel/Röbel; F (0 45 21) 62 22/62 23
Fläche 7 530 ha; Einwohner 4 400
Gemeindevertretung: 18 Mitglieder (8 CDU,
9 SPD, 1 FDP)
e Bürgervorsteher: Udo Kock
e Bürgermeister: NN

Gemeinde Stockelsdorf
2406 Stockelsdorf, Ahrensböker Str 7; F (04 51)
49 10 91, (49 01-0)
Fläche 5 670 ha; Einwohner 11 706
Gemeindevertretung: 23 Mitglieder (12 CDU,
10 SPD, 1 FSG)
e Bürgervorsteher: Kurt Unruh
h Bürgermeister: Erwin Nehring

Gemeinde Scharbeutz
2409 Scharbeutz, Kammerweg 3; F (0 45 03)
71 11-13
Fläche 5 274 ha; Einwohner 11 299
Gemeindevertretung: 23 Mitglieder (12 CDU,
8 SPD, 3 FWV)
e Bürgervorsteher: Karl-Heinz Weigt
h Bürgermeister: Gerhard Ehrke

Gemeinde Timmendorfer Strand
2408 Timmendorfer Strand, Timmendorfer
Platz 10; F (0 45 03) 40 16
Fläche 2 009 ha; Einwohner 10 967
Gemeindevertretung: 23 Mitglieder (13 CDU,
8 SPD, 2 FDP)
e Bürgervorsteher: Dr Heinrich Fix
h Bürgermeister: Karl-Heinz Langreen

5 Kreis Pinneberg
Gemeinde Appen
2081 Appen, Gärtnerstr 8; F (0 41 01) 2 70 27
Fläche 2 029 ha; Einwohner 4 343

Gemeindevertretun3: 17 Mitglieder (9 CDU,
7 SPD, 1 FDP)
e Bürgervorsteher: Siegfried Ebsen
h Bürgermeister: Erwin Brandt

Gemeinde Halstenbek
2083 Halstenbek, Gustavstr 6; F Pinneberg
(0 41 01) 4 60 61
Fläche 1 260 ha; Einwohner 14 838
Gemeindevertretung: 23 Mitglieder (12 CDU,
9 SPD, 2 FDP)
e Bürgervorsteher: Wolfgang Günther
h Bürgermeister: Gerhard Flomm

Gemeinde Helgoland
2192 Helgoland, Lung Wai 28; F (0 47 25) 7 01
Fläche 210 ha; Einwohner 2 408
Gemeindevertretung: 17 Mitglieder (8 SPD,
6 CDU, 3 FDP)
e Bürgervorsteher: Peter H Botter
e Bürgermeister: Klaus Degenhardt

Gemeinde Rellingen
2084 Rellingen, Hauptstr 58; Postfach 1124;
F (0 41 01) 2 20 32
Fläche 1 319 ha; Einwohner 13 604
Gemeindevertretung: 23 Mitglieder (12 CDU,
9 SPD, 2 FDP)
e Bürgervorsteher: Otto Stummer
h Bürgermeister: Hans Werner Tellkamp

Gemeinde Tornesch
2082 Tornesch, Jürgen-Siemsen-Str 8-10; F Uetersen (0 41 22) 5 23 02
Fläche 2 094 ha; Einwohner 8 643
Gemeindevertretung: 19 Mitglieder (10 CDU,
8 SPD, 1 FDP)
e Bürgervorsteher: Horst Schmidt
h Bürgermeister: Uwe Mettjes

6 Kreis Plön
Gemeinde Heikendorf
2305 Heikendorf, Dorfplatz 2; F Kiel (04 31)
2 44 35
Fläche 1 466 ha; Einwohner 7 691
Gemeindevertretung: 19 Mitglieder (10 CDU,
7 SPD, 2 FDP)
e Bürgervorsteher: Uwe Scharrel
h Bürgermeister: Herbert Sätje

Gemeinde Klausdorf
2300 Klausdorf, Dorfstr 150; F Kiel (04 31)
7 94 40 u 7 98 48
Fläche 638 ha; Einwohner 5 356
Gemeindevertretung: 19 Mitglieder (8 SPD,
6 KG, 3 CDU, 2 ungebunden)
e Bürgervorsteher: Gerd Steffen
e Bürgermeister: Rainer Schliemann

Gemeinde Laboe

2304 Laboe, Reventloustr 20; F (0 43 43) 4 51-53
Fläche 482 ha; Einwohner 4 414
Gemeindevertretung: 17 Mitglieder (6 CDU, 8 SPD, 2 LWG, 1 FDP)
e Bürgervorsteher: Harald Looft
e Bürgermeister: Max Pahl

Gemeinde Mönkeberg

2301 Mönkeberg, Dorfstr 1; F Kiel (04 31) 2 34 21, 23 11 47
Fläche 270 ha; Einwohner 3 280
Gemeindevertretung: 17 Mitglieder (9 SPD, 7 CDU, 1 FDP)
e Bürgermeister: Holger Prang

Gemeinde Raisdorf

2301 Raisdorf, Theodor-Storm-Platz; F (0 43 07) 50 66
Fläche 1 106 ha; Einwohner 7 040
Gemeindevertretung: 19 Mitglieder (10 CDU, 8 SPD, 1 FDP)
e Bürgervorsteher: Dr Frieder Henf
h Bürgermeister: Helmut Ohl

Gemeinde Schönberg

2306 Schönberg (Holstein), Rauher Berg 1; F (0 43 44) 20 51
Fläche 1 162 ha; Einwohner 4 386
Gemeindevertretung: 17 Mitglieder (9 CDU, 8 SPD)
e Bürgervorsteher: Walter Muhs
e Bürgermeister: Hans-Joachim Schröder

Gemeinde Schönkirchen

2301 Schönkirchen; F (0 43 48) 3 17
Fläche 1 651 ha; Einwohner 6 235
Gemeindevertretung: 19 Mitglieder (11 SPD, 8 CDU)
e Bürgervorsteher: Erwin Motyka
h Bürgermeister: Paul Schade

7 Kreis Rendsburg-Eckernförde

Gemeinde Altenholz

2300 Altenholz, Ostpreußenplatz; F Kiel (04 31) 32 10 21
Fläche 1 949 ha; Einwohner 9 312
Gemeindevertretung: 19 Mitglieder (8 CDU, 7 SPD, 1 FDP, 3 AWG)
e Bürgervorsteher: Prof Dr Hans Göttsche
h Bürgermeister: Siegfried Dallmeyer

Gemeinde Bordesholm

2352 Bordesholm, Rathaus, Marktplatz; F (0 43 22) 8 11-14, 14 01
Fläche 1 017 ha; Einwohner 6 754

Gemeindevertretung: 19 Mitglieder (10 CDU, 8 SPD, 1 FDP)
e Bürgervorsteher: Reimer Struve
h Bürgermeister: Eberhard Grünz

Gemeinde Büdelsdorf

2370 Büdelsdorf, Hollerstr 3; F (0 43 31) 33 91
Fläche 516 ha; Einwohner 10 426
Gemeindevertretung: 23 Mitglieder (13 SPD, 8 CDU, 2 FDP)
e Bürgervorsteher: Dr Edward Hoop
h Bürgermeister: Herbert Schütt

Gemeinde Flintbek

2302 Flintbek; F (0 43 47) 30 01-30 03
Fläche 1 756 ha; Einwohner 6 659
Gemeindevertretung: 19 Mitglieder (9 CDU, 9 SPD, 1 VWF)
e Bürgervorsteher: Heinz Schliep
h Bürgermeister: Sönke Bies

Gemeinde Gettorf

2303 Gettorf, Kurzestr; F (0 43 46) 70 06-70 09
Fläche 2 332 ha; Einwohner 5 721
Gemeindevertretung: 17 Mitglieder (8 CDU, 7 SPD, 2 FDP)
e Bürgervorsteher: P Krayenhagen
h Bürgermeister: Storll

Gemeinde Hohenwestedt

2354 Hohenwestedt; F (0 48 71) 6 63
Fläche 1 784 ha; Einwohner 4 271
Gemeindevertretung: 17 Mitglieder (9 CDU, 6 SPD, 2 FDP)
e Bürgervorsteher: Fritz-Heinrich Hinrichs
e Bürgermeister: Helmut Fahrenkrug

Gemeinde Kronshagen

2300 Kronshagen, Kieler Str 72; F (04 31) 58 66-1
Fläche 534 ha; Einwohner 12 497
Gemeindevertretung: 23 Mitglieder (13 CDU, 9 SPD, 1 FDP)
e Bürgervorsteher: Anke Gravert
h Bürgermeister: Dr Meinulf Stoltenberg

Gemeinde Schacht-Audorf

2373 Schacht-Audorf, Kieler Str 28; F Rendsburg (0 43 31) 90 15
Fläche 658 ha; Einwohner 4 200
Gemeindevertretung: 17 Mitglieder (11 SPD, 6 CDU)
e Bürgermeisterin: Brunhild Wendel

Gemeinde Westerrönfeld

2370 Westerrönfeld, Dorfstr 60; F (0 43 31) 81 21
Fläche 781 ha; Einwohner 3 378
Gemeindevertretung: 17 Mitglieder (8 SPD, 8 CDU, 1 FDP)
e Bürgermeister: Hans Sieck

8 Kreis Schleswig-Flensburg

Gemeinde Harrislee

2391 Harrislee, Süderstr 80; F Flensburg (04 61) 7 20 33

Fläche 1 893 ha; Einwohner 8 870
Gemeindevertretung: 19 Mitglieder (7 CDU, 7 SPD, 5 SSW)
e Bürgervorsteher: Hans-Joachim Sonntag
h Bürgermeister: Hans-Werner Iversen

Gemeinde Sörup

2393 Sörup, Flensburger Str 2; F (0 46 35) 9 22/9 23

Fläche 4 431 ha; Einwohner 4 135
Gemeindevertretung: 17 Mitglieder (9 CDU, 6 SPD, 2 FDP)
e Bürgermeister: Max Brusberg

9 Kreis Segeberg

Gemeinde Boostedt

2351 Boostedt, Twiete 9; F (0 43 93) 6 11, 6 12
Fläche 2 600 ha; Einwohner 4 345
Gemeindevertretung: 17 Mitglieder (9 CDU, 7 SPD, 1 FDP)
e Bürgermeister: Siegfried Steffensen

Gemeinde Henstedt-Ulzburg

2359 Henstedt-Ulzburg, Beckersbergerstr 1; F (0 41 93) 50 61-64
Fläche 3 701 ha; Einwohner 18 417
Gemeindevertretung: 27 Mitglieder (13 CDU, 1 Hospitant bei CDU, 11 SPD, 2 FDP)
e Bürgervorsteher: Johannes Engelbrecht
h Bürgermeister: Heinz Glück

Gemeinde Trappenkamp

2351 Trappenkamp, Kieler Str 3; F (0 43 23) 20 03-06
Fläche 281 ha; Einwohner 5 649
Gemeindevertretung: 19 Mitglieder (7 CDU, 10 SPD, 2 FDP)
e Bürgervorsteher: Erwin Wengel
h Bürgermeister: Eberhard Grosser

10 Kreis Steinburg

Gemeinde Lägerdorf

2211 Lägerdorf, F (0 48 28) 3 25 u 4 15
Fläche 596 ha; Einwohner 3 167
Gemeindevertretung: 17 Mitglieder (11 SPD, 6 CDU)
e Bürgervorsteher: Theodor Kastenbein
e Bürgermeister: Harry Brandt

11 Kreis Stormarn

Gemeinde Ammersbek

2071 Ammersbek; F (0 41 02) 5 27 16 u 5 46 95
Fläche 1 770 ha; Einwohner 8 142
Gemeindevertretung: 19 Mitglieder (9 CDU, 8 SPD, 2 FDP)
e Bürgervorsteher: Günther Schmidt
h Bürgermeister: Werner Schwiderski

Gemeinde Barsbüttel

2000 Barsbüttel; F (0 40) 6 70 00 44-47 u 6 70 01 17
Fläche 2 500 ha; Einwohner 8 709
Gemeindevertretung: 19 Mitglieder (10 CDU, 8 SPD, 1 FDP)
e Bürgervorsteher: Wilhelm Schmidt
h Bürgermeister: Friedrich Sievert

Gemeinde Großhansdorf

2070 Großhansdorf, Barkholt 64; F Ahrensburg (0 41 02) 6 10 21
Fläche 1 149 ha; Einwohner 8 519
Gemeindevertretung: 19 Mitglieder (11 CDU, 6 SPD, 2 FDP)
e Bürgervorsteher: Christoffer Umlauff
h Bürgermeister: Uwe Petersen

Gemeinde Tangstedt

2000 Tangstedt; F (0 41 09) 92 44 u 92 45, 95 48
Fläche 4 000 ha; Einwohner 5 681
Gemeindevertretung: 19 Mitglieder (9 CDU, 6 SPD, 1 FDP, 3 BGT)
e Bürgervorsteher: Wilfried Busch
h Bürgermeister: Horst Hassel

SACHREGISTER

VERZEICHNIS DER GEMEINDENAMEN

Z

NAMENREGISTER

A

Abegg, RBauDir 46
Abraham, AR 109
Achterberg, Dieter Bürgervorsteher 118
Adelung, Dieter Prof Dr, 72
Adrian, MinR 44
Affeldt, LtdRDir 57
Ahlert, Arthur Amtsvorsteher 125
Ahrens, Dr, RDir 12
Alischewski, Willi Direktor des Amtsgerichts 94
Alsen, MinR 69
Alter, OAR 8
Altrup, Dr, RVolkswDir 43
Alwes, RDir 12
Amelung, Dr, MinR 53
Amschler, Uwe Dr, RPharmDir 64
Anbuhl, Jürgen Bürgervorsteher 117
Anders, Jörg ORVmR 20
Andersen, Claus Dr, Amtsvorsteher 123
Andresen, Asmus Amtsvorsteher 129
—, August Amtsvorsteher 129
—, Max Amtsvorsteher 127
Aniol, Peter 3, 6
Arendt, Michael Leitender Verwaltungsbeamter 131
—, Uwe Dr jur, Direktor des Arbeitsgerichts 99
Arens, Heinz-Werner 3
—, Karl-Georg OAR, Leitender Verwaltungsbeamter 121
Arff, OAR 109
Arnhold, ORR 69
Arnim, Max von FoDir 56
Asmussen, RR 16
—, Roger Dipl-Volksw 3, 6, 7
Aust, Adolf Amtsvorsteher 121
—, Karl OAR, Leitender Verwaltungsbeamter 127
Austermann, Dietrich Bürgermeister 114
Aye, StudDir 77

B

Bach, Rolf P ORR 71
Bachl, Kunigunde Dr, 3
Bachmann, Hans-Peter Direktor des Amtsgerichts 91
Bachofer, Wolfgang Prof Dr, Bürgervorsteher 118
Backen, MinR 68
Backhaus, MinR 70
Backheuer, Dr, MinR 60-61
Bärenwald, RBauDir 46
Baethge, Gottfried Bürgermeister 118
Bahl, Ilse Schulrätin 76
Bahrdt, Rainer Bürgermeister 115
Baier, Wolfgang LtdKVwDir 108
Bajc, VwR 110
Bald, RDir 16
Balduhn, Ang 15
Baltruschat, Horst LtdRDir 39
Baltzer, MinDirig 16
Balzersen, StaR 112
Barfod, Heinrich Wilhelm FoDir 56
Barschel, Uwe Dr Dr, Innenminister 3, 9, 15
Bartels, StaBauR 112
Bartheidel, Heinz Bürgermeister 117
Bartnitzke, StaR 111
Bauer, vom OAR, Leitender Verwaltungsbeamter 133
Bauers, Christian Dr, RLandwDir 56
—, Hans-Joachim Leitender Verwaltungsbeamter 128
Baumann, Harry OAR, Leitender Verwaltungsbeamter 133
Baumgärtner, RBauDir 37
Baus, Hans-Joachim Dr, MinR 15
Bautz, Günter LtdRBauDir 38
Becker, Leitender Verwaltungsbeamter, OAR 126
—, Ernst-Eugen MinDirig 18
—, Heinrich OAR, Leitender Verwaltungsbeamter 123
—, Helmut StaR 113
—, Horst Ang 29
Becker-Birck, ORLandwR 58
—, Hans-Henning Dr, Landrat 76, 110
Beckmann, Joachim Bürgervorsteher 116
Begemann, Helmut Dr, MinDirig 32
Behm, Dr, LtdKMedDir 107
Behmenburg, Fr-W Dr, StaKäm 113
Behrend, LtdMinR 8
Behrendt, Jürgen Direktor des Amtsgerichts 92
Behrens, Henry Bürgermeister 116
Beilecke, MinR 15
Beilke, Dipl-Ing, ORBauR 35
Beisenkötter, Hans-Heinrich Bürgermeister 117
Bellmann, Geerd Landrat 76, 109
Bendixen, Hans Amtsvorsteher 131
—, Peter Dr, Kultusminister 3, 9, 68
Benecken, Winrich SchulR 76
Benner, Ulrich Dr, MinDirig 84
Bennöhr, 109
—, Jürgen SchulR 76
Benske, Dr, RDir 68
Benthack, Jürgen Bürgervorsteher 117
Benthien, AR 107
Bergmann, Dr, RLandwR 55
—, Hans Georg Dir 51
Berling, Evamaria Direktorin des Amtsgerichts 97
Bernhardt, Otto MdL 3, 6, 68
Bertermann, Jürgen RDir 38
Beschorner, Dr, MinR 61
Beseler, Hartwig Dr, Landeskonservator 72
Beske, Fritz Dr, Staatssekretär 60
Bestmann, Manfred Bürgermeister 135
Beth, RDir 37
Beuck, Gerhard Leitender Verwaltungsbeamter 130
Bewarder, Emil Amtsvorsteher 131
Beyer, Dr, RLandwR z A 52
Biastoch, ORRätin 16
Bibow, RDir 68
Biehl, Dr, MinR 43
Biel, Dr, RVolkswR z A 44
Biernath-Wüpping, Dr, RR 55
Bies, Sönke Bürgermeister 127, 136
Binder, Gerdemarie Bürgervorsteher 114
Binner, RDir 16
Birkhahn, Paul Bürgermeister 135
Birkholz, Hans Joachim Bürgermeister 116
Bismarck, Wolf-Rüdiger von Dr, Landrat 76, 108
Bitterberg, RDir 16
Bitterling, RDir 46
Bittner, Gerhard Bürgermeister 115
Blatt, Fritz RDir 40
Block, Eggert Amtsvorsteher 133
—, Manfred Leitender Verwaltungsbeamter 128
Bluhm, Gerhard Dr, EDir 66
Blunck, KRechtsR 109
—, Bruno Amtsvorsteher 129
Bock, Dr, GeologieOR 48
Bockelmann, Martin v Dir des ArbG 48, 99
Boeck, Hans-Peter ORVmR 20
Böge, Kurt 3
Böhling, OFoR 84
Böhnke, VwAng 109
Böhrk, Gisela 3, 6
Bökel, Dieter RR 19

VERZEICHNIS DER ABKÜRZUNGEN

+ *Amtliche Abkürzungen*

A

AA +	Auswärtiges Amt
AAmtm	Amtsamtmann
AAnw	Amtsanwalt
ABez	Amtsbezirk
Abg +	Abgeordneter
ABgm	Amtsbürgermeister
ABeig	Amtsbeigeordneter
ABrandMstr	Amtsbrandmeister
Abt	Abteilung
AbtDir	Abteilungsdirektor
AbtLtr	Abteilungsleiter
AbtPräs	Abteilungspräsident
a D	außer Dienst
ADir	Amtsdirektor
Adm	Admiral
AdmArzt	Admiralarzt
AdmOStabsarzt	Admiraloberstabsarzt
AdmStabsarzt	Admiralstabsarzt
A d ö R	Anstalt des öffentlichen Rechts
AG	Amtsgericht
AHptSekr	Amtshauptsekretär
AI	Amtsinspektor
AkadOR	Akademieoberrat
AkadR	Akademierat
AKäm	Amtskämmerer
allg	allgemein(e, es)
Amtm	Amtmann
Ang	Angestellter
Angel	Angelegenheiten
Anw	Anwalt(schaft)
AOAmtm	Amtsoberamtmann
AOI	Amtsoberinspektor
AOSekr	Amtsobersekretär
Ap	Apotheker
AR	Amtsrat
ArbGAmtm	Arbeitsgerichtsamtmann
ArbGOAmtm	Arbeitsgerichtsoberamtmann
ArbGOAR	Arbeitsgerichtsoberamtsrat
ArbGOI	Arbeitsgerichtsoberinspektor
Arch	Archivar
ArchAmtm	Archivamtmann
ArchAss	Archivassessor
ArchDir	Archivdirektor
ArchOAmtm	Archivoberamtmann
ArchOAR	Archivoberamtsrat
ArchOI	Archivoberinspektor
ArchR	Archivrat
ARntMstr	Amtsrentmeister
Art	Artikel
ASekr	Amtssekretär
Ass	Assessor
ausschl	ausschließlich
AVorst	Amtsvorsteher

B

Bad-W	Baden-Württemberg
BAG +	Bundesarbeitsgericht
BauAmtm	Bauamtmann
BauAss	Bauassessor
BauDir	Baudirektor
BauMstr	Baumeister
BauOAmtm	Bauoberamtmann
BauOAR	Bauoberamtsrat
BauOI	Bauoberinspektor
BauOR	Bauoberrat
BauR	Baurat
b a w	bis auf weiteres
Bay	Bayern
BbAmtm	Bundesbahnamtmann
BbDir	Bundesbahndirektor
BbOAmtm	Bundesbahnoberamtmann
BbOAR	Bundesbahnoberamtsrat
BbOR	Bundesbahnoberrat
BbR	Bundesbahnrat
BDH	Bundesdisziplinarhof
Beig	Beigeordneter
BergAss	Bergassessor
BergHptm	Berghauptmann
BergOI	Bergoberinspektor
BergOR	Bergoberrat
BergR	Bergrat
Berg- u VmR	Berg- und Vermessungsrat
BergwDir	Bergwerksdirektor
BetrLtr	Betriebsleiter
Bevollm	Bevollmächtigte(r)
Bez	Bezirk
BezBauMstr	Bezirksbaumeister
BezBgm	Bezirksbürgermeister
BezFischR	Bezirksfischereirat
BezLandwR	Bezirkslandwirtschaftsrat
BezNot	Bezirksnotar
BezOFischR	Bezirksoberfischereirat
BezOLandwR	Bezirksoberlandwirtschaftsrat
BezSekr	Bezirkssekretär
BezStaR	Bezirksstadtrat
BezVors	Bezirksvorsitzender
BezZKom	Bezirkszollkommissar
BFH +	Bundesfinanzhof
BGBl	Bundesgesetzblatt
BGH +	Bundesgerichtshof
Bgm	Bürgermeister
BGS	Bundesgrenzschutz
Bibl	Bibliothekar (arin)
BiblAmtm	Bibliotheksamtmann
BiblDir	Bibliotheksdirektor
BiblOAmtm	Bibliotheksoberamtmann
BiblOAR	Bibliotheksoberamtsrat
BiblOI	Bibliotheksoberinspektor
BiblOR	Bibliotheksoberrat
BiblR	Bibliotheksrat
BK +	Bundeskanzler(amt)
BkAmtm	Bankamtmann
BkAR	Bankamtsrat
BkDir	Bankdirektor
BkHptKass	Bankhauptkassierer
BkKass	Bankkassierer
BkOAmtm	Bankoberamtmann
BkOAR	Bankoberamtsrat
BkOI	Bankoberinspektor
BkOR	Bankoberrat
BkR	Bankrat
Bln	Berlin
BMA +	Bundesminister(ium) für Arbeit und Sozialordnung
BMB +	Bundesminister(ium) für innerdeutsche Beziehungen
BMBau +	Bundesminister(ium) für Raumordnung, Bauwesen und Städtebau
BMBW +	Bundesminister(ium) für Bildung und Wissenschaft
BMF +	Bundesminister(ium) der Finanzen
BMFT +	Bundesminister(ium) für Forschung und Technologie
BMI +	Bundesminister(ium) des Innern
BMin	Bundesminister
BMJ +	Bundesminister(ium) der Justiz
BMJFG +	Bundesminister(ium) für Jugend, Familie und Gesundheit
BML +	Bundesminister(ium) für Ernährung, Landwirtschaft und Forsten
BauOI	Bauoberinspektor
BauOR	Bauoberrat

BMP + Bundesminister(ium) für das Post- und Fernmeldewesen
BMV + Bundesminister(ium) für Verkehr
BMVg + Bundesminister(ium) der Verteidigung
BMWi + Bundesminister(ium) für Wirtschaft
BMZ + Bundesminister(ium) für wirtschaftliche Zusammenarbeit
Botsch Botschafter
BotschR Botschaftsrat
BPA + Presse- und Informationsamt der Bundesregierung
BPr + Bundespräsident
BPrA + Bundespräsidialamt
BR + Bundesrat
BrandAss Brandassessor
BrandDir Branddirektor
BrandOR Brandoberrat
BrandR Brandrat
Bre Bremen
BReg + Bundesregierung
BRH + Bundesrechnungshof
BrigGen Brigadegeneral
BSG + Bundessozialgericht
BT + Bundestag
BtrAmtm Betriebsamtmann
BtrOAmtm Betriebsoberamtmann
BtrOI Betriebsoberinspektor
BtrPrfr Betriebsprüfer
BüchDir Büchereidirektor
BüDir Bürodirektor
BüLtr Büroleiter
BVerfG + Bundesverfassungsgericht
BVerwG + Bundesverwaltungsgericht
BVS Bundesverband für den Selbstschutz
BWV + Bundesbeauftragter für Wirtschaftlichkeit in der Verwaltung

C

CDU + Christlich Demokratische Union
ChBK + Chef des Bundeskanzleramtes
ChBPrA + Chef des Bundespräsidialamtes
ChemOR Chemieoberrat
ChemR Chemierat
CSU + Christlich Soziale Union

D

D Doktor theologie
Dek Dekan
Deput Deputierter
Dez + Dezernent, Dezernat
DGB Deutscher Gewerkschaftsbund
Dipl Diplom
Dipl-Bibl Diplom-Bibliothekar
Dipl-Ing Diplom-Ingenieur
Dipl-Kfm Diplom-Kaufmann
Dipl-Komm Inhaber des Kommunal-Diploms
Dipl-Math Diplom-Mathematiker
Dipl-Met Diplom-Meteorologe
Dipl-Psych Diplom-Psychologe
Dipl-Volksw Diplom-Volkswirt
Dir Direktor
DirBR + Direktor des Bundesrates
DirBT + Direktor beim Deutschen Bundestag
DKP Deutsche Kommunistische Partei
d ö R des öffentlichen Rechts
DomR Domänenrat
Doz Dozent
Dr Doktor

E

E Einwohnerzahl
e ehrenamtlich

EDV elektronische Datenverarbeitung
EichAmtm Eichamtmann
EichDir Eichdirektor
EichI Eichinspektor
EichOAmtm Eichoberamtmann
EichOAR Eichoberamtsrat
EichOI Eichoberinspektor
EichR Eichrat
einschl einschließlich
EPl Einzelplan, Einzelpläne
EStAnw Erster Staatsanwalt
ev evangelisch
EWG Europäische Wirtschaftsgemeinschaft

F

F Fernsprech-Nr
F.D.P. + Freie Demokratische Partei
FeuerwDir Feuerwehrdirektor
FinGAmtm Finanzgerichtsamtmann
FinGOAmtm Finanzgerichtsoberamtmann
FinGOAR Finanzgerichtsoberamtsrat
FinGOI Finanzgerichtsoberinspektor
FinGOR Finanzgerichtsoberrat
FinPräs Finanzpräsident
FinPrfr Finanzprüfer
FischDir Fischereidirektor
FischR Fischereirat
FKpt Fregattenkapitän
Fl Flächengröße
FoAmtm Forstamtmann
FoAss Forstassessor
FoMstr Forstmeister
FoOAmtm Forstoberamtmann
FoOAR Forstoberamtsrat
FoOR Forstoberrat
FoPräs Forstpräsident
FoR Forstrat
FWG Freie Wählervereinigung

G

Gartenbau-Amtm Gartenbauamtmann
GartenbauOI Gartenbauoberinspektor
GemAmtm Gemeindeamtmann
GemBgm Gemeindebürgermeister
GemI Gemeindeinspektor
GemKäm Gemeindekämmerer
GemOAmtm Gemeindeoberamtmann
GemOI Gemeindeoberinspektor
GemOSekr Gemeindeobersekretär
GemPfl Gemeindepfleger
GemRntMstr Gemeinderentmeister
GemSekr Gemeindesekretär
Gen General
GenAp Generalapotheker
GenArzt Generalarzt
GenDir Generaldirektor
GenInt Generalintendant
GenKons Generalkonsul(at)
GenLt Generalleutnant
GenMaj Generalmajor
GenMusikDir Generalmusikdirektor
GenOStabsarzt Generaloberstabsarzt
GenRef Generalreferent
GenSekr Generalsekretär
GenStabsarzt Generalstabsarzt
GenStAnw Generalstaatsanwalt
GenVik Generalvikar
GeolDir Geologiedirektor
GeolR Geologierat
Geschfr Geschäftsführer
Gesdtr Gesandter
GesdtR Gesandtschaftsrat
GG Grundgesetz für die Bundesrepublik Deutschland

180

GO	Geschäftsordnung	K d ö R	Körperschaft des öffentlichen
GwAmtm	Gewerbeamtmann		Rechts
GwBauDir	Gewerbebaudirektor	Kfm	Kaufmann
GwI	Gewerbeinspektor	KGartenbau-	
GwMedR	Gewerbemedizinalrat	Amtm	Kreisgartenbauamtmann
GwOAmtm	Gewerbeoberamtmann	KGartenbauI	Kreisgartenbauinspektor
GwOI	Gewerbeoberinspektor	KGartenbauOI	Kreisgartenbauoberinspektor
GwOMedR	Gewerbeobermedizinalrat	KGartenbau-	
GwR	Gewerberat	OAmtm	Kreisgartenbauoberamtmann
GwSchulR	Gewerbeschulrat	KI	Kreisinspektor
GwStudAss	Gewerbestudienassessor	KiR	Kirchenrat
GwStudR	Gewerbestudienrat	KKäm	Kreiskämmerer
Gw-u Handels-		KMedDir	Kreismedizinaldirektor
schulR	Gewerbe und Handelsschulrat	KMedR	Kreismedizinalrat
GymnProf	Gymnasialprofessor	KOAR	Kreisoberamtsrat
		KOI	Kreisoberinspektor
		Kom	Kommissar
H		KOMedR	Kreisobermedizinalrat
		Kons	Konsul(at)
h	hauptamtlich	KonsAbt	Konsularabteilung
HafKpt	Hafenkapitän	KonsiAmtm	Konsistorialamtmann
HafVwR	Hafenverwaltungsrat	KonsiAss	Konsistorialassessor
HandelsOStudDir	Handelsoberstudiendirektor	KonsiPräs	Konsistorialpräsident
HandelsOStudR	Handelsoberstudienrat	KonsiR	Konsistorialrat
HandelsStudR	Handelsstudienrat	KonsSekr	Konsularsekretär
Hbg	Hamburg	KorvKpt	Korvettenkapitän
h c	honoris causa (ehrenhalber)	KOVetR	Kreisoberveterinärrat
Hess	Hessen	KOVwR	Kreisoberverwaltungsrat
HilfsRef	Hilfsreferent	KPfl	Kreispfleger
HptGeschfr	Hauptgeschäftsführer	KPräs	Kreispräsident
Hptm	Hauptmann	Kpt	Kapitän
HptSekr	Hauptsekretär	KptLt	Kapitänleutnant
		Kpt z S	Kapitän zur See
		KR	Kreisrat
I		KrimAmtm	Kriminalamtmann
I	Inspektor	KrimDir	Kriminaldirektor
i BGS	im Bundesgrenzschutz	KrimHptKom	Kriminalhauptkommissar
i G	im Generalstab	KrimHptMstr	Kriminalhauptmeister
Ing	Ingenieur	KrimI	Kriminalinspektor
Int	Intendant	KrimKom	Kriminalkommissar
i K	im Kirchendienst	KrimOAmtm	Kriminaloberamtmann
i R	im Ruhestand	KrimOI	Kriminaloberinspektor
		KrimOKom	Kriminaloberkommissar
		KrimOR	Kriminaloberrat
J		KrimR	Kriminalrat
Just	Justitiar	KSchulR	Kreisschulrat
JustAmtm	Justizamtmann	KSekr	Kreissekretär
JustI	Justizinspektor	KSynd	Kreissyndikus
JustOAmtm	Justizoberamtmann	KultrR	Kulturrat
JustOAR	Justizoberamtsrat	KVwR	Kreisverwaltungsrat
JustOI	Justizoberinspektor	Kzl	Kanzler
JustR	Justizrat		
JustVwR	Justizverwaltungsrat		
		L	
		LAmtm	Landesamtmann
K		Landw	Landwirt
K oder Krs	Kreis	LandwDir	Landwirtschaftsdirektor
k	kommissarisch	LandwR	Landwirtschaftsrat
Käm	Kämmerer	LandwSchulR	Landwirtschaftsschulrat
KamDir	Kammerdirektor	LandwStudR	Landwirtschaftsstudienrat
KAI	Kreisamtsinspektor	LAnw	Landesanwalt
KAmtm	Kreisamtmann	LArbAPräs	Landesarbeitsamtspräsident
KAR	Kreisamtsrat	LArbG	Landesarbeitsgericht
KartAmtm	Kartographenamtmann	LArchR	Landesarchivrat
KartOAmtm	Kartographenoberamtmann	LAss	Landesassessor
KartOI	Kartographenoberinspektor	LBauAss	Landesbauassessor
Kass	Kassierer	LBauDir	Landesbaudirektor
KassDir	Kassendirektor	LBauR	Landesbaurat
KassR	Kassenrat	LDir	Landesdirektor
kath	katholisch	Ldrt	Landrat
KBauI	Kreisbauinspektor	LegR	Legationsrat
KBauMstr	Kreisbaumeister	LegSekr	Legationssekretär
KBauR	Kreisbaurat	LFoDir	Landesforstdirektor
KBüDir	Kreisbürodirektor	LFoMstr	Landesforstmeister
KDep	Kreisdeputierter	LFoPräs	Landesforstpräsident
KDir	Kreisdirektor	LG	Landgericht
		LGeologe	Landesgeologe

181

LGeschfr — Landesgeschäftsführer
LInnungsMstr — Landesinnungsmeister
LJägMstr — Landesjägermeister
LL — Landesliste
LLandwR — Landeslandwirtschaftsrat
LMedDir — Landesmedizinaldirektor
LMedR — Landesmedizinalrat
LMusR — Landesmuseumsrat
LOAmtm — Landesoberamtmann
LOAR — Landesoberamtsrat
LOArchR — Landesoberarchivrat
LOBauDir — Landesoberbaudirektor
LOBauR — Landesoberbaurat
LOI — Landesoberinspektor
LOMedR — Landesobermedizinalrat
LOStallMstr — Landesoberstallmeister
LOVmDir — Landesobervermessungsdirektor
LOVmR — Landesobervermessungsrat
LOVwR — Landesoberverwaltungsrat
LPolDir — Landespolizeidirektor
LPolPräs — Landpolizeipräsident oder Landespolizeipräsident
LPolR — Landespolizeirat
LR — Landesrat
LRntMstr — Landesrentmeister
LSozG — Landessozialgericht
LStallMstr — Landstallmeister
Lt — Leutnant
LtdArzt — Leitender Arzt
LtdDir — Leitender Direktor
LtdLBauDir — Leitender Landesbaudirektor
LtdGeolDir — Leitender Geologiedirektor
LtdMedDir — Leitender Medizinaldirektor
LtdMinR — Leitender Ministerialrat
LtdOStAnw — Leitender Oberstaatsanwalt
LtdPolDir — Leitender Polizeidirektor
LtdRBauDir — Leitender Regierungsbaudirektor
LtdRDir — Leitender Regierungsdirektor
LtdRKrimDir — Leitender Regierungskriminaldirektor
LtdVwDir — Leitender Verwaltungsdirektor
Lt z S — Leutnant zur See
LVersiR — Landesversicherungsrat
LVetrArzt — Landesvertrauensarzt
LVwDir — Landesverwaltungsdirektor
LVwR — Landesverwaltungsrat
LZB — Landeszentralbank

M

MagR — Magistratsrat
Maj — Major
MdB — Mitglied des Bundestages
MdFdGb — Mit der Führung der Geschäfte beauftragt
MdL — Mitglied des Landtages
MdS — Mitglied des Senats
m d W b — mit der Wahrnehmung beauftragt
MedDir — Medizinaldirektor
MedOR — Medizinaloberrat
MedR — Medizinalrat
Met — Meteorologe
MFr — Mittelfranken
MilGenDek — Militärgeneraldekan
MilGenVik — Militärgeneralvikar
Min — Minister, Ministerial-
MinBüDir — Ministerialbürodirektor
MinDir — Ministerialdirektor
MinDirig — Ministerialdirigent
MinPräs — Ministerpräsident
MinR — Ministerialrat
MusDir — Museumsdirektor
MusikDir — Musikdirektor

N

Nds — Niedersachsen, niedersächsisch
NN — non nominatus (nicht benannt)

Not — Notar
NDP — Nationaldemokratische Partei
NRW oder
NW + — Nordrhein-Westfalen

O

O — Ober-, Oberes
OAAnw — Oberamtsanwalt
OAp — Oberapotheker
OAR — Oberamtsrat
OArchR — Oberarchivrat
OArzt — Oberarzt
OAssist — Oberassistent
OB — Oberbayern
OBAnw — Oberbundesanwalt
OBauR — Oberbaurat
OBergADir — Oberbergamtsdirektor
OBergR — Oberbergrat
OberstAp — Oberstapotheker
OberstLt — Oberstleutnant
OberstVet — Oberstveterinär
OBgm — Oberbürgermeister
OBiblR — Oberbibliotheksrat
OBrandI — Oberbrandinspektor
OBrandR — Oberbrandrat
OChemR — Oberchemierat
ODir — Oberdirektor
ODomR — Oberdomänenrat
ö — öffentlich
OECD — Organisation für wirtschaftliche Zusammenarbeit und Entwicklungshilfe
OEichR — Obereichrat
OFeldAp — Oberfeldapotheker
OFeldVet — Oberfeldveterinär
OFinPräs — Oberfinanzpräsident
OFischR — Oberfischereirat
OFoI — Oberforstinspektor
OFoMstr — Oberforstmeister
OFoR — Oberforstrat
OFr — Oberfranken
OGeolR — Obergeologierat
OGwR — Obergewerberat
OI — Oberinspektor
OIng — Oberingenieur
OJustR — Oberjustizrat
OJustVwR — Oberjustizverwaltungsrat
OKBauR — Oberkreisbaurat
OKDir — Oberkreisdirektor
OKiR — Oberkirchenrat
OKonsiR — Oberkonsistorialrat
OLandwR — Oberlandwirtschaftsrat
OLAnw — Oberlandesanwalt
OLFoMstr — Oberlandesforstmeister
OLG — Oberlandesgericht
OLGeologe — Oberlandesgeologe
OLMesser — Oberlandmesser
OLPolR — Oberlandespolizeirat
OLt — Oberleutnant
OLt z S — Oberleutnant zur See
OMedDir — Obermedizinaldirektor
OMedR — Obermedizinalrat
OPBauR — Oberpostbaurat
OPDir — Oberpostdirektor
OPf — Oberpfalz
OPolR — Oberpolizeirat
OPR — Oberpostrat
OR — Oberrat
ORAp — Oberregierungsapotheker
ORAR — Oberregierungsamtsrat
ORArchR — Oberregierungsarchivrat
ORBauDir — Oberregierungsbaudirektor
ORBauR — Oberregierungsbaurat
ORBrandR — Oberregierungsbrandrat
ORChemR — Oberregierungschemierat
ORDir — Oberregierungsdirektor
ORechnR — Oberrechnungsrat

ORechtsR	Oberrechtsrat	PolSekr	Polizeisekretär
OREichR	Oberregierungseichrat	POR	Postoberrat
ORGeologe	Oberregierungsgeologe	PR	Postrat
ORGwR	Oberregierungsgewerberat	Präs	Präsident
ORGwSchulR	Oberregierungsgewerbeschulrat	PresseRef	Pressereferent
ORKrimR	Oberregierungskriminalrat	Prof	Professor
ORKultrBauDir	Oberregierungskulturbaudirektor	PS-Kto	Postscheckkonto
ORKultrR	Oberregierungskulturrat		
ORLandwR	Oberregierungslandwirtschaftsrat		
ORMedR	Oberregierungsmedizinalrat	**R**	
ORPharmR	Oberregierungspharmazierat		
ORR	Oberregierungsrat	R	Rat
ORSchulR	Oberregierungsschulrat	RA(nw)	Rechtsanwalt
Ortskl	Ortsklasse	RAmtm	Regierungsamtmann
ORu-bauR	Oberregierungs- und -baurat	RAp	Regierungsapotheker
ORu-gwR	Oberregierungs- und -gewerberat	RAR	Regierungsamtsrat
ORu-gwSchulR	Oberregierungs- und -gewerbeschulrat.	RAss	Regierungsassessor
ORu-kassR	Oberregierungs- und -kassenrat	RBauAmtm	Regierungsbauamtmann
ORu-kultrR	Oberregierungs- und -kulturrat	RBauAR	Regierungsbauamtsrat
ORu-landwR	Oberregierungs- und -landwirtschaftsrat	RBauAss	Regierungsbauassessor
ORu-landwschulR	Oberregierungs- und -landwirtschaftsschulrat	RBauDir	Regierungsbaudirektor
ORu-lKultrR	Oberregierungs- und -landeskulturrat	RBauMstr	Regierungsbaumeister
		RBauR	Regierungsbaurat
ORu-medR	Oberregierungs- und -medizinalrat	RBez	Regierungsbezirk
ORu-schulR	Oberregierungs- und -schulrat	RBiologe	Regierungsbiologe
ORu-vetR	Oberregierungs- und -veterinärrat	RBotaniker	Regierungsbotaniker
ORu-vmR	Oberregierungs- und -vermessungsrat	RBrandAmtm	Regierungsbrandamtmann
ORVetR	Oberregierungsveterinärrat	RBrandDir	Regierungsbranddirektor
ORVmR	Oberregierungsvermessungsrat	RBrandR	Regierungsbrandrat
ORWiR	Oberregierungswirtschaftsrat	RChemDir	Regierungschemiedirektor
OSchulR	Oberschulrat	RChemR	Regierungschemierat
OStabsAp	Oberstabsapotheker	Rchtr	Richter
OStabsarzt	Oberstabsarzt	RDir	Regierungsdirektor
OStabsVet	Oberstabsveterinär	RechnR	Rechnungsrat
OStaDir	Oberstadtdirektor	Ref	Referent, Referat
OStAnw	Oberstaatsanwalt	REichR	Regierungseichrat
OStArchR	Oberstaatsarchivrat	Rev	Revisor
OStaVetR	Oberstadtveterinärrat	RFischR	Regierungsfischereirat
OSteuI	Obersteuerinspektor	RFoDir	Regierungsforstdirektor
OSteuR	Obersteuerrat	RGeologe	Regierungsgeologe
OStudDir	Oberstudiendirektor	RGwAmtm	Regierungsgewerbeamtmann
OStudR	Oberstudienrat	RGwDir	Regierungsgewerbedirektor
OVetR	Oberveterinärrat	RGwOAmtm	Regierungsgewerbeoberamtmann
OVolkswR	Obervolkswirtschaftsrat	RGwOI	Regierungsgewerbeoberinspektor
OVG	Oberverwaltungsgericht	RGwR	Regierungsgewerberat
OVmR	Obervermessungsrat	Rhld-Pf	Rheinland-Pfalz
OVwDir	Oberverwaltungsdirektor	RI	Regierungsinspektor
OVwR	Oberverwaltungsrat	RKrimDir	Regierungskriminaldirektor
		RKrimR	Regierungskriminalrat
P		RKultrBauDir	Regierungskulturbaudirektor
		RLandwAmtm	Regierungslandwirtschaftsamtmann
PAmtm	Postamtmann	RLandwDir	Regierungslandwirtschaftsdirektor
PBauR	Postbaurat	RLandwR	Regierungslandwirtschaftsrat
PDir	Postdirektor	RMedDir	Regierungsmedizinaldirektor
Pfl	Pfleger	RMedR	Regierungsmedizinalrat
PI	Postinspektor	RntMstr	Rentmeister
POAmtm	Postoberamtmann	ROAmtm	Regierungsoberamtmann
POAR	Postoberamtsrat	ROAR	Regierungsoberamtsrat
PolAmtm	Polizeiamtmann	ROBauAmtm	Regierungsoberbauamtmann
PolAR	Polizeiamtsrat	ROBauI	Regierungsoberbauinspektor
PolDir	Polizeidirektor	ROBrandAmtm	Regierungsoberbrandamtmann
PolHptKom	Polizeihauptkommissar	ROBrandI	Regierungsoberbrandinspektor
PolHptMstr	Polizeihauptmeister	ROI	Regierungsoberinspektor
PolI	Polizeiinspektor	ROMedR	Regierungsobermedizinalrat
PolKom	Polizeikommissar	ROSekr	Regierungsobersekretär
PolOAmtm ·	Polizeioberamtmann	RPharmDir	Regierungspharmaziedirektor
PolOAR	Polizeioberamtsrat	RPharmR	Regierungspharmazierat
PolOI	Polizeioberinspektor	RPräs	Regierungspräsident
PolOKom	Polizeioberkommissar	RR	Regierungsrat
PolOR	Polizeioberrat	RSchulDir	Regierungsschuldirektor
PolPräs	Polizeipräsident	RSchulR	Regierungsschulrat
PolR	Polizeirat	RuBauR	Regierungs- und Baurat
PolRntMstr	Polizeirentmeister	RuEichR	Regierungs- und Eichrat
		RuFischR	Regierungs- und Fischereirat
		RuGwMedR	Regierungs- und Gewerbemedizinalrat
		RuGwR	Regierungs- und Gewerberat

RuGwSchulR	Regierungs- und Gewerbeschulrat	StaOI	Stadtoberinspektor
RuKassR	Regierungs- und Kassenrat	StaOMedR	Stadtobermedizinalrat
RuKrimR	Regierungs- und Kriminalrat	StaORechtsR	Stadtoberrechtsrat
RuKultrR	Regierungs- und Kulturrat	StaOSchulR	Stadtoberschulrat
RuLandwR	Regierungs- und Landwirtschaftsrat	StaOVwR	Stadtoberverwaltungsrat
RuLandw-		StaPfl	Stadtpfleger
SchulR	Regierungs- und Landwirtschafts-schulrat	StaPräs	Stadtpräsident
		StaR	Stadtrat
RuLKultrR	Regierungs- und Landeskulturrat	StArchDir	Staatsarchivdirektor
RuMedR	Regierungs- und Medizinalrat	StArchR	Staatsarchivrat
RuSchulR	Regierungs- und Schulrat	StaRechtsR	Stadtrechtsrat
RuVetR	Regierungs- und Veterinärrat	StaRev	Stadtrevisor
RuVmR	Regierungs- und Vermessungsrat	StaSchulR	Stadtschulrat
RVetDir	Regierungsveterinärdirektor	StaSynd	Stadtsyndikus
RVetR	Regierungsveterinärrat	StaVmDir	Stadtvermessungsdirektor
RVmAmtm	Regierungsvermessungsamtmann	StaVmR	Stadtvermessungsrat
RVmDir	Regierungsvermessungsdirektor	StaVetDir	Stadtveterinärdirektor
RVmOI	Regierungsvermessungsoberinspektor	StaVetOR	Stadtveterinäroberrat
		StaVetR	Stadtveterinärrat
RVmOAmtm	Regierungsvermessungsoberamtmann	StaVwR	Stadtverwaltungsrat
		stellv-	stellvertretender
RVmR	Regierungsvermessungsrat	SteuAmtm	Steueramtmann
RVPräs	Regierungsvizepräsident	SteuAss	Steuerassessor
RWiR	Regierungswirtschaftsrat	SteuOAmtm	Steueroberamtmann
		SteuOI	Steueroberinspektor
S		SteuR	Steuerrat
		StMin	Staatsminister
S	Seite	StR	Staatsrat
Saar	Saarland	StSekr	Staatssekretär
Sachgeb	Sachgebiet	StudAss	Studienassessor
Schl-H	Schleswig-Holstein	StudDir	Studiendirektor
SchulADir	Schulamtsdirektor	StudProf	Studienprofessor
SchulR	Schulrat	StudR	Studienrat
SchutzPolDir	Schutzpolizeidirektor	StvBK +	Stellvertreter des Bundeskanzlers
Schw	Schwaben	Synd	Syndikus
Sekr	Sekretär		
Sen	Senator		
SenPr	Senatspräsident	**T**	
SenR	Senatsrat		
SozGAmtm	Sozialgerichtsamtmann	TA	Telegrammadresse
SozGOAmtm	Sozialgerichtsoberamtmann	TAmtm	Technischer Amtmann
SozGOAR	Sozialgerichtsoberamtsrat	TAng	Technischer Angestellter
SozGOI	Sozialgerichtsoberinspektor	TBbAmtm	Technischer Bundesbahnamtmann
SozRef	Sozialreferent	TBbOAmtm	Technischer Bundesbahnoberamt-mann
SPD +	Sozialdemokratische Partei Deutschlands		
		Telex	Telex, Fernschreiber
SpkAmtm	Sparkassenamtmann	techn	technische(r, s)
SpkDir	Sparkassendirektor	THW	Technisches Hilfswerk
SpkOI	Sparkassenoberinspektor	TOI	Technischer Oberinspektor
SpkOR	Sparkassenoberrat	TRAmtm	Technischer Regierungsamtmann
StaAmtm	Stadtamtmann	TROAmtm	Technischer Regierungsoberamt-mann
StaAR	Stadtamtsrat		
StaArch	Stadtarchivar	TROAR	Technischer Regierungsoberamtsrat
StaAss	Stadtassessor		
staatl	staatlich	**U**	
StaBauDir	Stadtbaudirektor		
StaBauMstr	Stadtbaumeister	u	und
StaBauOAmtm	Stadtbauoberamtmann	U-Abt	Unterabteilung
StaBauR	Stadtbaurat	UFr	Unterfranken
StaBetrAmtm	Stadtbetriebsamtmann		
StaBetrI	Stadtbetriebsinspektor	**V**	
StaBetrOAmtm	Stadtbetriebsoberamtmann		
StaBetrOI	Stadtbetriebsoberinspektor	VAdm	Vizeadmiral
StabsAp	Stabsapotheker	VerbPräs	Verbandspräsident
StabsVet	Stabsveterinär	VerkDir	Verkehrsdirektor
StaBüchDir	Stadtbüchereidirektor	VersiDir	Versicherungsdirektor
StaBüDir	Stadtbürodirektor	VetDir	Veterinärdirektor
StaDir	Stadtdirektor	VetR	Veterinärrat
StaFoMstr	Stadtforstmeister	VIA	Vertreter der Interessen des Ausgleichsfonds
StaFoR	Stadtforstrat		
StaI	Stadtinspektor	Vik	Vikar
StaKäm	Stadtkämmerer	VKons	Vizekonsul
StaMedR	Stadtmedizinalrat	VmAss	Vermessungsassessor
StAnw	Staatsanwalt	VmDir	Vermessungsdirektor
StaOAmtm	Staatoberamtmann	VmR	Vermessungsrat
StaOBauR	Stadtoberbaurat	Volksw	Volkswirt
StaOFoMstr	Stadtoberforstmeister	VolkswR	Volkswirtschaftsrat
		Vors	Vorsitzender

Vorst	vorstand, Vorsteher	WiOI	Wirtschaftsoberinspektor
Vortr LegR	Vortragender Legationsrat	WiPrfr	Wirtschaftsprüfer
VPr	Vizepräsident	WiRef	Wirtschaftsreferent (-referat)
VwAmtm	Verwaltungsamtmann	WissAng	Wissenschaftlicher Angestellter
VwDir	Verwaltungsdirektor	WissMitarb	Wissenschaftlicher Mitarbeiter
VwG	Verwaltungsgericht	WissR	Wissenschaftlicher Rat
VwGAmtm	Verwaltungsgerichtsamtmann	WkDir	Werkdirektor
VwGOAmtm	Verwaltungsgerichtsoberamtmann	WKons	Wahlkonsul
VwGOI	Verwaltungsgerichtsoberinspektor	Wkr	Wahlkreis
VwI	Verwaltungsinspektor		
VwOAmtm	Verwaltungsoberamtmann		
VwOAR	Verwaltungsoberamtsrat	**Z**	
VwOI	Verwaltungsoberinspektor		
VwOR	Verwaltungsoberrat	zA	zur Anstellung
VwOSekr	Verwaltungsobersekretär	ZAmtm	Zollamtmann
VwR	Verwaltungsrat	ZI	Zollinspektor
VwRechtsR	Verwaltungsrechtsrat	ZKpt	Zollkapitän
		ZKom	Zollkommissar
		ZOAmtm	Zolloberamtmann
W		ZOAR	Zolloberamtsrat
		ZOI	Zolloberinspektor
WeinbauAmtm	Weinbauamtmann	ZOSekr	Zollobersekretär
WeinbauOI	Weinbauoberinspektor	ZR	Zollrat
WiI	Wirtschaftsinspektor	ZSekr	Zollsekretär